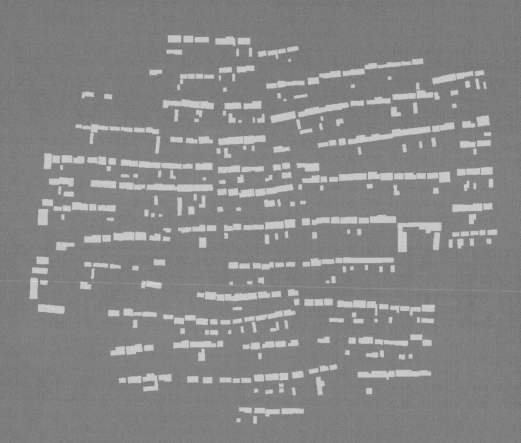

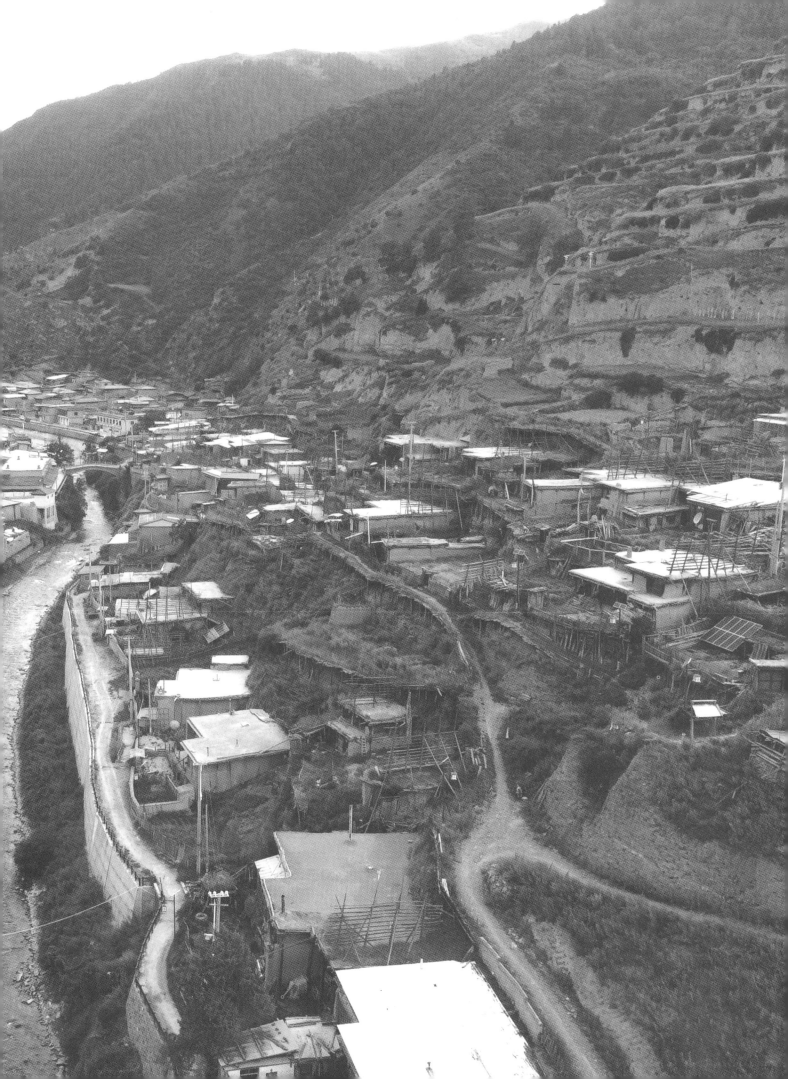

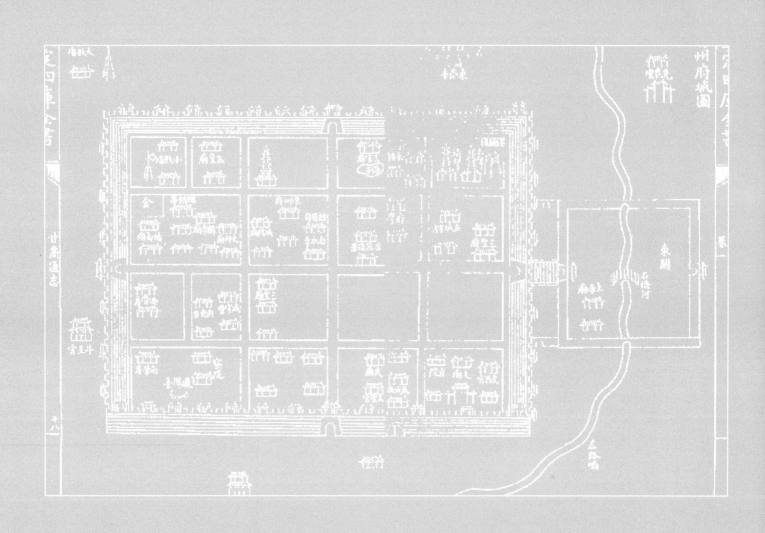

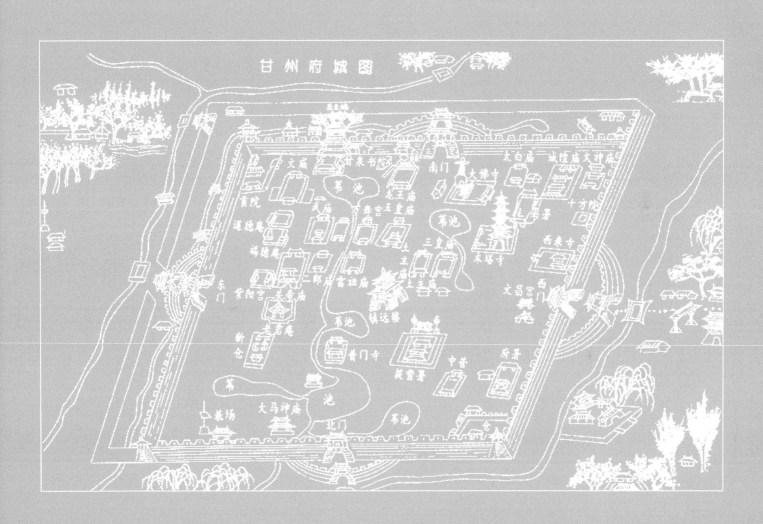

聚落

甘肃

总编委会

顾 问：

张锦秋　　陆元鼎　　王建国　　孟建民　　王贵祥　　陈同滨

编委会主任：

常　青

编委会副主任：

沈元勤

总主编：

陆　琦　　胡永旭

委　员：（按姓氏笔画排序）

王　军	王金平	韦玉姣	冯新刚	朴玉顺	刘奔腾	关瑞明
李群(女)	李群(男)	李东禧	李树宜	杨大禹	吴小平	余翰武
张兴国	张鹏举	陆　峰	范霄鹏	金日学	周立军	郑东军
单晓刚	赵之枫	姚　赯	贾　艳	高宜生	郭　建	唐　旭
唐孝祥	黄　耘	黄文淑	黄凌江	韩　瑛	靳亦冰	雍振华
燕宁娜	戴志坚	魏　秦				

《中国传统聚落保护研究丛书　甘肃聚落》

刘奔腾　叶莉莎　段嘉元　　著

审　稿：冯志涛

序一

一、引子

中国传统文化将一个地方的环境气候和风俗民情的特质和韵味称为"风土"。《国语·周语上》韦昭注:"风土,以音律省土风,风气和则土气养也",即从当地方言的乡音民谣中便可感知一方土地、民风的文化气息,因而"风土"一词与英文的Vernacular近义。"风"指风习、风俗、风气,"土"指水土、土地、地方,所谓一方水土养育一方人,供奉一方神,从这个意义上,"风土"与西方的"场所精神(Genius Loci)"也有一定的关联性。日本近代哲学家和辻哲郎著有《风土》一书,他对"风土"的定义是自然环境气候诸因素加上"景观",这里的"景观"应指审美角度的自然和人文两个方面,二者相融合的文化景观就是一种典型的传统聚落。

然而,在当今乡村振兴的时代大潮中,传统聚落最常见的关键词是"乡土"而非"风土",差不多已约定俗成了。"乡土"一词是中国农耕社会中故乡、家乡、老家和乡下的意思,至今中国社会还延续着这个传统的语义。但中文"乡土"与英文Vernacular的语境存在差异,因为西方并不存在以宗法制为基础的传统乡民社会,其乡村也就不会有类似于中国"乡土"的概念内涵。而乡村的发展前景是要走出农耕语境的乡土,留住文化记忆的乡愁,延续场所精神的风土,再造生态文明的田园。再说自近代以来,乡土并不包括城里的传统聚落,比如北京的胡同,西安、成都、苏州的巷子,上海的弄堂等属于"风土"而非"乡土"的范畴。

自1930年朱启钤先生发起成立中国营造学社以来,在梁思成和刘敦桢两位学科巨擘的引领下,我国建筑界对传统民居和乡土建筑的研究持续推进,成就斐然,形成了传统建筑研究的一大专业领域。但如何使这些研究更多地关联和影响城乡建设的进程,对整个建筑类学科都是一个很大的挑战。

二、中国传统聚落的源流与特征

1. "匝居"与城乡同构

中国传统聚落营造的信史可追溯到商周时期的聚落遗址。其中有关"营造"的最早文字记载见于《诗·大雅·灵台》:"经始灵台,经之营之"。这里的"经",是策划、管控的意思;而"营",原意即"匝居",是围而建之的意思,例如"营窟""营市(阛、阓)""营垒""营国"等一系列聚落营造范畴的词汇。因此,古代聚落即以"匝居"的方式,形成血缘的乡村聚落,地缘的城邑聚落,以至作为国家统治中心的都邑聚落——都城。这些华夏聚落以宗庙或祠堂为空间秩序的中心,以城垣壕堑为空间领域的边界，虽层级和功用不同，但从深层构成看却大多同构，保持和发展着"匝居"的聚落营造方式，从而部分地诠释了城乡一体的"亚细亚生产方式"学说。因为，一方面，许多乡村聚落拥有城垣、堡楼、街坊、庙宇等要素，俨如一座座城邑，如从汉代的"坞堡"到明清的庄寨、围堡均是如此；另一方面，城邑甚至都邑虽然看上去坚固伟岸，依然不过是政治权力和经济活动高度集中，等级制度极为森严，壕堑防卫更加严密，水平向扩展开来的巨型村寨而已，是乡村聚落的放大升级版。

2. 聚落原型与变换

从"匝居"的外在方式到聚落的内在构成，可以看到中国传统聚落源于商周"井田制"的"井"字形空间概念及其原型意象。所谓"井田制"，即以王室收取贡赋为目的的土地经营制度和划分方式。如周代王室拥公田，公卿以下据私田，遗有周代理想的营国制度，以百亩为夫，九夫为井，九井为国（都邑）。据此制度，田野的纵横阡陌就演变为聚落内经纬交错的街衢，并围合成间、里等空间尺度及单位。后世的里坊、厢坊、街坊，以及后来的胡同、街巷和弄堂等都是这样演变而来的。但这一"井"状网格空间原型的聚落并非处处趋同，而是因地制宜，异彩纷呈，依循了"因天材，就地利，故城郭不必中规矩，道路不必中准绳"（《管子·立政篇》）的变通法则，适应地理环境和地貌条件的差异而产生拓扑变换。这就犹如某种语言，尽管"方言"各异，但"句法"和"语义"相通。或许以这样的解读，方可辩异认同、知恒通变，把握住中国传统聚落的结构本质及其演变方向。

3. 水系与聚落分布

中国传统聚落源于近水的邑居，据《史记·五帝本纪》："禹耕历山……一年而所居成聚，二年成邑，三年成都"。其中，对水畔、雷泽、河滨等的劳作场所描述，均寓意了聚落是伴水而生的文化地景。甲骨文中的"邑"字右边旁加三撇表示傍水，即"邕"字的金文来历，同样表示聚落即环水的邑居。除了统治与防卫上的考虑，古代聚落选址的首要地理条件，是必须依傍满足漕运需要，方便物资供给的水系。因此，自上古以来聚落选址一般都位于大河的二级台地或其支流的一级或二级台地上。在物流以漕运为主的古代，这些水系可以说是聚落生存的命脉，对于都城而言尤甚，如长安、洛阳、汴梁（开封）沿黄河及其支流东西走向一字排开，建康（南京）、江都（扬州）濒临江淮，北京（涿郡）和临安（杭州）则处于南北大运河的两端。实际上历代中心聚落——都城在空间上的移动，均因应了文化地理的条件和漕运线路的兴衰，并与社会动荡、族际战争和人口迁徙相伴随。

4. 乡村风土聚落

在中国古代，与城邑聚落不同的是，乡村聚落社会是按血缘关系和经济共同体为纽带所形成的聚居系统，聚族而居的社会秩序和居住形式仰赖宗法制度维系，特别是自宋代以来，程朱理学倡导"敬宗收族"，形成了以祠堂、族田和族谱为核心的宗族组织及其聚居制度，宗法的社会结构更加趋于自组织化。但由于特定地域下的自然环境（如气候、地貌、水土、材料等）和人文环境（如宗法、宗教、数术、仪式等）的差异，聚落中的宗法秩序和空间布局亦有着同中有异的呈现方式，营造活动很少有统一法式的约束，较之城邑营造更加因地制宜，灵活多变，因而在与自然地景融为一体的有机生长中，保留了纯朴的古风和浓郁的地方性，可以说是千姿百态，谱系纷呈，表现了与西方的"场所精神"相类似的地方特质。以下按地理纬度和等降水量线，将中国各地域的聚落建筑分为四个区段。

1）农耕—游牧混合地区，即400毫米等降水量线以北半干旱北方地区的聚落建筑。如昆仑山南北侧和蒙古草原上游牧民族的帐幕、蒙古包；塔里木盆地周缘突厥语族—东伊朗民族的木构平顶阿以旺住宅；青藏高原上的藏式碉房，甘青地区各族建筑元素相混合的"庄窠"式缓坡顶两合院与三合院，以及青藏高原东部边缘的羌式碉房及合院等。

2）西北、华北和东北地区，即400毫米等降水量线以南至800毫米等降水量线以北之间半湿润北方地区的聚落建筑。如豫、晋、陕、甘各式窑洞，木构坡顶及包砖土坯（胡墼）墙房屋组成的晋系狭长四合院；东北、京、冀、鲁、豫木构坡顶、平顶、囤顶建筑构成的宽敞四合院等。

3）西南、江淮、江南地区，即800毫米等降水量线以南湿润地区的聚落建筑，如川、黔、桂、滇地区，以穿斗体系、干阑—吊脚为显著特征的楼居及合院，藏缅语族各民族的"土掌房""一颗印"（"窨子屋"）"三坊一照壁"等合院；湘、赣、闽北地区"四水归堂"的天井合院或"土库"建筑；江淮地区介于南北方之间的合院和圩堡；徽州地区以堂楼为中心，高耸的马头墙、墙厦、精工木雕、楼面地砖为特色的天井合院；江浙地区穿斗—抬梁混合式的多进厅堂和宅园等。

4）华南地区，即大部处于1600毫米等降水量线范围的高湿多雨地区聚落建筑，如闽南、粤北地区客家、潮汕（闽系）聚落以夯土墙和木屋架构成的大厝、土楼、土堡、围龙屋；粤南广府地区大屋、天井、冷巷构成的合院群等。

总体而言，延续至今的乡村传统聚落基本上都是明清以来的遗存，说明经过两晋南北朝开始的由北而南为主流的历次民族、民系大迁徙，明清时期各地乡村建筑相对稳定的地域分布格局已基本形成，可以从民间流传的营造匠书和聚落族谱中得到印证。如元明之际的《鲁般营造正式》、明万历年间的《鲁班经匠家镜》和清末民初的《营造法原》等，对江南地方的民间建筑影响尤其广泛。

至于少数民族地区的乡村传统聚落，因源于不同的文化传统，其构成及相互关系比较复杂，与汉民族聚落也存在交融现象。比如，明清两代逐渐推进"改土归流"，在南方的少数民族地区以"流官"管理制取代"土司"世袭制，推进了汉族与少数民族的异质文化交融，但后者的"熟化"（或"汉化"）程度，大大超过了前者的"夷化"。

自1930年中国营造学社成立以来，在梁思成和刘敦桢两位学科巨擘的引领下，建筑史界对乡土民居的研究成就斐然，形成了传统建筑研究的分支领域。跨世纪以来，建筑史界对传统民居的人文地理背景和建筑形态分布区系已有一些学术探讨，并有过以传统建筑结构类型为主线的地域区划专题研究。但是这些研究成果怎样对城乡改造中的遗产保护难题产生积极影响，还有待实践中的借鉴和运用。

三、城乡改造与传统聚落

1. 消亡中的乡愁载体

自19世纪末以来，直到改革开放之前，传统中国逐渐从农耕文明走向了工业文明，演变进程是相对缓慢曲折的。尽管传统聚落的宗法社会结构已经崩解，但血缘和宗族关系依然得以延续，聚落的空间结构和传统风貌依然大致如故。随着近30年来城镇化和城乡改造浪潮的冲击，传统聚落的文化特征已发生巨变，大部分古城只保留着少量的历史文化街区。作为乡村传统聚落的大多数村镇，经过撤并集聚或自发式改造，使原有的自然和社会生态系统瓦解或巨变，残留下来比较完整，较多保留着原生态风貌的多在边远山区，占比很大的部分已破败不堪，或被低质化改造，总体上正以极快的速度趋于消亡。

据中外学者的研究，民国时期的城镇化水平不过10%左右，中华人民共和国成立直到改革开放前也只达到17%左右。20世纪70年代末改革开放以来，城镇化开始飞速地发展，城镇化率2018年已达59.58%，其中城镇户籍人口42.35%（包括拥有宅基地的部分镇人口和城中村人口），与欧美约75%～85%及日本93%的城镇化率相比仍差距明显。截至2016年，我国乡村自然村仍有244.9万个，基层自治管理单位"村民委员会"52.6万个，乡村户籍人口7.63亿，常住人口5.6亿，在本地和外地谋生的农民工约2.88亿。2017年全国城乡人均收入倍差2.72，一些贫困的山区和边远地区农村人均收入与全国城乡平均收入倍差则远高于这个数字，这些地方的衰败或空村化现象更加严重（数据来源自2017年、2018年国家统计局公布的数据）。

虽然这种文明进程在任何一个走向现代化的农耕社会迟早都会发生，但是中国作为人类文明诸形态中唯一保持了连续性进化的国家，文化传统的基因和源头即存在于城乡传统聚落之中。这一"乡愁"载体的消亡，不但会使国家和地方失去身份认同的文化根基，而且会使城乡一体化发展的战略目标发生偏差。

2. 风土建成遗产

在中国传统聚落的话语体系中，"民居"是对功能类型而言，"乡土"是对乡村聚落而言，而"风土"是对城乡聚落及其文化地理背景而言，三者均属同一范畴。因此，乡村聚落也是最具文化载体性的风土聚落，呈现了各个地域环境、气候和民族、民系背景下异彩纷呈的风土特质。西方的风土建筑研究可以追溯到法国18世纪新古典主义理论家德·昆西（Quatremère de Quincy），他最早指出了建筑语言的风土（Vernacular）和习语（Idiom）属性。到了当代，英国建筑理论家兼乡村爵士乐作曲家鲍尔·奥利弗（Paul Oliver，1927—），集风土建筑研究大成，在1997年出版了覆盖全球的《世界风土建筑百科全书》（*Encyclopedia of Vernacular Architecture of the World*），他认为研究风土建筑不只是为了记录过往，对未来的文化和经济可持续发展也是不可或缺的。随后R. 布伦斯基尔（Brunskill R. W.）在2000年出版《风土建筑：一部图解的历史》一书，把20世纪以前定义为"风土建筑时代"，以大量的插图详解了数百年来英国风土建筑在农耕时期和工业化早期的形态特征。

"建成遗产"是经由营造活动所形成的建筑、聚落、景观等文化遗产本体的总称。1999年，国际古迹遗址理事会（ICOMOS）在《风土建成遗产宪章》（*Charter on the Built Vernacular Heritage*）中，首次提出了"风土建成遗产"的概念，即特定风俗和土地上所建造的文化遗产，其保护价值今已成为全球共识。首先，"聚落建筑"作为风土建成遗产的第一保护对象，是城乡历史环境的栖居场所，也是民族民系身份认同和乡愁记忆的空间载体，携带着可识别的中国传统文化基因。其次，"营造技艺"蕴含乡遗的工巧智慧精华，是对其进行保护、传承和再生的意匠源泉，而只有将传统聚落的营造技艺真正传承下去，保护才是可持续的，才能使聚落遗产长存下去。再次，"文化地景"（或文化景观Cultural Landscape）呈现聚落的环境因应特征，是人工与天工相交融的在地景观。韩国建筑师承孝相，为了表达地景建筑创意，生造了"Landscript"（地文）一词，本意是强调人的活动在土地上留下的印记，就如大地书写一般。显然，"地文"需要保护和续写，即像日本的"合掌造"民居、中国的西递—宏村那样，严格保护好聚落遗产标本，激活历史环境的"场所精神"（Spirit of Place），在新建筑中创造性地转化风土建成遗产的原型意象。

3. 国家级聚落遗产

根据住房和城乡建设部和国家文物局颁布的最新保护名录，中国传统聚落列入国家保护名录的有三大类，均可看作风土建成遗产。其一为100多处"国家重点文物保护单位"身份的传统聚落；其二为国家历史文化名城、名镇、名村，包括135座"名城"、312个"名镇"和487个"名村"；其三为6819个部分由国家财政资助保护的"传统村落"。此外，皖南古村落西递—宏村、福建土楼、开平碉楼与村落，以及红河哈尼梯田文化景观等4项乡村传统聚落及景观被收入世界文化遗产名录。

这其中的传统村落数量最为庞大，部分还同时具有国家级历史文化名村及重点文物保护单位的身份。其分布特点为：南方约占全国总量的78%，大大多于北方；山区多于平原、盆地，如晋、湘、滇、黔、闽的山区占比超过全国总量的二分之一；方言区多于官话区，如晋系方言区约占北方各官话区总和的40%左右；工业化、城镇化起步较晚的地区多于起步较早的地区，如西北地区多于东北地区；城乡人均收入倍差相对较高的地区多于发展水平相近的较低地区，如贵州、云南处于全国传统村落数量排名前列。

上述的三大类传统聚落遗产保护系列中的前两类，有着相应的国家保护法规及实施细则，生存问题相对无虞。而第三类——传统村落量大面广，没有直接的相应保护法规作保障，其生存问题看似有国家财政资助，实际状况则堪忧。

四、传统聚落的保护与活化

1. 模式与问题

对风土建成遗产的专项保护，比较典型的首推北欧斯堪的纳维亚半岛的挪威和瑞典，这里在第二次世界大战前最早以民俗博物馆的方式，保护和展示当地的风土建筑，这种方式随后风靡欧洲大陆和英国。1952年英国"古迹委员会"将18世纪以前的风土建筑均纳入了保护名录，特别值得注意的是，英国将乡村划为120个自然区和181个特色景观区，这是可以借鉴的乡村文化地景谱系保护策略。日本于20世纪70年代兴起的"造村运动"，是通过农业升级改造、乡村特色塑造和技术培训投入，提振乡村经济社会活力和磁力，最终使乡村聚落得到活化和再生。聚落遗产保护和传承是其中的一个部分，如长野县的妻笼宿和岐阜县的马笼宿，其风土建成遗产在存真、修缮、翻建、活化等方面皆有坚定的价值坚守和丰富的保护经验，可供中国乡村风土建成遗产保护和再生实践学习借鉴。

我国城乡风土建成遗产保护与活化前后已历20载左右，经验和教训并存，其中数量占大多数的乡村聚落遗产保护与活化主要有三种模式。第一种为国家文博体系和大型国企主导的乡村博物馆模式，如山西的丁村、陕西的党家村、湖南的张谷英村、福建的田螺坑土楼群及玉井坊郑氏大厝等，经费、法规、导则等条件较为完善，部分村民通过村委会组织参与经营活动受益。第二种为社会企业主导的风土观光综合体模式，乡村聚落遗产由企业与当地政府、村自治体——合作社以契约形式合作及分成，如安徽黟县宏村、浙江松阳县村落、山西沁水县湘峪村、福建连江县杜棠古村三落厝等。第三种为村自治体主导风土生态体验区模式，以由村自治体所属企业及乡村活化能人掌控风土观光资源，进行乡村聚落开发，村民参与其中的相对较多，受益也相对大一些，如安徽黟县西递村、山西平遥县横坡村、陕西礼泉县袁家村、山西晋城市皇城村、福建屏南县北村等。

不可忽视的是，乡村聚落遗产在保护和活化中存在一些带有普遍性的问题和挑战：一是大多没有以乡村经济、社会的改造升级为根本前提，而是过多地依赖于旅游资源的消耗；二是管理政出多门，既条块分割，又一事多管，造成一些村落一村多名，准入标准和处置方式交错低效；三是原住民生活资料——集体土地、宅基地和房屋处于不确定的流转状态，所有权和使用权分离，但土地与房屋租金普遍低廉，收益分配不成比例，原住民的公平共享诉求难以兑现，存在着大量的权益矛盾和法律纠纷，潜在的社会风险已然存在；四是维修和民宿化改造等多为村民自发行为，存在严重的安全隐患，如结构安全意识薄弱，涉及公众安全的强制性技术规范和安全施工监管缺位，消防间距、人身防护不合规范的状况随处可见，声、光、热等室内环境控制指标大都达不到基本使用要求；五是宅基地内滥建低质楼监管缺失，低质翻建率常在一半以上，严重的达70%~80%，使村落风貌严重失控，而招揽观光的利益驱动导致拆真造假现象也随处可见；六是薪火相传趋于中断，大部分营造技艺面临失传，由于种种原因，"非物质文化遗产传承人"名誉并未起到明显的弥补作用，传统意匠及技艺存续与再生尚待突破，新旧修复材料融合手段薄弱等问题普遍存在；七是同质化严重，社会资金普遍投入乡村聚落保护与再生项目的可能性有限，而传统村落依赖国家财政扶持也是很有限的，且不可持续。

2. 标本保存谱系化

当下我国城乡风土建成遗产的保护与活化，首先并不是个建筑学问题，而是涉及保护什么，如何保护，怎样活化的实质性问题，与经济、社会的可持续发展背景息息相关。从物种标本保存的战略眼光看，传统聚落保护与活化的前提是对聚落遗产标本的保存和研究。

少量被定格在某个历史时期或文化样态下的聚落遗产，比如平遥、丽江古城以及各地名镇、名村一类进入各种遗产名录，是受到严格保护的风土建成遗产标本。但这些遗产标本只是聚落遗产中极小的一部分，我们认为，实际上需将我国城乡风土建成遗产按民族、民系的语族区或方言区进行全覆盖，成体系地作分类分级梳理，为后世存续完整的风土建成遗产谱系标本，兹事体大，关及国家和地方历史身份和文化传承的根基。因此，应依风土建成遗产谱系统一甄别、筛选和认定聚落遗产，再以地景修复、聚落修补和技艺传承为基础，将之纳入再生过程。当务之急，是应对其谱系构成缘由与分布有比较系统的认知。

由于语言作为文化纽带的重要性仅次于血缘，而风土在语言学上的含义，即连接一个地方聚居群体的交流媒介"语缘"，既可代表不同的文化身份，也可作为判断各文化身份间亲疏关系的参照。因此，从文化地理学和人类学的角度，可尝试以民系方言和语族—语支为参照，对各地风土建筑做出以"语缘"为纽带的谱系分类区划。总体上看，历史上语族相近，说明有相关的文化渊源；语族的方言或语支相通，说明血缘和地缘存在关联性。传统的汉语族—方言和少数民族的语族—语支是在漫长的历史变迁中，由于地理阻隔及民族、民系迁徙所形成的。虽然建筑谱系和语言谱系是否完全对应确是个问题，但设若不同族群在语言上可以交流，则其聚落及建筑一般也会存在交互关系。

参照语言人类学家的语缘区划，汉藏语系的汉语族民族民系聚落及建筑谱系主要可分为：其一，东北、华北、西北、江淮和西南等五大官话区建筑谱系；其二，华北的晋语方言区建筑谱系；其三，江南的吴语、徽语、赣语和湘语四大方言区建筑谱系；其四，华南的闽语、粤语和客家语三大方言区建筑谱系。少数民族语族区聚落及建筑谱系主要可分为：其一，西南地区汉藏语系藏缅语族17个民族的建筑谱系，壮侗语族9个民族和苗瑶语族3个民族的建筑谱系；其二，北方地区阿尔泰语系突厥语族7个民族，蒙古语族6个民族和通古斯语族5个民族的建筑谱系等。此外，还有少量西北地区印欧语系斯拉夫语族和伊朗语族的民族的建筑谱系，以及华南地区南亚语系和南岛语系民族的建筑谱系。以这样的谱系认知方式，对风土建成遗产谱系遗产的标本系列进行谱系化的保护，是有重要意义的一种尝试。

突厥语族区建筑		其他区建筑	蒙古语族区建筑		其他区建筑	通古斯语族区建筑		其他区建筑
定居区	游牧区		定居区	游牧区		定居区	渔猎区	
北方官话区西部建筑			晋语方言建筑			北方官话区东部建筑		
河西	关中		北部	中部	东南部	京畿	胶辽	东北
西南官话区建筑				北方官话区中部建筑		江淮官话区建筑		
滇	黔	川	鄂	豫	鲁	淮	扬	
藏缅语族区建筑				湘语方言区建筑		赣语方言区建筑	徽语方言区建筑	吴语方言区建筑
藏区	羌区	彝区	其他	湘西 湘中 湘东		豫章 临川 庐陵	歙县 婺源 建德	苏州 东阳 台州
壮侗语族区建筑			客家方言区建筑			闽语方言区建筑		
壮区	侗区	其他	西部	中部	东部	闽中	闽东	
苗瑶语族区建筑			粤语方言区建筑			闽语方言区建筑（闽南）		
其他区建筑			桂南	粤西	广府	潮汕	南海	台湾

我国民族民系风土建成遗产谱系分布示意图

3. 大量性传统聚落的出路

除了经典传统聚落风土建成遗产谱系的标本保存，大量性的传统聚落，特别是乡村聚落，总体上面临着景象劣化、原有建筑被大量低质改建、乡村经济和民生有待振兴的境况。因此，需要将聚落有机更新和文化地景再造，作为未来发展的主要方向。实际上，对大量性传统聚落的可持续发展而言，实践中应考虑保存有标本价值的聚落典型建筑，延承风土营造谱系所曾依存的地貌特征、空间格局和尺度肌理，再造出隐含着基质原型、适应生活变迁的新风土聚落及文化地景。

此外，传统聚落遗产管理系统和遗产归口的合理化，遗产运作的信托化，遗产基金、社会"领养"

和活化途径的模式化，营造技艺传承的制度化，以及保护技术的系列化等，都应作为传统聚落保护与再生的改进方面加以关注和实施。

五、关于丛书编纂

这部丛书是第一部关于中国传统聚落特征与保护的大型研究集锦，内容覆盖了各省市自治区传统聚落的历史溯源、地域特征与现存状态、保护与活化的方法与途径，以及未来走向的展望等。丛书中的"传统聚落"聚焦于狭义的"村"和"镇"，并可选择性地涉及"城"，即"县"或"市"的老城区，如北京的胡同和上海的弄堂。书中内容兼顾理论观点和叙述方式的历史性、逻辑性和独特性，引述材料要求真实可靠，体例同中有异，充分表达地域特征，并将之纳入史地维度和经济、社会发展的叙事语境。保护与活化内容要求选取兼顾普适性和典型性的工程实践案例，对乡村振兴中的建成遗产存续和再生问题进行全方位的讨论。由于本丛书仍是以行政区划单位作为各分册的研究范畴，难免存在少量跨省市区之间的互涵和重复内容，但作为一部大型丛书，总体上还是完整统一的，其中不少篇章都可圈可点，对乡村振兴和传统聚落的未来探索有多方面的参考价值。

（本文主要内容及参考文献见《建筑学报》2019年12期）

中国科学院院士、同济大学教授
己亥夏至于上海寓所

序二

聚落，是人类聚居和生活的场所，《汉书·沟洫志》曰："或久无害，稍筑室宅，遂成聚落"。聚落这一概念最早出现时是为了描述区别于都邑的居民点，现在已泛指人类生活地域中的村落和城镇。聚落是在各个地域内发生的社会活动、社会关系和特定的生活方式，并且是由共同的人群所组成相对独立的生活空间和领域。传统聚落主要是指具有一定历史性的城乡聚落，拥有物质形态和非物质形态的文化遗产，是先人运用自己的智慧，依据自然、气候、地理、习俗等环境因素建立的适宜的居住空间，同时具有较高的历史、文化、科学、艺术、社会、经济价值，能够反映一定历史时空的社会物质文化与精神文化的重要载体。

传统聚落是人们与自然协调过程中不断地尝试和调整所形成的，是在一定的时空条件下的总结。传统聚落是一定地域空间范围内的人文现象，它既是一种空间系统，也是一种复杂的经济、文化现象和社会发展过程。其起源、形成、发展均在特定地理环境和社会经济背景中，通过人类活动与自然相互作用下的结果，是对自然地理条件、社会治理结构、文化机制作用等多方面的缓慢调整适应，既是人类不断地适应、改造自然环境的实践积淀和智慧结晶，也是特定地域环境人地关系的空间反映。正如本套丛书之一《云南聚落》编写作者杨大禹教授所说："几乎所有的传统聚落，作为联系自然环境和人文环境的中介，从它们的地理分布、外部整体形态、内部空间结构，到聚落与周围自然环境、山水地形的紧密关系，都体现出因地制宜、和谐有机的共同规律。"这些共识是协调当地的地理条件、社会风俗与生活方式等积累而成的。在以聚居为主的生活模式下，都会充分考虑到聚落的环境特点，尽量找到资源配置最为合理、微气候最为和谐的场所。聚落形态与民居建筑形式的存在，与人们应对自然环境的生理、心理需求有着千丝万缕的联系。所以，传统聚落都能反映出在一定的地域空间环境、一定的民族和一定的历史时期所承载的建筑文化底蕴。

传统聚落作为中华文明的一种载体，凝聚着具有地域性、民族性与艺术性的布局特色和建筑风采，以及文化习俗下构成的聚落分布、空间格局、生产模式、景观形态等风情各异、千姿百态的元素。传统聚落是先人们长期适应自然，与自然和谐相处的历史见证，凝聚着中国悠久的农耕文明，展示着人们自古至今的生存智慧，可以说，传统聚落承载着中华文化精华和中华民族精神。所以，保护传统聚落就是维系中国传统文化的延续，就是在保护中华文明的根。

对于聚落空间的研究，既要把控聚落自身各种要素以及各要素之间的相互关系，也要关注聚落内部空间与聚落外部空间之间的关系，从而进一步了解单个聚落与同一个地域内其他聚落之间的关系，以便获得对聚落空间完整概念的把握。通过对传统聚落特色的系统研究，包括将传统聚落的不同历史发展阶段，各种历史文化要素和不同形态载体归纳合一，作为相互交融、贯通的体系来研究，从理论层面上梳理传统聚落各种有关形成、发展、演化的普遍规律和地区特征，挖掘其精神文化及生命智慧，发现其内在的文化价值，尊重其自身的运营机制，肯定其在现代聚落发展中的积极作用，以丰富我们对于人类聚居的认识。

长期以来，我们的先人经过不断的实践，运用了他们的丰富智慧，无论在聚落总体布局或在民居建筑技术、艺术方面都取得了很高的成就，积累了丰富的经验。传统聚落生存智慧拥有中国优秀传统文化的内核，是体现传统建筑智慧最具特色的代表。如何重新再认识传统聚落所具有的地域性、民族性与文化多样性特征，进一步发掘潜藏其中的营建技艺、理论精华和创造智慧，寻求传统聚落的持续发展相应的理论支撑，是我们当前重要的课题。当然，蕴含着中华文化基因的传统聚落更是当代建筑文化特色形成的基础，值得我们去进行研究、总结、学习和借鉴。

"中国传统聚落保护研究丛书"各卷作者综合运用文献研究法、调查研究法、比较研究法、定性分析法等科学研究方法，建构传统聚落研究的基本思路。采用文献分析、田野调查、理论研究与实证分析结合、系统化分析等方法，通过对学术文献、地方志、文书族谱等史料资料进行梳理筛选，对现有传统聚落进行建筑测绘、口述访谈，在吸取前人研究成果的基础上，归纳总结我国传统聚落发展特点及其背后蕴含的丰富文化和物质内涵，从整体上考虑多元文化影响下的传统聚落特征。丛书作者在编写过程中，借鉴历史学、社会学、建筑学、城乡规划学、文化地理学、景观生态学等跨学科交叉的思路，采用融合融贯的研究模式，既对传统聚落的基本共性特点归纳总结，也对受各区域条件影响的传统聚落比较分析，从整体上来把握研究对象。

在新时代的聚落发展和建设中，对传统聚落的保护与研究就显得尤为重要。传统聚落所呈现出来的优秀空间格局与营造技艺，不仅能给聚落的保护更新提供更为合理的方法途径，同时也能为新时代的聚落建设提供更多的方式方法及可能性。探究历史文化基因的内在联系，研究传统聚落的起源、演变、特点和价值，为传统聚落的传承提出依据，以便于更好地加以保护与利用。与此同时，在弘扬与传承优秀传统文化的基础上，探寻传统聚落发展模式及其保护的策略与原则，对保护与更新提出更为具体的要求与措施，构建整体保护的格局理念，以及与其相适应的、分级分类的传统聚落保护体系，更好地把握传统聚落在当代的发展道路与方向。

"中国传统聚落保护研究丛书"的编写希望以准确翔实的史料、精确细腻的测绘、真实生动的图片来全面展示中国传统聚落悠久的历史、灿烂的文化、淳朴的民风。由于各地区的状况不同和民族差异，以及研究基础也会参差不齐，故在编写中并未要求体例、风格完全一致，而以突出各地区传统聚落自身特色，满足各地区建设的需求为主。同时，丛书的编写，也希望对全国各省、直辖市、自治区传统聚落保护与传承、历史街区与传统村落建设，以及城乡人居环境提升起到重要的参考与指导作用，这是本套丛书研究编写的目的和意义所在。

2020年11月16日

前言

中国是一个拥有上下五千年灿烂文明的国家，悠久的历史与独特的自然环境孕育出数量丰富、形态各异且各具地域特色的传统聚落。传统聚落因在形成历史过程中保留了明显的历史文化特征和相对完整的传统风貌，而具有重要的保护价值。本书所涉及的传统聚落，系指甘肃省内现存的聚落考古遗址、古城、古镇及传统村落。旨在通过剖析传统聚落的历史背景、自然基底以探索聚落布局与影响因素。传统聚落的物质空间和非物质空间共同承载着人们的"乡愁"，但随着中国经济的发展和城镇化的推进，人们的生产生活方式日渐改变，承载着乡土记忆的传统村落正在逐渐消失。人们聚居观念和生活方式的更新，使得代代居住的传统生活空间已难以适应新时代的社会环境和生活需求，因此传统聚落的保护研究已是目前研究的必然趋势。

甘肃位于中国西北部，是华夏文明的发祥地之一，历史久远、文化底蕴深厚。自史前文明开始，甘肃大地上孕育了诸如仰韶文化、马家窑文化等丰富灿烂的史前文明，汉朝丝绸之路的开拓使得甘肃成为丝绸之路上的要道。在很长一段时间内，甘肃是中西方文化交流的桥梁，同时也是游牧文明与农耕文明的交汇地，多民族融合为传统聚落的形成注入了新的动力。甘肃自然环境内部差异性较大，可以分为典型的五大类型区：以青山绿水为主的陇南山地，以高山草原为主的甘南高原，以黄土高原为主的陇东、陇中地区，以戈壁绿洲为主的河西走廊地区。影响深远的历史文化与区域各异的自然环境，使得甘肃传统聚落呈现出明显的区域化特征。

本书分为八章，对甘肃传统聚落进行解析。第一章、第二章、第三章主要对影响传统聚落生成的根源因素——民族与自然环境进行探析，梳理了甘肃早期聚落的发展和民族融合、民族聚居的过程，此外分析了地理环境与聚落分布的空间关系，以此形成甘肃传统聚落认知的基础。第四章、第五章、第六章、第七章从城镇—乡村—民居的角度对传统聚落的物质非物质空间进行了探讨。典型城镇聚落的研究主要以史料收集和分析为主，从自然环境、城址变迁和历史文化遗存三个方面对其进行研究；典型乡村聚落主要根据调研现状分析其形成肌理、空间格局、传统建筑物、构筑物以探究其保护利用价值；聚落民居风貌形象的研究主要从材料与结构、造型与构成、构造与装饰三个方面分析了甘肃具有代表性的民居形象。第八章提出甘肃传统聚落现状保护，从社会经济、文化意识、保护技术三个方面讨论了甘肃传统聚落保护所面临的挑战与困境，以此为基础探讨了传统聚落传承与保护的途径。

甘肃传统聚落是中国传统聚落研究体系中的一部分，对于中国传统聚落全貌的展现有着不可或缺的意义。甘肃现存的传统聚落是甘肃历史文化的物质载体，真实地反映了民族变迁对聚落类型的深刻影响，又体现了古代人民对自然环境的利用智慧。五千年文明所沉淀下来的聚落营造和建筑智慧，有待我们深入研究，并在目前乡村振兴的背景下进一步发扬光大。

2020年12月28日

目录

序 一

序 二

前 言

第一章　绪论

第一节　研究背景与概念阐释 —————— 002
　一、研究背景 —————————————— 002
　二、聚落 ——————————————— 002
　三、传统聚落 ————————————— 003
第二节　传统聚落保护研究概述 ————— 003
　一、国外传统聚落保护研究概述 ———— 003
　二、国内传统聚落保护研究概述 ———— 004
　三、甘肃传统聚落保护研究概述 ———— 005
第三节　研究范围与内容 ———————— 005
　一、研究范围 ————————————— 005
　二、研究内容 ————————————— 006
第四节　研究方法与数据来源 —————— 007
　一、研究方法 ————————————— 007
　二、数据来源 ————————————— 008
第五节　研究样本 ——————————— 008

第二章　甘肃聚落的起源

第一节　早期聚落 ——————————— 012
　一、史前聚落 ————————————— 012
　二、先秦聚落 ————————————— 020

第二节　聚落演变 ——————————— 025
　一、发展阶段 ————————————— 026
　二、兴盛阶段 ————————————— 028
　三、迟滞阶段 ————————————— 031
　四、稳定阶段 ————————————— 033
第三节　民族聚落 ——————————— 036
　一、民族变迁 ————————————— 037
　二、汉族聚落 ————————————— 038
　三、少数民族聚落 ——————————— 046

第三章　聚落布局与影响因素

第一节　影响因素分析 ————————— 062
　一、自然要素 ————————————— 062
　二、人文要素 ————————————— 063
　三、布局类型 ————————————— 064
第二节　规则型布局 —————————— 064
　一、聚落形态 ————————————— 064
　二、街巷格局 ————————————— 065
第三节　带形布局 ——————————— 067
　一、聚落形态 ————————————— 067
　二、街巷格局 ————————————— 068
第四节　组团型布局 —————————— 071
　一、聚落形态 ————————————— 071
　二、街巷格局 ————————————— 072
第五节　自由型布局 —————————— 073

一、聚落形态 —— 073
二、街巷格局 —— 073

第四章　自然环境与聚落分布

第一节　自然环境分区与聚落分布特征 —— 078
　一、气候 —— 078
　二、河流 —— 083
　三、地形 —— 086
　四、小结 —— 090
第二节　陇中黄土高原聚落 —— 090
　一、地理环境特征 —— 090
　二、聚落选址 —— 091
第三节　陇东黄土高原聚落 —— 098
　一、地理环境特征 —— 098
　二、聚落选址 —— 099
第四节　陇南山地丘陵聚落 —— 105
　一、地理环境特征 —— 105
　二、聚落选址 —— 106
第五节　河西走廊聚落 —— 112
　一、地理环境特征 —— 112
　二、聚落选址 —— 113
第六节　甘南高山草原聚落 —— 116
　一、地理环境特征 —— 116
　二、聚落选址 —— 120

第五章　传统聚落对现代城市发展的影响

第一节　陇中黄土高原城镇聚落 —— 128
　一、兰州 —— 128
　二、陇西 —— 130
　三、临夏 —— 133
　四、会宁 —— 134
第二节　陇东黄土高原城镇聚落 —— 136
　一、庆城县 —— 136
　二、灵台 —— 140
第三节　陇南山地城镇聚落 —— 141
　一、天水 —— 141
　二、武都 —— 145
　三、陇城镇 —— 146
第四节　河西走廊城镇聚落 —— 148
　一、武威 —— 148
　二、张掖 —— 151
　三、酒泉 —— 155
　四、敦煌 —— 156
　五、嘉峪关关城 —— 158
第五节　甘南高原城镇聚落 —— 160
　一、夏河县 —— 160
　二、新城镇 —— 161

第六章　典型传统村镇聚落

第一节　陇中黄土高原乡村聚落 —— 168
　一、连城村 —— 168
　二、青城镇 —— 172
　三、永泰村 —— 175
　四、平堡村 —— 178
第二节　陇东黄土高原乡村聚落 —— 183
　一、罗川村 —— 183
　二、政平村 —— 184

第三节　陇南山地乡村聚落 ——— 189
　一、梅江村 ——— 189
　二、胡家大庄村 ——— 193
　三、街亭村 ——— 198
　四、朱家沟村 ——— 199
　五、东峪村 ——— 206
第四节　河西走廊乡村聚落 ——— 209
　一、硖口村 ——— 209
　二、天城村 ——— 211
第五节　甘南高原乡村聚落 ——— 215
　一、尼巴村 ——— 215
　二、扎尕那村 ——— 220
　三、红堡子村 ——— 221
　四、茨日那村 ——— 223

第七章　传统聚落民居

第一节　陇中黄土高原聚落民居 ——— 228
　一、造型与构成 ——— 228
　二、材料与结构 ——— 229
　三、构造与装饰 ——— 231
第二节　陇东黄土高原聚落民居 ——— 232
　一、造型与构成 ——— 232
　二、材料与结构 ——— 233
　三、构造与装饰 ——— 234
第三节　陇南山地丘陵聚落民居 ——— 235
　一、造型与构成 ——— 235
　二、材料与结构 ——— 236
　三、构造与装饰 ——— 237
第四节　河西走廊聚落民居 ——— 237
　一、造型与构成 ——— 238
　二、材料与结构 ——— 241
　三、构造与装饰 ——— 242
第五节　甘南高山草原聚落民居 ——— 245
　一、造型与构成 ——— 245
　二、材料与结构 ——— 246
　三、构造与装饰 ——— 247

第八章　传统聚落保护现状与研究

第一节　甘肃传统聚落保护现状与问题 ——— 250
　一、社会经济层面 ——— 250
　二、文化意识层面 ——— 252
　三、保护技术层面 ——— 255
第二节　甘肃传统聚落保护实践 ——— 256
　一、陇东地区传统聚落保护实践 ——— 256
　二、陇中地区传统聚落保护实践 ——— 259
　三、陇南地区传统聚落保护实践 ——— 262
　四、河西走廊地区传统聚落保护实践 ——— 264
　五、甘南地区传统聚落保护实践 ——— 266
第三节　甘肃传统聚落保护路径探索 ——— 270
　一、政策解读 ——— 270
　二、聚落保护所面临的挑战 ——— 271
　三、路径探索 ——— 272

索　引 ——— 275

参考文献 ——— 280

后　记 ——— 281

第一节 研究背景与概念阐释

一、研究背景

城、镇、村及院落分别属于我国传统聚居体系的不同空间尺度，且在内涵维度上存在显著的差异性，因此相关研究在不同领域形成了多个研究方向。2019年《中共中央、国务院关于建立国土空间规划体系并监督实施的若干意见》的颁布，使得市县镇村可以被纳入统一规划范畴，这为传统聚落的研究指出了新的研究方向。同时，历史文化名城、历史文化名镇名村、历史文化街区及传统村落属于我国文化遗产体系的构成部分，也属于"建筑遗产"的内容范畴，这也说明将其纳入传统聚落的研究体系是可行的。

2013年习近平总书记在中央城镇化工作会议上指出："让城市融入大自然，让居民望得见山、看得见水、记得住乡愁；要传承文化，发展有历史记忆、地域特色、民族特点的美丽城镇。"这一议题对我国城乡人居环境改善和历史文化传承提出了明确要求，并得到社会各界的广泛认可。同时"城乡一体化"要求城乡文化协调发展，因而对传统聚落间具有一定内在关联的城乡物质和精神要素进行系统安排，是传承不可再生文化遗产的有效途径之一。其中，农耕文化遗产在我国文化遗产体系中依然占据举足轻重的地位，因而保护乡村文化遗产是传承中华优秀传统文化的另一有效途径。近年来"乡村振兴战略"[①]的实施也明确提出要"切实保护好优秀农耕文化遗产……保护好文物古迹、传统村落、民族村寨、传统建筑、农业遗迹、灌溉工程遗产"。此外，随着"丝绸之路经济带"[②]的逐步启动，丝绸之路沿线传统文化开始成为各学科领域高度关注的热点，同时丝绸之路经济带也为沿线传统文化的弘扬与发展提供了时代契机。甘肃正处于丝绸之路经济带的黄金段，对甘肃传统聚落进行研究和保护，是紧跟时代步伐的重要课题。

价值与不足并存使得传统聚落在发展与保护中面临着极大的挑战。一方面，改革开放后，我国社会经济飞速发展，极大地促进了人民生活水平的提高、生活方式的转变，人们对传统聚落的人居环境提出了新的居住需求，如对基础设施的完善、环境质量的改善、街巷空间尺度的调整、房屋保温隔热采光通风性能的改善等，使得传统聚落面临着建设性破坏。另一方面，传统聚落是人类物质文化与非物质文化的载体，如传统聚落内保存的古建筑、街巷、民俗文化、手工艺等都是不可再生和不可替代的文化遗产资源，具有重要的历史文化意义和社会价值，因此在社会经济发展的同时更应该注重传统聚落的保存与保护。

二、聚落

国内对于聚落的研究起源较早，但其含义层次在不断变化发展，涵盖了村落、城镇和城市等不同规模形态的人类聚居地[③]。在中国，"聚落"一词至少在汉代就已出现。《汉书·沟洫志》记载了贾让呈书哀帝奏折云："（黄河流域之水）时至而去，则填淤肥美，民耕田之。或久无害，稍筑室宅，遂成聚落。"这是我国典籍中最早将"人们聚居的地方"称之为"聚落"之处，主要指区别于都邑的居民点。

---

① 乡村振兴战略是习近平同志2017年10月18日在党的十九大报告中提出的战略。
② 丝绸之路经济带，是在古代丝绸之路概念基础上形成的一个新的经济发展区域。包括西北五省区——陕西、甘肃、青海、宁夏、新疆。西南四省、市区——重庆、四川、云南、广西。2013年，丝绸之路经济带由中国国家主席习近平在哈萨克斯坦纳扎尔巴耶夫大学演讲时提出。
③ 钱今昔，宁越敏，张务栋. 中国城市发展史第一版[M]. 合肥：安徽科学技术出版社，1994.

"聚落"现在多指人类生活地域中的村落、城镇和城市，是在一定地域内发生的社会活动、社会关系和特定的生活方式，并且是由共同的人群所组成的相对独立的地域生活空间和领域[1]。无论对"聚落"如何解释，其共同点均是强调它所体现的聚居社会与实质空间环境。由此可见，人类聚落由不同层次的空间构成，大到区域、地景和都市，小到村落及院落，彼此间相互关联构成有机的整体。[2]

"聚落"是自然生态系统、经济技术系统、社会组织系统和文化观念系统共同作用的结果，因此不同的聚落包含了不同的意义，具有不同的品格气氛。[3]根据聚落性质可以分为农业聚落与非农业聚落、乡村聚落与城镇聚落等。

三、传统聚落

传统聚落是在聚落的基础上赋予了传统的含义，但其内涵并不是传统和聚落的简单叠加，而是在历史发展过程中二者相辅相成所保留下来的物质空间环境。因此传统聚落具有三重特性：一是聚居性、二是历时性、三是空间性，聚居性表明传统聚落因人类居住活动而形成并创造了传统文化，历时性表明传统聚落是在历史发展过程中得以延续并保留了传统文化，空间性表明传统聚落在人类聚居和文化传承过程中形成了不同层次的物质空间体系。因此，"传统聚落"指具有一定历史，经过居住者的长期选择和积淀下来具有传统风格的聚居环境系统，包括传统村落、集镇及城市中的传统街区；[4]也指在历史时期形成的、保留有明显的历史文化特征且历史风貌相对完整的古城、古镇、古村落。[5]

基于此，本书所讨论的传统聚落是指经过历史的选择和传承所保留下来的传统风貌相对完整的人类聚居空间实体，包括历史文化名城、历史文化街区、历史文化名镇（村）、传统村落。

第二节　传统聚落保护研究概述

一、国外传统聚落保护研究概述

国外对于传统聚落的保护和他们对于建筑遗产内容的认识有着紧密关系，可以说保护方法与保护理念是随着对建筑遗产内容体系的深入认识而不断拓展的。国外传统聚落保护的渊源可以追溯至文艺复兴时期意大利对古罗马建筑文化的推崇以及文物古迹历史价值与艺术价值的审视。18世纪60年代开始的第一次工业革命促进了社会生产力的极大提高[6]，在经济和社会发生剧烈变革的影响下，城市化的兴起使西方传统历史文化受到了冲击，传统聚落保护与城镇发展之间产生了激烈的空间矛盾。19世纪30年代，在第一次工业革命的影响下欧洲国家完成了资本的积累，并意识到城市传统价值保护的重要性，1933年《雅典宪章》阐述了历史建筑保护

---

[1] 陆琦，梁林，张可男. 传统聚落可持续发展度的创新与探索[J]. 中国名城，2012（02）：64-68.
[2] 余英，陆元鼎. 东南传统聚落研究——人类聚落学的架构[J]. 华中建筑，1996（04）：48-53.
[3] 余英，陆元鼎. 东南传统聚落研究——人类聚落学的架构[J]. 华中建筑，1996（04）：48-53.
[4] 李晓峰. 乡土建筑跨学科研究理论与方法[M]. 北京：中国建筑工业出版社，2005.
[5] 刘沛林. 古村落：和谐的人聚空间[M]. 上海：生活·读书·新知三联书店，1997：1-2.
[6] 人民教育出版社历史室. 世界近代现代史[M]. 北京：人民教育出版社，2000：70.

与现代城市规划的关系，首次提出了"对有历史价值的古建筑均应妥为保存，不可加以破坏"，传统聚落保护正式兴起。之后法国、英国、美国等西方国家和日本相继通过立法的形式保护重要文物古迹和历史环境，这使得构成传统聚落的物质和非物质内容得以保存，对于西方传统聚落保护具有重要意义。

19世纪30年代以后，国外对传统聚落的保护经历了"点—区—面"的渐进式发展过程。欧洲各国早期的立法均以保护历史建筑为主，希腊于1834年颁布了第一部保护古迹的法律，法国于1840年公布了首批保护建筑并于1887年和1913年通过了两部历史建筑保护法。随着对文化遗产认识的深入，欧洲各国开始划定历史保护区范围，法国于1962年颁布了《马尔罗法》，规定将有价值的历史街区划定为"历史保护区"，是最早立法保护历史街区的国家。英国于1967年颁布《城市文明法》确定了保护历史街区，将保护区的范围扩展为古城中心区、广场，还有传统居住区、街道及村庄等。在历史保护区的基础上传统聚落的保护范围进一步扩大到了城镇及乡村历史环境的整体保护。日本于1966年制定《古都保存法》，保护目标扩大到京都、奈良、镰仓等古都的历史风貌。1964年的《威尼斯宪章》扩大了文物古迹的概念，指出"不仅包括单个建筑物，而且包括能够从中找出一种独特的文明、一种有意义的发展或一个历史事件见证的城市或乡村环境"。

目前，国外传统聚落保护在保护方法、管理体系及公众参与等方面都较国内更加成熟，在法律保障的基础上结合基金组织、宣传教育、管理体制及科研等方式构建了全面的保护措施，以便从个人、社会及政府等各个层面实现对传统聚落的有效保护。

二、国内传统聚落保护研究概述

国内传统聚落保护的发展与我国传统文化和社会体制有着密不可分的关系，在漫长的封建社会时期，传统聚落保护受宗族制度和等级观念的影响，以家族传承为主。国内现代意义上的传统聚落保护其渊源可以追溯至戊戌变法时期，在向西方学习的社会思潮下，一批建筑师学成归国，将西方先进的建筑设计理论和历史建筑保护方法引入国内，因此我国早期对传统聚落的保护主要以保护古建筑为主。1922年北京大学设立了考古研究所，在考古发掘的同时注重对古建筑的保护。1929年中国营造学社成立，先后多次对全国超过15个省区的古建筑群进行实地测绘，为后来的保护工作保留了珍贵的一手资料。此外，国民政府于1930年和1932年分别颁布了《古物保存法》与《古物保存法细则》，这是我国首次以立法的形式对传统聚落的相关内容进行保护。此后由于抗日战争的爆发，传统聚落保护面临着重重困难，中华人民共和国成立后局面得到改善，但仍然以保护文物建筑为主。

20世纪80年代以后，我国传统聚落保护迎来了新的契机。一方面，由于"文化大革命"的影响，传统文化和建筑遭到了一定程度的破坏；另一方面，改革开放使得我国的社会经济发生了重大变革，这使得传统聚落保护成为必然趋势。1982年国务院公布了24个"第一批国家历史文化名城"，1986年和1994年又先后公布了第二批、第三批国家历史文化名城，后又增补了部分城市，截至2018年5月统计，全国共有135座国家历史文化名城；1986年，在历史文化名城的基础上，历史文化保护区被列入国务院文件。2000年以后，我国传统聚落的保护范围从城市扩展到村镇，从2003年起建设部和国家文物局先后评选了七批国家历史文化名镇名村，共计799个，分布于全国25个省份。自2012年至2019年住房和城乡建设部、文化部及财政部共同组织评选了五批传统村落，以保护我国农耕文化遗产，共计6819个。由此可见，我国传统聚落的保护范围历经了古建筑—古城—古镇—古村这一由小及大、由点及面的变化过程，保护的范围和内容更加全面。

较之于西方国家，我国传统聚落保护起步较晚，但近年来发展速度较快，除了建立历史文化名城、名镇、名村及传统村落保护制度外，还通过编制保护规划来指导传统聚落保护。传统聚落作为我国优秀的物质和非物质文明的载体具有重要的保护价值，且数量庞大，保护工作复杂多样，因此需要在充分认识其价值的基础上鼓励全社会共同参与。

三、甘肃传统聚落保护研究概述

甘肃传统聚落保护的发展与国内传统聚落保护的研究内容大致相似，但是在研究进程上稍有滞后。20世纪80年代以后，国务院确立了历史文化名城名镇保护制度，甘肃省也积极响应历史文化名城名镇保护的号召，现有敦煌、张掖、天水、武威4座国家级历史文化名城；宕昌县哈达铺镇，榆中县青城镇、金崖镇，永登县连城镇，古浪县大靖镇，秦安县陇城镇，临潭县新城镇等7座国家级历史文化名镇。此外，还有夏河县、会宁县等7座省级历史文化名城和文县碧口镇、积石山县大河家镇等14座省级历史文化名镇和秦安县兴国镇风山村、正宁县永和镇城关村等8处省级历史文化名村。这些名城名镇名村在历史上曾是区域政治、军事、经贸和文化中心，在数千年、数百年漫长的积累和发展变化过程中形成了各自鲜明的特点。

较之于国内大部分省市，甘肃省传统聚落的数量相对较少，但对现有传统聚落的保护利用十分重视，尤其近年来发展速度较快，除了积极申报历史文化名城、名镇、名村及传统村落外，还通过编制保护规划来合理地指导传统聚落保护和活化。针对各历史文化名城名镇的保护，先后有《历史文化名城保护规划》《历史街区修建性详细规划》《古城片区控制性详细规划》《历史文化名城保护规划专题研究》《旧城更新与风貌控制规划专题研究》《历史文化名镇保护规划》等相关规划被编制和研究，以确保传统聚落历史资源的永续利用和合理保护。相对而言，传统村落具有数量多、规模小、社会经济发展缓慢、村民保护意识薄弱等特点，因而在绝大多数村落在未被评为传统村落之前，其历史资源都处于一种自然裸露、疏于保护的状态。随着各传统村落逐步编制《传统村落保护规划》等专项规划及相关的专项研究，传统村落物质与非物质遗存的历史文化价值得到了进一步的梳理和明确。在未来保护工作中如何在全面保护历史资源的基础上实现历史文化价值转化为经济价值，并激发居民对于保护的主人翁意识，是传统聚落得到良好保护的重要方向和趋势。

第三节 研究范围与内容

一、研究范围

（一）地理范围

本书研究的地理范围集中于甘肃省全域。甘肃地处中国西北部，与陕西省、宁夏回族自治区、内蒙古自治区、新疆维吾尔自治区、青海省、四川省接壤。甘肃地形狭长、地势复杂，大部分处于我国地势第二阶梯上，下辖兰州、天水、庆阳、平凉、陇南、定西、白银、武威、金昌、张掖、酒泉、嘉峪关12个市和临夏回族、甘南藏族2个少数民族自治州（图1-3-1）。

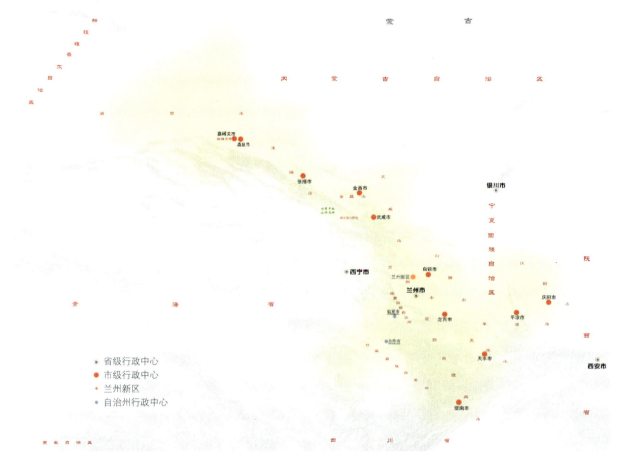

图1-3-1 甘肃地理范围图（来源：段嘉元 绘）

（二）时间范围

甘肃传统聚落形成时间较早，根据考古研究在旧石器时代就有了人类生活的痕迹，但是由于年代久远保存下来的聚落遗迹只能从器物和化石中去探寻，研究资料相对匮乏，影响研究结果的准确性。秦汉时期甘肃开始纳入中原王朝的版图，区域内的社会、经济和文化开始转型，对传统聚落的形成和发展产生了重要影响。因此，本书研究的时间范围界定为秦朝至中华人民共和国成立期间，基于聚落发展的客观历史规律，会更侧重于关键的时间节点和历史变革。

（三）对象范围

本书的研究对象为历史遗存丰富，历史风貌相对完整且具有较高价值的传统聚落，包括国家和省级公布的历史文化名城、历史文化街区、历史文化名镇（村）、传统村落。这些传统聚落承载着反映甘肃传统文化的物质和非物质文化遗产，具有较高的保护研究价值。

二、研究内容

（一）物质内容

"物质内容"具体到传统聚落，可以从三个层面进行分析：（1）区域层面，地形地貌、气温降水、土壤植被等自然环境因素是影响聚落形成的先决条件，对于聚落的选址和布局具有重要影响，自然环境在区域范围具有外部差异性和内部相似性，这使得传统聚落在区域层面呈现出鲜明的分区特征；（2）聚落层面，传统聚落包括城市与村镇聚落，其在性质和规模上存在着明显的差异，构成聚落的街巷空间、文物古迹、文化遗址、名木古树等物质内容共同决定了不同性质的传统聚落在聚落形态方面的差异；（3）民居院落层面，主要指各具特色的乡土房屋建筑及构成院落的材料构成、造型结构、构造装饰等内容，更深层次的分析是空间结构方面的差异。

（二）非物质内容

"非物质内容"具体到传统聚落而言，主要指在历史发展过程中积淀下来的反映传统聚落生产、生活状况的精神成果，其内容丰富、形式多样，可以从三个部分进行研究：（1）历史变迁，研究历史脉络，分析其历史发展过程中的起承转合规律，是认识和保护传统聚落的必然环节；（2）社群关系，是人类在聚落发展的历史过程中通过交流融合而呈现出的在某一阶段相对稳定的民族关系、邻里关系、家族观念，总体而言，社群关系是一个动态发展过程，对传统聚落有着微妙的影响；（3）传统文化，是传统聚落在发展过程中积淀下来的最有魅力的一部分内容，具有鲜明的地方特色和传统韵味，是传统聚落的精神象征，包括地方语言、传统手工艺、节庆习俗等。

第四节　研究方法与数据来源

一、研究方法

由于传统聚落本身所具有的相对稳定性和绝对变化性特征，决定了研究传统聚落保护问题的复杂性，因此单一的研究方法难以适应其研究。基于此，本书采用文献研究法、调查法、定性分析法以及定量分析法相结合的研究方法，以期在多种研究方法的协调作用下得到一个相对严谨和正确的研究结果。

（一）文献研究法

本书文献研究主要集中于地方史志、论文、专著等研究价值较高的资料内容，通过文献的检索获得所需资料，进而通过筛选、分析、综述等方法，对研究内容进行总结和提炼。

（二）调查法

在文献研究的基础上，对甘肃省内的城、镇、村进行了大量的实地调研，在调研过程中对传统聚落的地理环境、历史文化、人居环境进行走访和记录，并通过问卷、测绘等方法，对传统聚落的现状进行了研究。

（三）定性分析法

在文献检索和实地调查所获得的大量研究资料的基础上，运用归纳、分析及综合的方法，对传统聚落物质与非物质内容进行了"质"的分析，从而能使研究更深入、更准确、更合理，以达到认识甘肃传统聚落本质、揭示甘肃传统聚落内在发展规律的目的。

（四）定量分析法

在文献研究法、调查法和定性分析法的基础上，通过图表分析、数量关系对比等方法使本书对传统聚落的分析进一步精确化，以便更加科学地揭示甘肃传统聚落的内在规律，把握聚落的内涵本质，厘清内部与外部关系，预测未来传统聚落的保护趋势。

二、数据来源

本书数据来源主要有三个方面：（1）相关文献，通过阅读相关期刊、学位论文及著作，可获得国内外研究的发展历程和最新趋势以及相关历史资料；（2）测绘分析，通过实地调研可获得丰富的一手资料，并对文献阅读所获得的资料进行补充和检验；（3）官方网站，可在甘肃地方史志网、甘肃自然资源网、甘肃省文物局网站等获得更加准确的地方志、地图、文化遗产等数据，以便进一步完善研究所需资料。

第五节 研究样本

研究样本的筛选对于研究结果具有直接影响，本书在明确传统聚落内涵的基础上通过资料查阅和实地调研相结合的方法来选取研究样本，将国家级和省级传统聚落包括历史文化名城（镇、村）及传统村落作为传统聚落研究样本选取的依据。甘肃省传统聚落的研究覆盖了全省12个市和2个少数民族自治州，最终将敦煌市、张掖市、武威市、天水市4个国家级历史文化名城，兰州市、酒泉市（肃州区）、临夏市、灵台县、庆城县、夏河县、陇西县、会宁县8个省级历史文化名城（镇）共计12个市（县）作为传统城市聚落的研究样本（附录A）；将哈达铺镇、青城镇、连城镇、陇城镇、新城镇、金崖镇、大靖镇7个国家级历史文化名镇，红城镇、郎木寺镇、榜罗镇、朝那镇、南梁镇、滩歌镇、碧口镇7个省级历史文化名镇，共计14个镇作为传统乡镇聚落的研究样本；将54个传统村落和5个省级历史文化名村共计59个村作为传统乡村聚落的研究样本，所有研究样本共计85个（图1-5-1、图1-5-2）。截止到第五批次，甘肃省共有10个市（州）共计54个村入选国家级传统村落，其中陇南传统村落数量最多，总共有18个村落入选，甘南共有14个村落入选，白银共有6个村落入选，兰州共有4个村落入选，天水共有4个村落入选，数量超过全省传统村落的85%；临夏回族自治州、张掖市、平凉市、庆阳市各有2个村入选，占全省传统村落数量的15%左右；而嘉峪关、酒泉、武威、金昌，这4个城市目前还没有国家级传统村落分布（表1-5-1）。

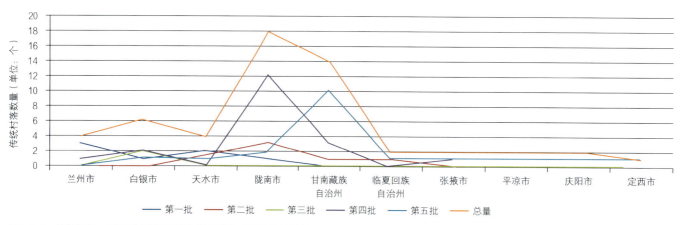

图1-5-1 甘肃省第1~5批传统村落数量变化图（来源：据表1-5-1绘制）

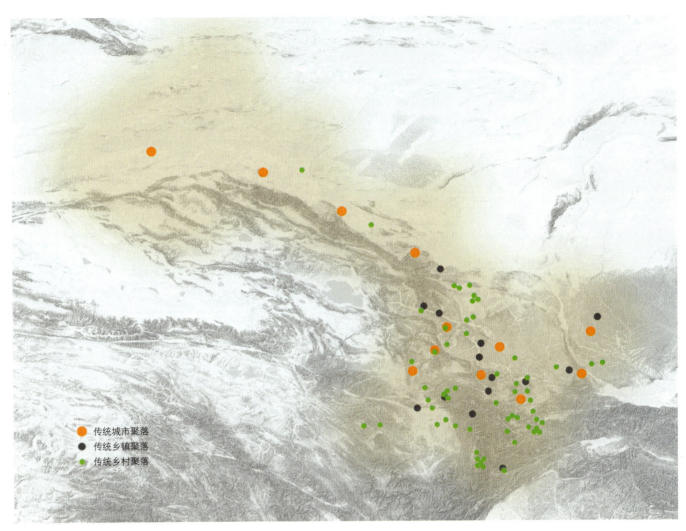

图1-5-2 研究样本分布示意图（来源：段嘉元 绘）

甘肃省第一~五批传统村落数量分布表（单位：个） 表1-5-1

地区 批次	兰州市	白银市	天水市	陇南市	甘南藏族 自治州	临夏回族 自治州	张掖市	平凉市	庆阳市	定西市
第一批	3	1	2	1	0	0	0	0	0	0
第二批	0	0	1	3	1	1	0	0	0	0
第三批	0	2	0	0	0	0	0	0	0	0
第四批	1	2	0	12	3	0	1	1	1	0
第五批	0	1	1	2	10	1	1	1	1	1
总量	4	6	4	18	14	2	2	2	2	1

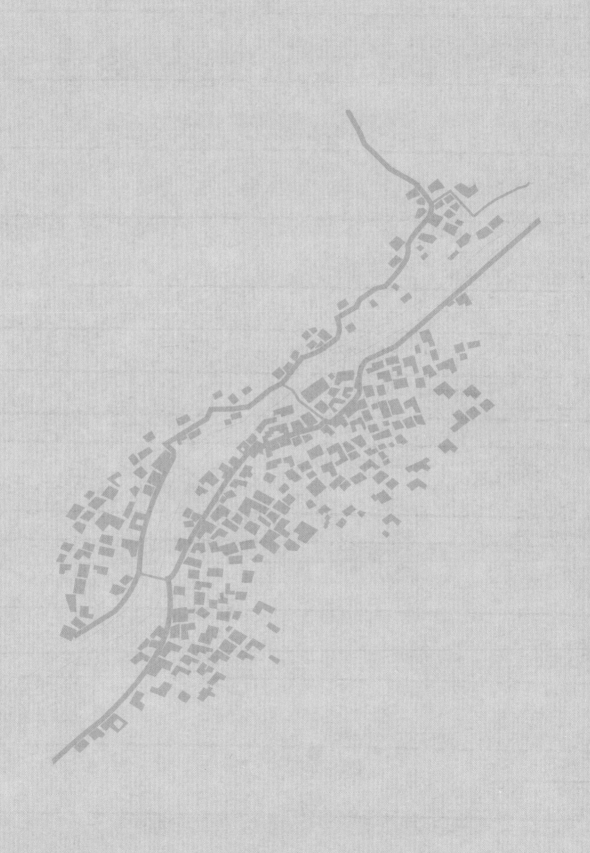

人类的生产、生活是促进传统聚落形成的直接动力，民族间的交流对话是传统聚落多元化的外部动力，历史文化的积淀与传承则是传统聚落得以保留至今的内生动力。当前我国正处于城镇化进程加速发展时期，这既是传统聚落保存与传承的动力又是阻力。一方面，城镇化进程的加速发展促进了社会经济的兴旺发达，并能够为传统聚落的保护发展提供资金支持；另一方面，城镇化推动了城市建设的全面发展，大规模的开发建设使得传统聚落面临着开发性破坏的威胁。因而，在当前社会经济背景下，厘清传统聚落形成与发展的历史脉络，辨析传统聚落与民族融合之间的关系，阐明传统聚落与历史文化的相互作用，是探索传统聚落演变与保护的首要内容。

第一节　早期聚落

聚落的形成与人类活动息息相关，可以说自人类诞生之日起聚落便开始发育。在早期社会，人类孤弱无助，认知水平的局限、对自然原始崇拜及生存的本能引起了人类的聚集，并开始建立自己的聚居区域，从事共同的劳动，产生了聚落的雏形[①]。甘肃是我国远古人类的主要聚居地和古代农业的发祥地之一，早期聚落的起点可追溯至旧石器时代，但受社会生产力低下的制约，远古人类征服自然的脚步较为缓慢，因此经历了漫长的自然聚落时期。至新石器时代，原始农业出现，社会生产力有所提高，人类开始择水土优良之地定居，产生了固定的人工聚落。

一、史前聚落

人类从自然界分离出来大约始于200万～300万年前，在人类聚落产生以前，他们过着逐水草兽群而居的游徙生活，利用天然的洞穴或者巢穴以求遮雨御寒。《墨子·辞过》曰："古之民未知宫室时，就陵阜而居，穴而处。"《庄子·盗跖》载："古者禽兽多而人少，于是皆巢居以避之，昼拾橡栗，暮栖树上，故命之曰：有巢居之民。"史前聚落是指在原始社会时期由于古人类的聚居而形成的聚落。原始社会虽然生产力低下，聚落的规模与形态更无法与后来的任何一个时期相比，但它却是其后各个历史阶段聚落与民居演进的原型。大量的考古遗址证明从史前的远古时代开始，甘肃大地上就有了古人类活动的足迹，创造了诸如仰韶文化、马家窑文化等丰富灿烂的史前文明，时间跨度20万年之久，但是由于年代久远，史前聚落的形态只能从发掘的同时期的聚落文化遗址中去探索。

（一）旧石器时代聚落

旧石器时代（距今约300万年至距今约1万年前）是人类从能人向智人进化的阶段，地质年代跨越上新世晚期和更新世，以使用打制石器为主要标志。甘肃人类历史活动可追溯到旧石器时代距今约20万年至5万年前，这一阶段在地质年代上属于更新世，是甘肃气候及地理环境发生变化的重要时期，青藏高原的继续隆起及第四纪冰川期的影响基本奠定了甘肃大部分区域气候的干冷特征。随着第四纪冰期的结束，气候环境变暖，地质结构趋于稳定，自然环境得以改善更利于人类的生

---

① 林志森. 基于社区结构的传统聚落形态研究[D]. 天津：天津大学，2009.

(a) 下王家遗址

(b) 黑土梁遗址

图2-1-1 旧石器时代聚落遗址（来源：甘肃省文物局）

存，旧石器时代成为甘肃古人类发祥的重要孕育时期。

目前，在甘肃境内考古发现的旧石器时代中期聚落遗存主要有：平凉泾川县大岭上旧石器时代早期遗址、庆阳姜家湾旧石器时代中期遗址；到了5万年至1万年前的旧石器晚期，聚落数量和范围有所增加，聚落遗存主要有：庆阳环县刘家岔遗址、庄浪县双堡子和长尾沟遗址、东乡族自治县下王家遗址（图2-1-1a）、庆阳黑土梁遗址（图2-1-1b）、肃北蒙古族自治县明水乡的霍

甘肃旧石器时代主要聚落遗址表　　　　　　　　　　　　　　　　　　　表2-1-1

序号	遗址	分布地区	批次	时代	级别
1	牛角沟遗址	平凉市	第七批	旧石器时代	国家级
2	狼叫屲遗址	天水市	第七批	旧石器时代	国家级
3	洞洞沟遗址	庆阳市	第七批	旧石器时代	省级
4	姜家湾遗址	庆阳市	第七批	旧石器时代	省级
5	黑土梁遗址	庆阳市	第七批	旧石器时代	省级
6	巨家塬遗址	庆阳市	第四批	旧石器时代	省级
7	楼房子遗址	庆阳市	第四批	旧石器时代	省级
8	刘家岔遗址	庆阳市	第四批	旧石器时代	省级
9	下王家遗址	临夏回族自治州	第五批	旧石器时代	省级
10	长尾沟门遗址	平凉市	第六批	旧石器时代	省级
11	双堡子沟遗址	平凉市	第五批	旧石器时代	省级

注：根据甘肃省文物局公布的国家级、省级古遗址名单整理绘制。

勒扎德盖遗址等多处遗址。其中，被列为国家级和省级文物保护单位的旧石器时代遗址有11处（表2-1-1）。

1. 聚落分布

从时空秩序上来看，旧石器时代甘肃人类聚落分布呈现由东渐西扩张的规律，最早期聚落主要分布在陇东地区，并逐渐扩大到陇中地区，后河西走廊最西端也有少量呈点状散布的聚落遗址，但规模较小（图2-1-2）。聚落遗址的分布规律表明该时期人类在过着群游生活的同时开始在一定区域范围内阶段性定居，从旧石器时代考古遗址发掘出来的石器及人类使用火的痕迹也可发现人类已经在一定范围内集中生活。原始人类出于趋利避害的生存本能及生活物资获取便捷程度的考虑，定居点的选择也存在一定的规律，大多选址于自然条件较好的大型河流缓坡或台地上，如泾河、渭河、洮河、大夏河、祁连山内陆河流域发现了大量考古遗迹。

2. 聚落营建

甘肃旧石器时代聚落处于旧石器时代中期到晚期，人类已经进化到智人阶段，社会生产力有所发展，生产方式和生产力水平直接决定着聚落的营建方式。一方面，原始人类仍然过着采集、渔猎的生活，并开始在自然资源丰富的地区进行阶段性停留，这促使人类寻找山洞、大树等天然优势庇护所以遮蔽风雨，抵御野兽侵袭，甘肃考古发现的旧石器时代聚落中多采用地穴或半地穴式的营建方式。另一方面，石器的种类更加丰富多样，甘肃考古发现的洞穴遗址中有石锤、石核、刮削器、石片等石器[①]（图2-1-3），洞穴墙壁有人

---

① 张森水. 中国旧石器时代文化[M]. 天津：天津科学技术出版社，1987：45.

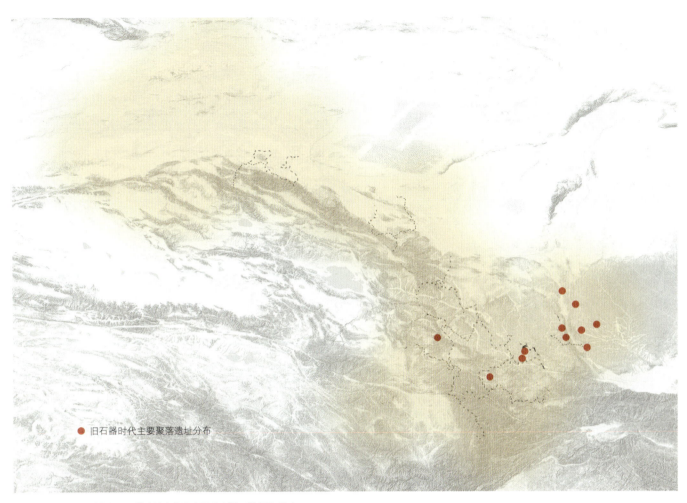

图2-1-2 旧石器时代主要聚落遗址分布示意图（来源：段嘉元 绘）

（a）黑土梁遗址出土石器

（b）刘家岔遗址出土石器

图2-1-3 旧石器时代石器（来源：甘肃省文物局）

工凿刻痕迹，这意味着原始人类开始了对居所的人工改造，出现了地穴或半地穴式等居住形式。在人工聚落开始建造的旧石器时代，甘肃范围内的居住方式主要为穴居，聚落营建仍然以依靠自然为主，人工力量极为有限，但人类寻找和挖掘的这种简易庇护所，是早期聚落发展的最初胎盘。

3. 社群关系

旧石器时代古人类主要以迁徙的生活为主，以采集和狩猎为主要谋生手段，通过采摘植物的果实、坚果和根茎，以及集体捕猎野兽、捕捞河湖中的鱼蚌来维持生活。以血缘关系为纽带的社会群体，能够带来生存效益的最大化，随着社会群体的逐渐壮大，氏族制度确立[1]。

4. 聚落形态

聚落形态是一个多学科交叉研究的概念，在考古学、人文地理学、建筑学范畴内研究尤为广泛。人文地理学领域中，聚落形态即房屋与房屋之间的关系，有时不将聚落遗址考虑在内；在考古学领域聚落形态是一种方法论，其本质是一种分类过程；[2]在建筑学领域，聚落形态是指气候、地理、文化、政治、经济、技术条件等多种影响传统聚落形成的制约因素，经过长期博弈而使聚落外部形态呈现出规则或不规则、几何或自由的平面布局方式[3]。旧石器时代，虽然气候环境变得适宜人类生存，先民在与大自然长期的斗争中，创造了属于自己的居所，但受原始社会低下的生产方式和生活水平的影响，"穴居而野处"是甘肃地区最原始的居住形态，人们均居住在山崖天然形成的洞穴中，[4]或是对天然洞穴进行有限的人工凿刻。在聚落形态形成的过程中，除依托优越的自然条件外，人工因素的影响极大，在旧石器时代有限的技术条件下，并不具备建造建筑物的能力，因而不能形成现代意义上的聚落形态，在河流二级、三级台地或山崖上分布的天然洞穴承载着人类的居住功能，也形成了旧石器时代原始的聚落形态。

（二）新石器时代聚落

新石器时代（距今约1万年至5000年前）人类已经进化为晚期智人，以使用磨制石器为主要标志，较之于旧石器时代，新石器时代所用的石器类型更加丰富多样，制造技术更加高超。有学者认为新石器时代最重要的特征应该是农业的起源，并将人类的定居与农业的起源联系起来，但美国考古学家肯特·弗兰纳利（K.V.Flannery）指出："村落、农业和定居生活三个变量并非必然密切相关，农业不一定有定居生活和村落，定居生活不一定需要农业和采取村落的形式，而村落的存在不一定需要农业和全年的定居生活。"[5]从甘肃分布的旧石器时代早、中、晚期聚落遗址可以判断原始人已经出现了定居生活，但并没有开始农业生产。甘肃进入新石器时代的时间大约为距今8000年至5000年前，该时期考古发掘的史前文化遗存类型纷繁复杂。其中，新石器时代早中期文化类型包括大地湾一期、师赵村一期、仰韶早期及仰韶中期四种；新石器时代晚期文化遗存以马家窑文化为主；新石器时代向青铜时代过渡的文化类型以齐家文化为主（图2-1-4）。新石器时代文化遗址遍布全省，其中被列为国家级文物保护单位的有18处（表2-1-2），被列为省级文物保护单位的有150多处。

---

[1] 刘光华. 甘肃历史的发展及其特点——《甘肃通史》前言[J]. 甘肃社会科学, 2008（6）: 190-192.
[2] 张光直, 胡鸿保, 周燕. 考古学中的聚落形态[J]. 华夏考古, 2002（01）: 94-98.
[3] 刘晓星. 中国传统聚落形态的有机演进途径及其启示[J]. 城市规划学刊, 2007（003）: 55-60.
[4] 唐晓军. 甘肃古代民居建筑与居住文化研究[M]. 兰州: 甘肃人民出版社, 2011. 12.
[5] 陈淳. 聚落形态与城市起源[G]. 载孙逊, 杨剑龙. 阅读城市: 作为一种生活方式的都市生活[M]. 上海: 三联书店, 2007: 209.

（a）半山遗址（来源：甘肃省文物局）

（b）然闹遗址（来源：叶莉莎 摄）

图2-1-4 新石器时代聚落遗址

甘肃新石器时代主要聚落遗址表　　　　表2-1-2

序号	遗址	地区	年代	文化类型	选址	级别
1	新庄坪遗址	临夏回族自治州	新石器时代至商	齐家文化、少量马家窑文化	银川河沿岸一级台地上	国家级
2	石沟坪遗址	陇南市	新石器时代、西周、汉	仰韶文化晚期、常山下层和齐家文化、寺洼文化、西周、春秋和汉代等	西汉水和干沟交汇处的台地上	国家级
3	桥村遗址	平凉市	新石器时代、西周、汉	齐家文化	泾河流域山间坡地	国家级
4	火石梁遗址	酒泉市	新石器时代、商	马厂文化、齐家文化、四坝文化	距黑河十余公里的沙漠腹地	国家级
5	缸缸洼遗址	酒泉市	新石器时代、夏、商	四坝文化	距黑河十余公里的沙漠腹地	国家级
6	李崖遗址	天水市	新石器时代、商、周、汉	仰韶文化、齐家文化、寺洼文化、商周、春秋战国和汉代	牛头河北岸二级台地上	国家级
7	林家遗址	临夏回族自治州	新石器时代	马厂文化	大夏河二级台地上	国家级
8	牛门洞遗址	白银市	新石器至青铜时代	马家窑文化、马厂文化	山间黄土塬上	国家级
9	寺洼遗址	定西市	新石器时代至青铜时代	寺洼文化	洮河西岸二级台地上	国家级
10	西河滩遗址	酒泉市	新石器时代至青铜时代	周代	红沙河西岸阶地	国家级
11	大地湾遗址	天水市	新石器时代	仰韶文化		国家级
12	然闹遗址	甘南藏族自治州	新石器时代至青铜时代	马家窑文化、齐家文化	白龙江二级台地	国家级
13	磨沟遗址（含墓群）	甘南藏族自治州	新石器时代至商	仰韶文化、马家窑文化、齐家文化和寺洼文化	洮河西南岸的台地上	国家级
14	半山遗址	临夏回族自治州	新石器时代	马家窑文化半山类型	洮河流域山地斜坡上	国家级
15	边家林遗址	临夏回族自治州	新石器时代至商	马家窑文化和齐家文化	三岔河一级台地上	国家级
16	西山遗址	平凉市	新石器时代至商	仰韶文化、齐家文化	达溪河流域下游	国家级
17	齐家坪遗址	临夏回族自治州	新石器时代	齐家文化	洮河西岸	国家级
18	马家窑遗址	定西市	新石器时代	马家窑文化	洮河西岸一级台地	国家级

（来源：根据甘肃省文物局公布的国家级、省级古遗址名单整理。）

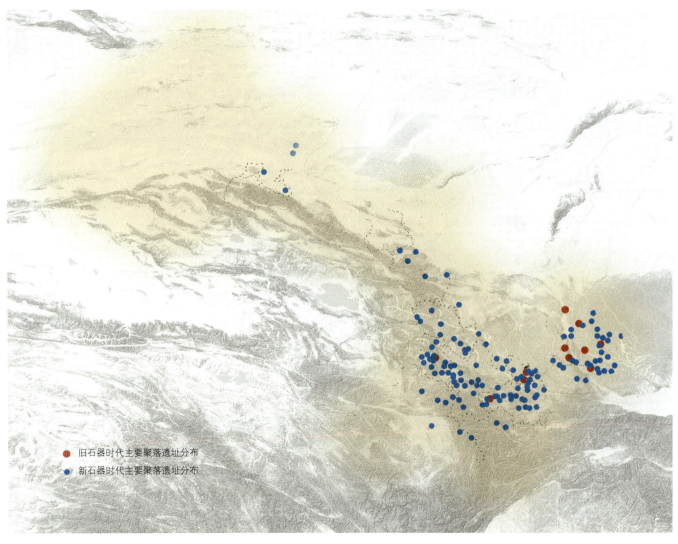

图2-1-5 新石器时代主要聚落遗址分布示意图（来源：段嘉元 绘）

1. 聚落分布

新石器时代由于全球气候变暖，自然环境更加有利于人类生存，甘肃地区人类活动的痕迹分布更加广泛，因此，新石器时代遗址在甘肃各地都有分布[①]。新石器时代聚落分布，从时空秩序上看，由东渐西扩张的规律更加明显。其中大地湾一期、师赵村一期、仰韶早期及仰韶中期等新石器时代早中期聚落遗址，主要分布在渭河中上游，在泾水、西汉水上游也有少数分布，按现行的行政区划，分布特征呈现出以天水地区为主要分布核心，并有向陇南、平凉等地少量扩散的趋势。中后期逐渐向黄河上游过渡，以定西、临夏、兰州等地为主，但在甘南藏族自治州、临夏回族自治州、白银、武威、酒泉等地也均有新石器时代考古遗址的发现（图2-1-5）。

---

① 刘光华. 甘肃历史的发展及其特点——《甘肃通史》前言[J]. 甘肃社会科学, 2008 (6): 190-192.

(a) 李崖遗址出土陶簋

(b) 桥村遗址出土西周青玉双孔斧

图2-1-6 新石器时代西周器具（来源：甘肃省文物局）

2. 聚落营建

新石器时代随着制造技术的进步，建筑技术也有了一定的发展。甘肃新石器时代居住形式从地穴式、巢居式向半地穴式、地面式转变。仰韶文化早期遗址及马家窑文化遗址中均存在方形、长方形、圆形窑址，多为半地穴式。修建壕沟用于防御，距今5000年的大地湾四期文化发掘出的一座编号为"F901"的地面式建筑，被认为是目前所见中国史前时期面积最大、工艺水平最高的房屋建筑。这座总面积420平方米的多间复合式建筑，布局规整、中轴对称、前后呼应、主次分明，开创了后世宫殿建筑的先河。此外，新石器时代建筑类型开始丰富，出现了功能的分化，从早期集多种生活功能于一体的自然地穴位转变为居住、祭祀等功能的分离。位于庆阳市西峰区的南佐遗址，距今4000年左右，分布于董志塬西北部两条沟壑之间的塬面上，以一座大型夯筑祭祀性殿堂建筑为主，尚有小型房址。

3. 社群关系

新石器时代甘肃社会经济生活发展到了一个新的阶段，在大地湾一期文化、师赵村一期文化、仰韶文化、马家窑文化，以及齐家文化等新石器时代文化遗址考古中，发现了狩猎、畜养、农业及制陶手工业等多种生产方式（图2-1-6）。社会经济的进步促使氏族进一步发展并出现了阶级分化，据考古研究，马家窑文化时期已经进入父系氏族社会。在精神文化层面，出现埋葬习俗和原始宗教意识。

4. 聚落形态

在甘肃地区，新石器时代历经了约3000多年的漫长发展，与旧石器时代相比，这一时期在经济生活、建造技术、社会关系等方面都有了明显的区别和进步，因此，这一时期的聚落形态也呈现出了不同的特征。首先，随着农业的发展，人类的定居时间逐渐变长，这为聚落形态的形成创造了主要条件。其次，建造技术的进步使得居住形式转变为圆形、方形的半地穴式建筑，人工建造因素开始占主导，对自然洞穴的依赖降低，也出现了少量地面建筑，为聚落形态的形成创造了物质条件。最后，社群关系的发展进一步影响了聚落形态，形成了以氏族为单位的向心性聚落形态，聚落中心为广场等祭祀区域，居住区围绕中心区域分布，边缘为墓葬区，墓葬区外围有壕沟，用于防御。

二、先秦聚落

先秦时期是指夏朝建立（公元前2070年）至秦朝

建立（公元前221年）的时间段，跨越了夏、商、西周及春秋战国四个时期，历时约1849年，与考古学的青铜文化时代基本处于同一时期。甘肃省内分布的青铜时代文化类型有四坝文化、辛店文化、寺洼文化、沙井文化等。先秦时代是甘肃传统聚落文化萌芽与奠基的重要时期，农牧交错的社会经济和多民族交融的社会关系初显形态。

（一）夏商西周时期

夏商西周时期是氏族社会向文明社会转变的初始阶段，是中国文明时代的开端，出现了私有制、阶级和国家，夏朝建立了中国历史上第一个世袭制朝代。夏商西周时期甘肃东部地区渐次纳入了中原王朝的统治区域，生活在甘肃大地上的各个民族相互交往，共同开发甘肃大地，并为联结中西交通和丝绸之路的开通打下了坚实基础。历经了史前漫长的原始聚落发展时期，夏商西周时期人类活动更加频繁，但是由于生产方式的变革，河西、陇中、甘南、陇南地区多以迁徙的游牧生活为主，聚落相对较少，而以农业活动为主的陇东地区聚落分布相对密集，主要分布在今天的灵台县、泾川县、镇原县、崇信县、华亭市、崆峒区及甘谷县等地区。

1. 行政建置

夏朝（约公元前2070～公元前1600年）是城邦联盟到封建国家的过渡期，因此没有明确的疆域，根据《尚书·禹贡》记载："禹别九州，随山浚川，任土作贡"，大禹将夏朝势力范围划分为冀、兖、青、徐、扬、荆、豫、梁及雍九州，甘肃属于雍州，故旧有"雍凉之地"之称。但史学界研究发现，夏王朝的领土核心范围在今河南、山西为主的中原地区，都城位于河南洛阳偃师二里头遗址，今甘肃行政区域范围尚未纳入其统治范围，而是由分布在陇东地区几个小的方国替中原王朝戍守边疆，方国的社会发展与中原王朝大致同步，可见甘肃与中央王朝之间存在着密切联系。除陇东地区外，甘肃其余大部分地区处于"戎"的统治之下，与中原王朝处于叛服无常的状态。

商朝（公元前1600～公元前1046年）是商国君主率方国于"鸣条之战"灭夏后建立的，领土核心范围仍在今河南中、北部的中原地区，考古发现的河南安阳殷墟被证实为商朝的都城。较之夏朝，商朝的势力范围扩张更广，势力范围内方国数量也增多，但中央王朝对方国的实际控制力较弱。这一时期，甘肃境内主要有须密国和莒国（今甘肃灵台县）、阮国和共国（今甘肃泾川县）、黄国和芮国（今甘肃崇信县）、虞国（今陕西陇县和甘肃崇信县交界）、彭国（今甘肃镇原县）、卢国（今甘肃华亭县）、奚国（甘肃平凉崆峒区）、豳国（甘肃宁县和陕西长武县交界）等十余个小方国（图2-1-7a）[①]。

西周（公元前1046～公元前771年）在牧野之战后灭商而建，定都镐京，周王朝为了巩固其统治地位，采取了"众建诸侯、裂土为民"的分封制，封邦建国。商初，周族的祖先公刘时为了发展农业迁至自然环境优异的甘肃陇东地区，建立豳国，后周人定居此地开垦田地、营建房屋，并确立了一套举行祭祀、宴会的礼仪。商后期周部落逐渐崛起，战败了西戎混夷，把境域向南扩展到须密国、岐山地区，为灭商奠定了基础。周族在灭商建周后将陇东地区直接纳入周王朝的统治，这一地区的人口随之增殖，出现了方国增多、部族炽盛的活跃局面（图2-1-7b）。同时这一地区也是诸戎狄活动频繁的地区，也受到了周王室的重视。

---

① 董知珍，冯小琴. 史前到先秦时期甘肃地区的古人类与民族活动[J]. 陇东学院学报，2016，27（06）：47-51.

(a) 商甘肃封国氏邦示意图

(b) 西周甘肃封国氏邦示意图

图2-1-7 商周时期甘肃氏邦部落分布（来源：段嘉元 绘）

2. 社会经济

夏商西周时期社会经济再一次发生了转变，由于当时的甘肃处在一个新冰期阶段，气温降低，不能满足粟类作物生长的需要，出现了只长苗不结穗的情况，使得新石器时代形成的原始农业无法再继续进行。同时，在气候环境变化的影响下，黄土高原的大部分地区被草原和荒漠覆盖，人们在新环境下开始了一种新的生产方式，即以畜牧为业，大部分地区的族群属于"戎"族，社会停留在氏族制向文明时代过渡的阶段。商朝后期居于泾河、渭河流域尚处于氏族部落阶段的周部落改善耕作，开拓了中国最早的农业；西周时，秦人的祖先在省境东部的天水地区定居下来，开始了由游牧经济向农业经济的缓慢过渡，但游牧生活仍占据主要地位。

3. 社群关系

夏商西周时期中央王朝对甘肃地区的控制较弱，夏朝时期甘肃并未纳入其统治范围，商周时期，中央王朝与甘肃东部许多氏邦部落也只存在着武力征服的关系，没有真正意义上的政治管理，加之社会经济方式转变为畜牧业为主，结果是从事游牧生活的氐、羌民族占据了人口的主导地位。社会文化出现了分散而无主导的多支文化，偏离了多样性到统一性发展的规律，使得民族格局也出现了多元化。陇东地区先后出现了犬戎、义渠戎等民族，河湟、洮州地区形成了古羌族的两个分支，甘南、陇南地区的西汉水流域和白龙江流域形成了氐族及西戎。

4. 聚落形态

夏商西周时期，在私有制、阶级和国家产物的刺激下城邦开始出现，同时随着人类发展步入文明时代，建造技术和建造用材方面取得了更大的进步。在河西走廊地区广泛分布的四坝文化遗址中，存在夯土墙和砾石垒砌的建筑遗址。在甘肃民勤、金昌、永昌等地发现的沙井文化遗址中，有一定规模的土城堡、四周筑有土围墙，平面形态呈圆形或椭圆形。

（二）春秋战国时期

春秋战国（公元前770年~公元前221年）是西周统治结束至秦朝建立的历史时期，是我国历史上第一个大分裂时期。在百家争鸣的思想碰撞下社会进入了多元化的发展阶段。战国时期，秦国开创了郡县制，为后来中国封建王朝中央集权制的诞生奠定了基础。直至春秋战国时期秦国建立郡县制度，设犬丘邑、秦邑，建制聚落始成。

1. 行政建置

在行政建置方面，甘肃最早出现郡县制，春秋时期秦武公十年（公元前688年），秦国设立了初县、邦县、冀县；战国时期，秦国灭义渠国后在甘肃东部地区设置陇西、北地郡二郡，下辖县。春秋战国时期甘肃地区聚落的分布范围从陇东地区开始向外扩展，扩展到了陇南地区，其动力因素是秦国的建立。公元前770年，因秦襄公平戎救周有功，周平王封秦襄公为诸侯，赐之岐以西之地，秦国初建，实际控制区是今天水市和陇南市的部分地区。当时秦国国内的城邑有犬丘邑和秦邑，以犬丘邑为都城。考古调查表明，在西汉水上游，周秦文化遗址三个第一级别的大遗址（30万平方米以上）中，大堡子山—赵坪遗址群规模最大，而且位置居中，也最为重要。甘肃省文物考古研究所曾在遗址东北部的第一级阶地上发掘出春秋贵族墓和车马坑，表明那里有贵族墓地和居住区。有学者认为，赵坪遗址就是秦早期都邑犬丘（图2-1-8）。

2. 社会经济

春秋战国时期社会经济，仍然是陇东地区以农业为主，其他区域以畜牧业为主或农牧兼有，秦国实行

(a) 春秋甘肃行政建置示意图

(b) 战国秦甘肃行政建置示意图

图2-1-8 春秋战国时期甘肃氏邦部落分布（来源：段嘉元 绘）

(a) 大角羊形金箔

(b) 银项饰

图2-1-9 天水刘坪墓群出土手工制品（来源：甘肃省文物局网站）

授田制，发展小农经济，奖励耕织。同时手工业在这一时期进一步发展，尤其是青铜器的铸造，考古工作者在礼县县城附近西山北面的鸾亭山山顶发现了祭祀天地的西畤遗址，2004年下半年清理了祭祀坑、祭坛等遗址，出土了玉器、冶铸青铜礼器、烧制生活用品陶器等，在战国时期的刘坪墓中还出土了银器和金箔（图2-1-9）。

3. 社群关系

春秋战国时期中央王朝对甘肃地区的控制有所加强，秦穆公时甘肃东部地区被纳入了秦国的统治，其社会经济及文化受到关中先进地区的重要影响，在农业发展的经济基础之上出现了严格的礼仪制度。

4. 聚落形态

春秋战国时期具有政治统治性质的城池正式出现，如秦国的都城犬丘，因此聚落的营建往往会考究形制布局并经过了慎重的选址。犬丘位于漾水河以西与以南的第1~2级台地上；漾水在此折向西流，并注入西汉水；龙槐沟有常年流水的溪泉；城址三面环水，地形低平开阔，面积约30万~40万平方米，其面积之大，地理条件之优越，在整个流域首屈一指。秦人在陇右的活动中心、建国时的都城西垂，其功能较为丰富，在居住的基础上还考虑了办公、祭祀等主要功能，都城内有国君居住、办公的宫殿，"文公立，居西垂宫"，也有贵族的住所。都城附近，宗庙、社稷等礼制建筑也是不可缺少的，但由于秦国建都西垂时，国力还很弱小，因而规模不大。

第二节　聚落演变

甘肃早期聚落基本奠定了聚落的分布范围，在营建技术方面也开始结合等级制度因地制宜进行建造，同时多民族交融的格局形成，为后来聚落的演变奠定了基础。甘肃省传统聚落的演变与历史发展的演变有着密不可分的关系，依据聚落的分布、营建及社群关系，可以划分为发展、兴盛、迟滞、稳定四个阶段。

一、发展阶段

公元前221年，秦灭六国建立第一个统一的中央集权国家，甘肃的行政格局除了北地、陇西二郡为秦所辖外，陇南武都地区仍为氐人、羌人活动的区域，黄河以西则为月氏人、乌孙人、羌人等所居住。秦初甘肃境内的部落构成以氐、羌、月氏、乌孙等游牧民族为主，汉民族较少。汉代秦而立，在初期实施休养生息的恢复性政策，到武帝时国势强盛，始推行积极向外开拓疆土的战略，尤其是向西征服甘肃地区的游牧民族，自汉朝起甘肃大部分地区逐渐纳入中央王朝的统治范围，加之移民实边等行政管理方式，汉民族大量迁往甘肃地区，以汉族为主体的多民族格局初步形成。汉武帝时期击退了匈奴，为了巩固统治，通过大规模的移民和设置郡县，为聚落的形成和发展带来了契机。

1. 行政建置

秦朝时，沿用了战国时秦建立的郡县制，聚落分布基本集中在陇东及陇南地区，后秦朝为防御乌孙、月氏等族人的侵袭修建了秦长城，并设榆中、枹罕两县，属陇西郡管辖，以镇守边关。

汉承秦制，武帝时正式对河西地区实施行政管辖，西汉元狩二年（公元前121年），在陇西郡和北地郡的基础上，增设武威郡和酒泉郡，统辖甘肃西北部。西汉元鼎三年（公元前114年），增置天水郡、安定郡、武都郡。元鼎六年（公元前111年），从武威郡分出了张掖郡，从酒泉郡分出了敦煌郡，形成河西四郡。西汉始元六年（公元前81年），从天水、陇西、张掖3郡各分出2个县建立金城郡。自此，甘肃共设置10个郡，聚落分布遍及甘肃陇东、陇南、陇中、河西走廊地区，有100多个县，但着重以河西走廊的开发为主。汉朝实行中央—郡—县—乡—里的五级管理体制，以里为单位，形成聚落。汉朝的住宅区叫作"里巷"，整个里巷是封闭式结构，住在里面的居民进出是受到严格管控的。这里也可以看出秦朝对民众行为管制的严格程度。里巷有专人负责早晚开闭里门和日常维护治安的工作，叫作"里监门"。而里门又叫"闾"，我们常说的"闾左"就是指住在里门左边的"里监门"一家，他们享有免役的特权。里巷中的住宅呈条状分布，每条之间都留有巷道，住宅区外有垣墙环绕，将住宅区与外界隔成一个独立的空间。其中每一户人家的房屋构造都是大同小异的。通常来说，院前普遍植有桑树，还有自家打的水井，院后有猪圈和厕所。每家除了主室之外，都有私家粮仓和用来祭祀的祠木。里有土筑城堡，战时用以防守，平时防备盗贼，并可阻挡风沙，也便于社会管理，以里为核心修建的土筑城堡，成为河西地区带有军事防御性质的堡寨式聚落的开端（图2-2-1）。

2. 聚落营建

秦汉时期基本奠定了我国古代城池方形格局的局面，此外，秦汉时对河西走廊的开发带有明显的军事防御性质，同时反映在聚落的营建上。骆驼城遗址位于张掖市高台县骆驼城乡永胜村西3公里处。城址坐北向南，平面呈长方形，东西宽约425米，南北长约704米，面积约29.92万平方米。城垣为黄土夯筑，夯土层厚0.1~0.15米，墙基宽6米、残高7米，分为南、北两城（图2-2-2）。南城面积约为23.38万平方米，东、西、南正中各辟一门，门外皆有方形瓮城。城内西南角又有一座南北长约132米、东西宽约79米的小城，俗称"宫城"，城内有古井一眼。北城，俗称"皇城"，面积约为6.54万平方米，南面正中筑方形瓮城，开东、西向城门，与南城相通。城垣四角均有6米×6米的方形角墩。两城现存墙垣总长约1933米。城内地表遗存有汉、唐时代的砖、瓦、陶片，北城内有建筑遗迹9处。城内地表散见焦兽骨、灰陶片，出土过汉五铢钱币、陶纺轮、唐代铜器和铁器等。墓群以城址为中心，分布在城南、西、北三面。

(a)秦朝甘肃行政建置示意图

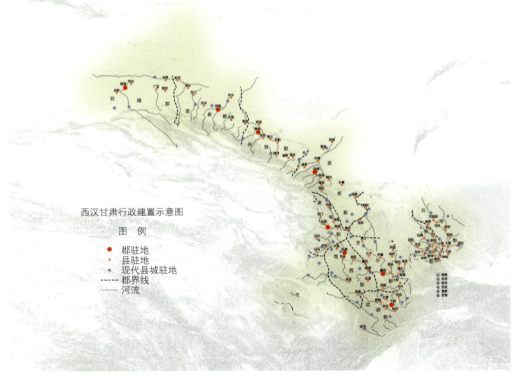

(b)西汉甘肃行政建置示意图

图2-2-1 秦汉时期甘肃行政建置示意图(来源:段嘉元 绘)

图2-2-2 骆驼城遗址（来源：甘肃省文物局）

3. 社会经济

秦朝建立了我国历史上第一个大一统的国家，并实行"车同轨、书同文"等政治措施，以巩固其统治，政治稳定为社会经济的发展奠定了良好基础。汉武帝时实行移民屯垦政策对河西地区进行行政管辖，使得河西走廊农业经济得到较快发展。汉朝在河西走廊的行政、军事设置，也为丝绸之路的兴起和畅通起了重要的保障作用，丝绸之路的开通促进了中西方贸易的交流与文化的交融，也促进了丝绸之路沿线聚落的兴起与发展（图2-2-3）。在手工艺发展方面，汉朝出现了砖和瓦，在今会宁县十里铺村东南的郭城驿城址中曾出土完整的汉砖、汉瓦及黑陶罐。

二、兴盛阶段

经历了三国、魏晋、南北朝长达几百年的分裂，公元581年，隋朝再一次实现了大一统[①]，魏晋南北朝时期，中原地区战乱频繁，社会经济遭到很大的破坏，而甘肃河西走廊地区由于地理优势，社会相对稳定，经济持续发展，先后出现了前凉、后凉、南凉、北凉等政权。在嘉峪关市新城镇发掘的魏晋墓中有许多各民族一起采桑、屯垦、放牧的壁画，是当时河西地区经济繁荣的生动写照。隋朝至隋炀帝后期大乱，东突厥崛起达到"戎狄炽强，古未有也"的强盛程度。隋大业十三年（公元617年）七月，武威郡鹰扬府司马李轨，举兵反隋，占领河西，建大凉国，定都姑臧，建元安乐，归附于东突厥。至唐朝，甘肃社会经济达到了前所未有的高度，带来了甘肃传统聚落发展的兴盛。这一时期，聚落发展的地域扩展趋势变弱，聚落内部关系得到强化，受长安城里坊制的影响，聚落形制更加注重等级制度和功能分区，经济和社会文化职能有所凸显。

1. 行政建置

魏晋南北朝至隋唐时期，聚落的主要分布范围仍然沿袭前一阶段的地域分布特征，在陇东、陇南、陇中、河西走廊地区分布着数量不等的大小聚落。隋沿袭北周的地方行政制度，实行州、郡、县三级建制体制，在甘肃境内设16郡76县（图2-2-4a），公元619年唐朝建立，唐代改郡为道，甘肃分属河西道、关内道、陇右道、剑南道和山南道，共辖22州（图2-2-4b）。这一时期，河西走廊受丝绸之路贸易的带动，沿线聚落发展迅速，出现了大量贸易型城驿，如古浪的大靖镇就是河西

[①] 尹伟先，杨富学，魏明孔. 甘肃通史·隋唐五代卷[M]. 兰州：甘肃人民出版社，2009.

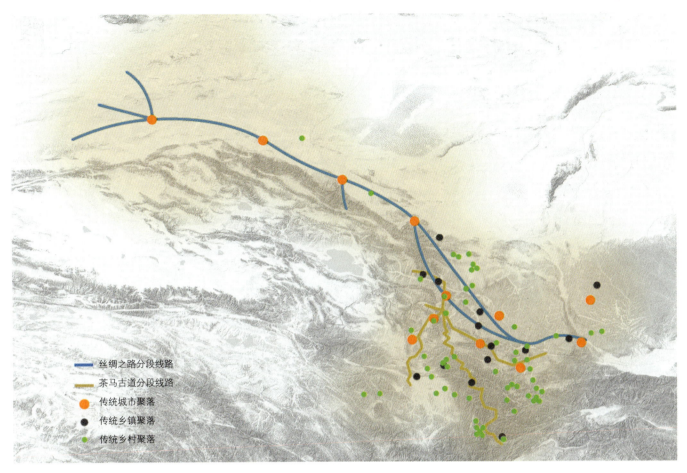

图2-2-3 丝绸之路沿线聚落分布（来源：段嘉元 绘）

走廊重要的贸易中转站。临夏、陇南等地则受茶马互市的影响，沿线聚落也得到了发展，临夏八坊十三巷，则是唐代茶马互市繁荣景象的印证。因而，这一时期聚落的分布体现出明显的沿文化线路繁荣发展的趋势。

2. 聚落营建

魏晋至隋唐时期经历了从多民族交流融合到统一稳定的社会发展变化，在长期动乱以后复归统一，加之政治安定、经济繁荣、国力强盛、中西方文化交流，达到了中国古代建筑设计的鼎盛时期。都城营建更是达到了前所未有的高度，长安城和洛阳城以里坊制为基础，奠定了我国古代城市的棋盘式方城格局，兼具宫殿、官署、居住、集市、宗教建筑等多项功能。根据文献记载与考古发现，这一时期甘肃境域内聚落在功能上以生活、防御及行政为主，平面形制上分为内城和外城，形态规整、规模宏大。

锁阳城是唐代丝绸之路上的重要聚落，亦称"瓜州古城""苦峪城"，总面积达80多万平方米，分内、外两城。内城平面呈长方形，东城墙长约493.6米，南城墙长约457.3米，西城墙长约516米，北城墙长约536米，周长约2102.9米。内城中有一墙为宋代增修，将城分为东、西两部分。城墙夯筑，夯层厚0.1~0.14米。墙基宽7.5米，顶宽4.6米，高约10米，面积约28万平方米。四面有马面24个，上筑敌台（均已倒塌）。四角筑角墩，仅西北角墩保存完整，通高18米，土坯砌筑，角墩下开东西向拱券门。东、南、西、北共有5座

(a) 隋朝甘肃行政建置示意图

(b) 唐代甘肃行政建置示意图

图2-2-4　隋唐时期甘肃行政建置示意图（来源：段嘉元 绘）

图2-2-5 唐锁阳城遗址（来源：甘肃省文物局）

城门，其中北墙两门，门外筑瓮城，瓮城宽12.6～32.4米，进深22.4～30.2米，瓮城墙厚约10米。城墙上、下堆积有大量累石。西城内有圆形土台26座，围以土墙，系兵营遗迹（图2-2-5）。外城称"罗城"，是两道较内城墙低的环墙，里墙基宽4.5米，顶宽2.8米，高3.2～4.5米，外墙基宽8～14米，顶宽3.2～4.5米，高4.5～6.5米，均夯筑。东墙正中有城门和瓮城遗迹。周围散见大量唐"开元通宝"等货币、瓷片、围棋子、砖瓦等，以及宋、元、明、清时期的瓷器和陶器残片。

3. 社会经济

魏晋南北朝在民族融合的基础上，社会经济文化得到普遍提高，到隋唐大一统时期，受到丝绸之路和茶马古道商业贸易线路的影响，社会经济更加繁荣。同时，甘肃民生安稳，农业经济大力发展，水利工程也备受重视，手工业、毛纺业和畜牧业也很发达，隋唐之际甘肃国际贸易达到前所未有的发展程度，我国与西方诸国的贸易交通主要通过陆路，从西安经甘肃全境，至敦煌分道各地。

三、迟滞阶段

唐代安史之乱（公元755年）是甘肃地区由盛转衰的转折点。唐广德二年（公元764年），包括甘肃在内的河西、陇右被吐蕃占据，吐蕃占领河陇80余年，实行奴隶制统治，直至公元848年，沙州张议潮起义，才结束了吐蕃在河西、陇右的统治。宋至元末则是甘肃社会经济史上发展较为缓慢的时期，宋、西夏时甘肃经济有过一定程度的繁荣，元时则发展迟滞尤为明显。这一阶段由于社会经济发展的迟滞，聚落分布也呈现出减缩趋势，州县数量较唐时减少，但局部地区有所发展，聚落的分布范围扩展到甘南地区，至此基本奠定了甘肃地区聚落的分布格局。

1. 行政建置

在地方行政制度方面，宋代地方行政制度延续唐代后期"道"制，并向"路"制转变，元时行省制度确立（图2-2-6）。宋朝对于甘肃的统治聚落集中于陇东、陇中、陇南地区，属秦凤路和永兴军路，辖18个州，有城池修筑。西夏控制河西地区，但聚落数量比唐朝时明显减少，加之农牧兼有的社会经济形势影响，只有瓜州、肃州、甘州、凉州等较大的聚落继续得以发展，甘南地区由吐蕃控制发展滞后。元朝蒙古大军统治了全国，1227年蒙古军攻占河州以后，部分屯戍于河州，后随着蒙古统治范围的扩大，甘肃现在的行政范围全部纳入中央王朝的统治。元朝将甘南地区纳入了统治范

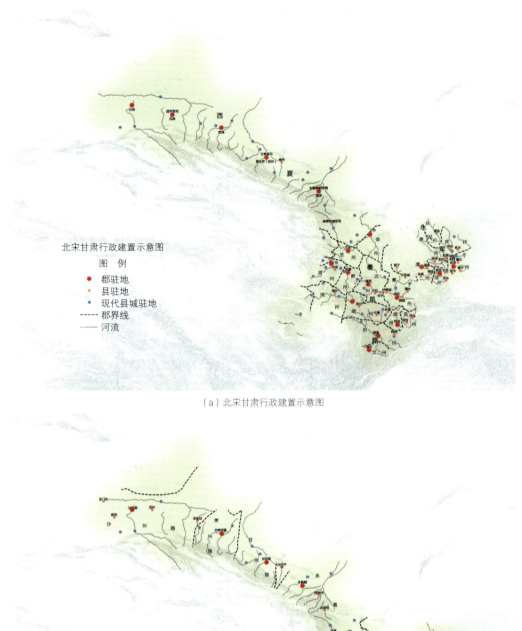

(a) 北宋甘肃行政建置示意图

(b) 元朝甘肃行政建置示意图

图2-2-6 宋元时期甘肃行政建置示意图（来源：段嘉元 绘）

图2-2-7 桑科古城遗址（来源：段嘉元 摄）

图2-2-8 肃南皇城遗址（来源：甘肃省文物局网站）

围，出于军事防御的需求，兴建了部分防御型聚落。

2. 聚落营建

这一阶段聚落的营建较之于隋唐时期，规模有所减小，但建造技术有所提高，砖石等材料被广泛应用，修建有砖筑佛塔等，同时聚落具有军事防御性质。桑科古城始建于宋代，地处大夏河与大纳襄河交汇之北的三角台地上（图2-2-7）。城依地势而土石混筑，平面呈不规则多边形，分布于前、中、后三级台地，南北长约142米，东西宽约140米，面积约2万平方米。现存墙垣残长500余米，墙体夹棍版筑，基宽约4米，残高约4.5米，顶宽约1.3米，夯层厚0.1～0.14米，部分在沟壑处的墙垣基础为石块砌成。城周有多处马面，城内建筑遗迹尚存。城外西山坡上筑有6座烽火台；城东150米处筑一小城，平面呈正方形，边长100米，均为夹棍版筑，为驻兵关卡，两城间有道路相通。

肃南皇城位于肃南县东滩乡皇城村东侧（图2-2-8），分南、北两城，相距约200米。南城平面略呈正方形，东西长约320米，南北宽约300米，面积约96000平方米。南城南墙正中辟门，四角筑四棱台体角墩，东、西、北墙各筑马面5个，南墙筑马面4个。城外有护城河两道，外河宽9米，内河宽10米，两河之间四面各筑烽火台5座，间距40米，为军事防御性设施。城内有建筑遗迹，平面呈"工"字形，高出地面1米左右，南北纵长68米，四角各存一圆形柱础，残存有瓦当、鸱吻、残碎脊片和红、绿琉璃瓦片等。北城平面略呈正方形，长约395米，宽约390米，面积约154000平方米。水城南墙辟门，城内东北部筑有内城，城外有护城河一道。城墙均为夯土版筑，夯层厚约0.15米。城址保存较好，对研究城建史和元史有重要价值。

3. 社会经济

社会经济发展方面，西夏统治河西初期，农业经济不甚发展，主要以畜牧业为主，后通过兴修水利，农业经济取得了一定发展，元代以畜牧业为主的蒙古族统治甘肃，农业经济遭到极大破坏，导致社会经济发展迟滞。

四、稳定阶段

明清时期在甘肃境域内的聚落开始有所增加，其动力因素是农业经济的发展和军事防御功能的需要，这一时期形成的传统聚落也是现今为止甘肃境内保存数量最多的。明代由于西北的军事形势所迫，中央和地方政府对屯田极力整顿和发展，以巩固西北边防。明嘉靖八年

（1529年），鼓励甘肃实边，如古浪、永昌、甘州、肃州、山丹等卫所，垦辟屯田。明末清初由于战乱，甘肃经济又一次遭到了大的破坏，人口和耕地减少，至清康熙、雍正时期农业经济得以恢复。

1. 行政建置

出于行政和军事管理的需要，明朝的行政建置在沿袭元朝行省制度的基础上做了部分改进，形成了从中央到地方管理的两大系统：中央中书省所辖六部为布政使司—府—县行政系统；五军都督府（前、后、左、右、中）为都司—卫（守御千户所）—所（百户所）军事系统。今甘肃省河西走廊大部分地区属陕西行都司管辖，设甘州、凉州等卫所；河西走廊以东地区属陕西布政使司管辖，设庆阳、临洮等府，下辖州县（图2-2-9a）。清因明制，顺治时设甘肃巡抚，驻宁夏；康熙时设甘肃行省，驻兰州。清朝甘肃行省，地域辽阔辖今甘肃全省及宁夏、新疆、青海的部分地区，今甘肃省域内有"六府五直隶州"（图2-2-9b），下辖县，形成省—府（州）—县三级行政体系。

2. 聚落营建

明清甘肃军事防御聚落达到高潮，基本奠定了今天的聚落分布格局。

堡寨军事聚落是古代军事防御的直接产物，主要形成于明代，明长城在甘肃境内长度约为1000公里，西起嘉峪关，经酒泉、高台、临泽、张掖、山丹、永昌、民勤、武威、古浪、景泰等县，从五佛寺过黄河，在靖远县内沿黄河南岸延伸。明代设立了"卫—所—屯—堡"的军事聚落等级体系，在甘肃省设甘肃镇，下辖肃州卫、山丹卫、永昌卫、凉州卫、兰州卫、洮州卫、银川卫，现保存的规模较大、较完整的军事聚落遗址有嘉峪关关城、洮州卫城、骆驼城遗址等十余处（表2-2-1）。

甘肃保存较完整的军事聚落遗址表　　　　　　　　　　　　表2-2-1

城名	今所处地域	所属时代
成纪故城遗址	平凉市	秦至宋
骆驼城遗址	张掖市	汉至唐
居延城遗址	酒泉市	汉
锁阳城遗址	酒泉市	隋、唐
破城子遗址	酒泉市	汉至唐
六工城遗址	酒泉市	汉至唐
许三湾城遗址	张掖市	汉至唐
八卦营遗址	张掖市	汉至晋
草沟井遗址	张掖市	汉至明
八角城城址	甘南藏族自治州	唐至明
嘉峪关关城	嘉峪关市	明
洮州卫城	甘南藏族自治州	明
永泰龟城	白银市	明

(a)明甘肃行政建置示意图

(b)清甘肃行政建置示意图

图2-2-9 明清时期甘肃行政建置示意图（来源：段嘉元 绘）

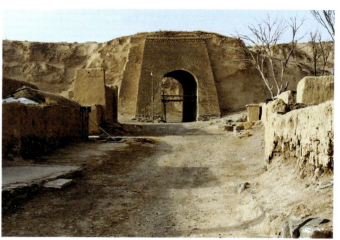

(a) 永泰古城平面图（来源：Google Earth）　　　　　　　　　（b）永泰城址南门（来源：段嘉元 摄）

图2-2-10　永泰龟城

永泰古城位于景泰县寺滩乡永泰村（图2-2-10），是一座明清时期驻军防务的大型土筑古城。城平面略似乌龟，故又名龟城，东西长约520米，南北宽约500米，占地面积30万余平方米。城墙黄土夹砂夯筑，高8～12米，墙基宽约6米，顶宽约5米，夯层厚0.12～0.14米。城东、西、北三面筑有半圆形月城，城门南开，宽约4米。外筑瓮城，形似龟头。城四周有护城河，宽约6米，深约2.5米。距北城墙约20米处筑大墩1座，墩东北有小墩5座，呈"一"字形排列。城西有地下泉水串流城内五井之中，俗称"五脏"。城内原有建筑无存，出土有石碑等文物，据碑刻文和《红水县志》载："明万历间，李汶总督三边，前城损坏。汶与田乐议奏筑城，文臣方岳，荆州俊，元戎孙仁等助成。复令参将达云、萧如薰相度地址。明万历丙午三十四年（1606年）冬月起工，戊申三十六年（1608年）六月落成，乃曰永泰。清雍正二年（1724年），忠信公岳东美于城内东西街并北角，设五眼井，以作五脏，又于北角设一大池，曰甘露池，合诸井，并名六腑。"由此而知，该城始建于明代，清代补筑。目前城址基本保存较好，对研究明清两代军事防务和城建史、建筑技术及建筑思想文化有重要价值。

3. 社会经济

明清时期是甘肃社会经济发展的又一阶段，由于屯垦政策的实行，宋元时期遭到破坏的农业经济得到较好恢复。清朝至民国末年，由于闭关锁国，且居于内陆，交通不便，甘肃地区成了闭塞落后之地，人口流动较小，社会经济发展落后于东部地区，以发展农牧业为主。

第三节　民族聚落

民族聚落是在长期历史演替过程中，不同民族通过互相交融与适应，而形成以单一或多元民族成分为聚居单元的聚落格局。甘肃历来就是一个多民族融合地区，历史上戎、羌、氐、月氏、乌孙、鲜卑、吐谷浑、吐蕃、回鹘、党项等古代少数民族[①]与汉族间的糅合共同决定了今天的民族构成，形成了以汉、回、藏、东乡、土、裕固、保安、蒙古、撒拉、哈萨克、满等17个民族为主的民族聚落格局，其中裕固族、东乡族两个民族是甘肃特有的。据2010年第六次人口普查数据显示，全省常住人口中，汉族人口为23164756人，占90.57%；各少数民族人口为2410498人，占9.43%，虽然少数民族人口占甘肃人口的比重不高，但其与汉族人民共同开拓、书写了甘肃的历史。

一、民族变迁

甘肃传统聚落的历史进程体现为秦汉发展、多民族崛兴、唐后衰落、明清稳定的规律，形成了多民族孕育阶段、对抗阶段、融合阶段、稳定阶段的四个民族聚落发展时期。

（一）民族孕育阶段

春秋时期，甘肃东部的民族格局发生了变化，在氐人、羌人和各种戎人的基础上，秦人西迁至天水、陇南地区。而在战国时期，甘肃西部的河西走廊则有月氏人、乌孙人等族人活动，并在我国先秦社会发展中留下了足迹。

（二）民族对抗阶段

秦汉建立了中央集权制的封建王朝，汉武帝时期对匈奴、羌人、氐人进行了战争，将其驱赶出河西和陇南的边缘地区，民族格局形成了汉民族居主体地位，游牧民族边缘化，向山地迁徙的特征。

（三）民族融合阶段

魏晋至隋唐是甘肃民族融合与交流最为繁盛的时期，基本奠定了甘肃多民族交融杂居的民族格局，晋时塞外鲜卑人移居河西一带"务农桑修邻好"，与汉族一起为河西经济繁荣做出了贡献，南北朝时，汉、鲜卑、氐、羌、柔然等民族互相影响，互相之间进行融合。

唐朝时甘肃处于汉族、吐谷浑、党项、粟特、突厥共存的局面，五代时吐蕃人、回鹘人、党项人等崛兴甘肃，后来居住在河西、陇右的吐蕃人逐渐被融合[②]。公元840年，由于内乱与天灾，回鹘为黠戛斯所灭。大部分回鹘人向西迁徙，其中一支迁到河西走廊，分布在甘州、沙州、凉州、合罗川（今额济纳河）等地，其中以甘州回鹘最为强大，牙帐就设在甘州，故又称河西回鹘为甘州回鹘。

在民族格局方面，藏族、回族、蒙古族汇入，丰富了民族构成。安史之乱以后甘肃逐渐被吐蕃、回纥、党项等少数民族所统治，甘南藏族也正是从这一时期开始形成。回族源于唐宋，逐渐形成于元明，公元1273年，元世祖忽必烈下令屯戍的色目人"随地入社与编民等"，军士落为民籍，成为编民定居（今临夏八坊上、下二社等始形成于此时），西域色目人与当地汉族等女子通婚，亦有汉民改信伊斯兰教，融入回族，为回族的形成奠定了基础。回族是由外来穆斯林民族在我国社会历史的发展演进中，融合汉、维吾尔、蒙古等民族的成分，最终在元末明初形成的一个民族[③]。当时由于东西方陆路交通畅通，西域经河西、河州前往内地的穆斯林商贾往来频繁，伊斯兰教传教者也活跃于河州地区，部分人定居后，耕田放牧，传教修寺，元对回回"以甘、肃旷土赐昔宝赤合散等屯耕之"（昔宝赤为官名，合散即为穆斯林姓氏），"免去回回屯戍河西者银税""元时回回遍天下"，河州当在其中。

[①] 关连吉. 甘肃民族文化——陇文化丛书[M]. 兰州：甘肃教育出版社，1999.
[②] 安俭. 论藏族部落的形成与发展[J]. 历史教学问题，2008（4）：14-17.
[③] 穆德全. 回族大散小聚分布特点的形成[J]. 西南民族大学学报（人文社科版），1986（2）：32-42.

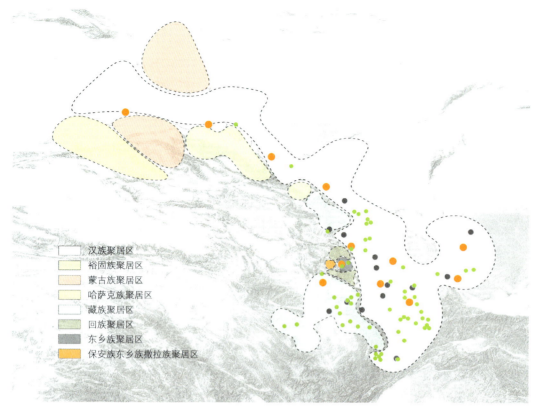

图2-3-1 民族聚落分布示意图
（来源：段嘉元 绘）

（四）民族稳定阶段

明朝以后民族格局逐渐趋于稳定，清朝是中国历史上又一个少数民族统一政权，满族入关后，为巩固统治，向全国战略要地派兵驻守。清军在驻扎之地圈地筑城、携眷居住，所筑之城，名曰满城[①]。满城在兰州、武威等地皆有分布，以军事统治为目的，清王朝灭亡以后满族统治者也逐渐在历史的长河中，由于人数较少并没有形成具有规模的民族聚居区。中华人民共和国成立后逐渐确立了以汉、藏、蒙古、回、裕固、东乡、保安、哈萨克等八个民族为主的聚居格局。

多民族杂糅聚居使得甘肃传统聚落的发展与演变也经过了一个复杂而漫长的过程，聚落的发展史也是一部民族交融史，不同民族类型因文化差异，使得聚落特征明显不同，不但类型丰富，而且分布广泛。根据民族聚落的特征可以将甘肃传统民族聚落分为汉族聚落、少数民族聚落和多民族聚落三个类型。各民族聚落中，汉族聚落占主要比例，12个历史文化名城中10个分布在汉族聚居区，另外两个分别在回族与藏族聚居区；14个历史文化名镇中13个分布在汉族聚居区，1个在藏族聚居区；54个传统村落中41个分布在汉族聚居区（图2-3-1）。

二、汉族聚落

汉族聚落是甘肃各民族聚落中最早形成的，汉民族大多以从事农业生产为生，因而在寻找到适宜的耕作区后便会长期定居，率先形成聚落。甘肃早期农业经济的历史渊源可追溯至新石器时代的原始农业，陇东地区的仰韶文化、齐家文化孕育了甘肃地区的汉族先民，夏商

---

① 甘肃省民族事务委员会，甘肃省民族研究所. 甘肃少数民族[M]. 兰州：甘肃人民出版社，1989.

之际在庆阳泾水支流上游从事原始农业的周部落，西周时期农业经济从庆阳发展到了陇西地区，在陇西西河滩的西周遗址中发掘了代表农业经济的房屋窑穴、窑址、墓葬和井。至秦时，农业经济逐步向陇南、陇中地区过渡，甚至对河湟地区羌人的农牧业产生了影响。汉朝以前农业经济发展较为缓慢，使得聚落的形成也较为舒缓，多以自然迁徙聚居而成。

至秦汉时期，甘肃逐渐纳入中央王朝的统治，商贾贸易与军事防御使得中原人口逐渐迁居甘肃并融合了一部分匈奴、鲜卑、氐、羌等古代民族，中原汉民族基本形成。自汉朝开始汉族聚落发展受人为因素的影响较大，尤其集中在河西地区。汉武帝时期击退匈奴，河西地区被纳入中央王朝的版图，为巩固边防在河西地区筑长城、亭障、列城、烽燧，实行"屯田"和"移民实边"以满足军需，军事驻防促进了河西地区农业经济的极大发展，也保障了丝绸之路沿线商业贸易的发展，促进了聚落的形成与发展。明朝时期，中央王朝对军事防御的重视达到了前所未有的高度，修筑长城并在沿线卫所进行大规模屯田，极大促进了河西及陇中部分地区农业经济和堡寨军事聚落的发展。至此，甘肃汉族聚落的分布格局基本形成。

（一）同姓聚落

1. 聚落形成

我国乡村聚落的产生是人类以血缘关系为纽带而形成的一种聚族而居的村落雏形，这种按血缘关系聚族而居的状态，历经奴隶社会和封建社会，至今在广大农村中还有广泛而深刻的影响。同姓聚落，是由共同的先祖繁衍、聚族而居，最终形成的以同一姓氏为主，以血缘关系为纽带，鲜有其他姓氏的居住群体。同姓聚落形成原因大致有两种，一种是，由于某一家族逐渐壮大并融合其他家族而形成；另一种是，迁居此地并逐渐发展壮大的同姓族人所形成。甘肃传统村落中，天水市麦积区新阳镇胡家大庄村、陇南市徽县嘉陵镇稻坪村、天水市麦积区党川乡马坪村等皆为典型的同姓聚落。明初为拱卫边防，实行移民屯垦政策，胡氏先祖于洪武年间（1368~1698年）从山西洪洞大槐树移民到巩昌府新阳镇，与当地常住熟蕃（唐末吐蕃统治下藏化的汉人）百户，共同形成了以胡氏家族为主的胡家大庄村。明清以来徽县尹姓家族逐渐迁居于稻坪村，形成了具有一定规模的尹氏家族聚落，保留的清代建筑群落是其最好的历史见证。清道光二十年（1840年），从四川逃难至马坪村的马月侯、马金郝兄弟二人，见这里气候宜人、土壤肥沃，便在此安家，逐渐形成以马姓为主的聚落。

2. 聚落营建

同姓聚落因血缘关系的延续而形成，自先祖奠基以来同一宗族繁衍生息、一脉相承，使得宗族观念在家族发展和历史变迁过程中融汇于聚落营建的多个方面。在聚落格局上，因地制宜，结合自然山水，按照家族内各房的尊卑与规模大小，布局聚落形态与主次街巷，形成主次明确的聚落格局。在公共空间上，为纪念先祖和管理家族，通常会修建祠堂，并形成以祠堂为核心的公共空间。在建筑形态上，也严格反映出尊卑有别、长幼有序的等级观念，在基本建筑格局基础上，通过院落的大小、屋脊的变化及细部的装饰来反映居住者的地位和身份。因而同姓聚落具有形态完整、结构严谨且向心性与秩序性较强的特征。

例如，陇南市徽县嘉陵镇稻坪村就是典型的此类聚落（图2-3-2），整个村落依山而建、布局紧凑、功能完整，昔日之繁盛可见一斑，以尹家祠堂、学堂、绣楼等共同组成了聚落的公共中心（图2-3-3），其他二十多处院落几百间房屋以其为核心分布，尹家老宅是保存最完整的一处民居四合院，院落空间宽敞，门窗屋脊以木、石雕刻装饰，古香古色，大门口屹立的两座抱鼓石

图2-3-2 稻坪村全貌（来源：段嘉元 摄）

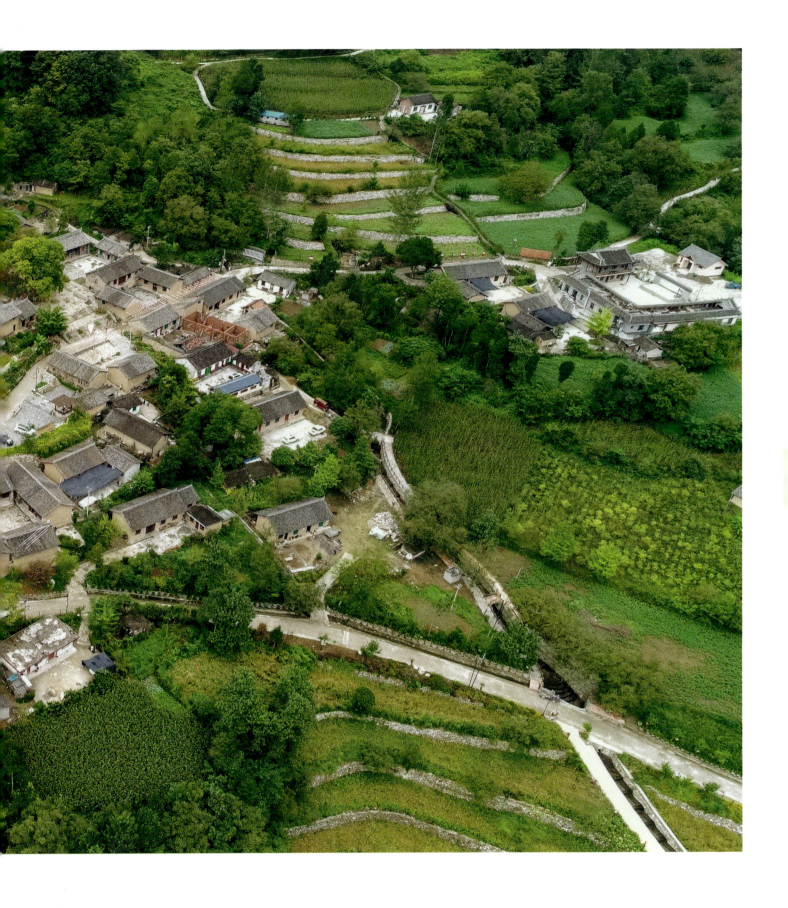

(a)尹家老宅

(b)尹家祠堂

(c)尹家绣楼

(d)尹家学堂

(e)尹家老宅抱鼓石

(f)尹家老宅屋脊装饰

图2-3-3 稻坪村古建筑(来源:段嘉元 摄)

标志着屋主家族之主的身份与地位。目前，稻坪村保留的大多传统民居仍然承担其居住功能，但受社会经济发展的影响，尹家祠堂、学堂及绣楼等公共建筑所承载的公共空间功能发生了转变，传统的祭祀活动正逐渐被娱乐活动所取代，休闲和宴席成为村民在祠堂中的主要活动事项，绣楼、学堂等成了旅游参观的景点。

3. 聚落文化

聚落文化是在长期的历史发展过程中，由积累和保存的建筑、文物史迹等物质文化与体现社会生活状态的民俗节庆等非物质文化共同构成。同姓汉族聚落最鲜明的特征是具有较强的宗族观念，团结性、等级性较强，目前甘肃传统聚落中仍然以宗族为核心的聚落多以村落为主。何重义曾将中国古村文化形态分为"礼"、民俗、宗教三种情况，并指出了各自的内涵和对中国古村环境构成的意义。[①]汉族同姓聚落文化的礼仪制度、民风民俗及宗教信仰强烈地受宗族观念影响，以先祖崇拜为核心并贯穿于整个文化形态之中。随着城市化进程的加快，传统乡村文化逐渐接纳吸收外来文化变得更加多元，传统大家族正被核心家庭所取代，宗族意识逐渐衰退。

（二）异姓聚落

1. 聚落形成

相较于同姓聚落，异姓聚落的形成经历了更为复杂的社会变迁，在聚落漫长的发展历程中，多个家族先后定居，最终形成多个姓氏家族共存的情形。异姓聚落的形成又分为两种，一种是在政治、军事或自然环境等客观因素的制约下多姓氏人群同时迁入，例如陇南市文县石鸡坝乡哈南村、白银市景泰县寺滩乡宽沟村等。哈南村位于白水江畔，气候宜人、植被丰茂，人类活动历时久远可追溯至新石器时代，唐宋以来为抵御吐蕃入关，在文县设置四大边寨，徙民驻兵形成聚落，哈南寨便是其中之一。宽沟村地处天然牧场，气候寒凉、水草茂盛，元代蒙、藏等少数民族在此游牧，明万历二十六年（1598年），松山战役后收复此地，为驻军防御修长城、筑城堡，永泰城建成后随军兵户移驻城西约10里处打桩盖房，形成村落。另一种是聚落在寻求发展、壮大的主观需求下吸收接纳其他宗族的逐渐定居，例如，天水市麦积区麦积镇街亭村。街亭村处于丝绸之路与茶马古道的交会处，唐宋时期商贾贸易繁荣，元代几经战乱村落毁坏殆尽，明清重新复苏，商业贸易达到鼎盛，人口迁移汇集，多个宗族共融发展。

2. 聚落营建

异姓聚落形成过程中伴随着不同姓氏家族的迁入或迁出，在共处中各家族或是竞争或是合作，因而有的发扬壮大，有的消亡衰败，聚落的营建乃归因于各家族的消长，从而造成聚落内物质空间的改变。聚落格局方面，根据迁入的先后时序聚族而居，依次选择宜居的地区，并通过相互之间的联系形成街巷，扩大规模。公共空间方面，在聚落入口、道路交叉口、宗教场所或公共设施等区域，往往形成了人们日常活动的交流交往空间。建筑形态上，较为强盛的家族内部等级性仍然存在，但在整体上趋于弱化，家族之间宅院规模与形态的差异主要取决于经济水平的高低，因而在院落、建筑结构及细部装饰方面更加的多元化。

街亭村枕山环水，地处山前两河交汇的河岸上，村落在商业贸易发展和各宗族先后迁居的影响下，规模日益扩大，形成了形态规整、街巷垂直交错的聚落格局（图2-3-4）。两条主街汇集了村落的主要商业贸易，

---

① 何重义. 古村探源——中国聚落文化与环境艺术［M］. 北京：中国建筑工业出版社，2011.

图2-3-4 街亭村全貌(来源:段嘉元 摄)

垂直相交形成十字街，是整个村落主要公共活动空间，十字街东、西两侧分别保留着清朝时修建的城门楼"文昌阁"与"子美阁"，也是村民日常休憩闲聊的主要场所，村落内的崇福寺、天主教堂及土地祠是村民主要的精神场所（图2-3-5）。村落内有王、杜、仙、穆、卜等几个较大的家族，各家族多聚族而居，传统民居以合院为主，建筑平面形态有"凹"字形、"廊檐式"等，建筑装饰也具有地方特色，大门喜用门额篆刻吉祥语，窗户多以木格窗样式简单美观，砖雕常见牡丹、荷花、"福"等图案（图2-3-6）。

3. 聚落文化

异姓聚落内部各宗族之间存在着竞争与协作，因而创造了更加多元的聚落文化。与同姓聚落相比异姓聚落最明显的特征是整体宗族观念由外显性转变为内聚性，不同姓氏在发展壮大的过程中形成了各自的宗族，较大的宗族内通常也会建有宗祠，由德高望重的人担任族长，以处理家族内的事务，在聚落发展过程中，家族间存在着竞争关系，使得异姓聚落规模比同姓聚落更大。家族间的竞争关系也为聚落文化多元化发展注入活力，尤其是民俗文化特色鲜明。

例如，哈南村在千百年历史传承中保留了琵琶弹唱、春节社火等非物质文化遗产形态。在宗教信仰方面，居民在先祖崇拜观念为前提的基础之上，对各种宗教都持包容的态度，例如，哈南村村民信仰佛教与道教，村内南佛寺（图2-3-7）与西京观（图2-3-8）历史久远，街亭村村民宗教信仰更加多样化，村内既有杏林观、崇福寺等道观、佛寺，也有基督教堂。

三、少数民族聚落

自夏商西周以来中国历史步入文明阶段，汉族先民华夏族通过耕作农业对甘肃地区进行开发建设，例如，商初迁徙至陇东地区的周部落在商后期农业耕作技术日益进步，率先过上了稳定的定居生活。与此同时生活在陇东地区以西的戎狄等少数民族先民还处于氏族社会阶段，加之所处地区自然环境以荒漠和草原为主，农业生产落后，以游牧生活为主，因而定居较晚，这也使得少数民族聚落的形成晚于汉族聚落。唐朝时吐蕃势力范围扩大，随着藏族人口外迁，吐蕃在甘肃境内逐渐控制了甘南地区，并学习了汉族先进的农业技术在甘南地区定居下来。至明朝时期回族聚落在临夏地区逐渐形成。

目前，甘肃少数民族人口主要以"小聚居"的形式分布在2个民族自治州、7个民族自治县、39个民族乡（镇）内，此外在其他以汉族为主的聚居区内也有零星分布。其中，藏族主要聚居在甘南藏族自治州大部分地区、陇南文县白龙江流域上游以及祁连山东端天祝藏族自治县等地区；回族、东乡族、保安族、撒拉族、土族等少数民族主要聚居在临夏回族自治州；陇山、关山山地拥有少数民族主要为回族；祁连山地区少数民族主要是藏族、土族、裕固族、蒙古族和哈萨克族；龙首、合黎、马鬃山等北山山地，少数民族主要是蒙古族。从地域分布规律上来说，少数民族聚居区主要分布于甘肃省南部的甘南高原，中部黄土高原、陇山、关山地区和陇南山地，以及祁连山地和河西走廊西端北山地区。目前作为传统聚落保存下来的少数民族聚落主要有藏族和回族聚落两个大的类型。

（一）藏族聚落

1. 聚落形成

藏族是发源于青藏高原上的一个古老民族，根据其语言和习俗的不同，我国的藏族可分为卫藏、康巴、安多、白马四种类型。按照其区域分布特征，甘肃境内藏族主要为安多藏族和白马藏族两种类型。在行政区域

(a) 文昌阁　　　　　　　　　　　　　　　　(b) 十字街

(c) 崇福寺

图2-3-5　街亭村重要公共空间（来源：段嘉元 摄）

（a）传统民居院落

（b）院门　　　　　　　　　　　　　　　（c）院门

图2-3-6　街亭村传统建筑（来源：叶莉莎 摄）

图2-3-7 南佛寺(来源:段嘉元 摄)

图2-3-8 西京观(来源:叶莉莎 摄)

上,甘肃省域范围内的安多藏区分布在天祝藏族自治县和甘南藏族自治州,白马藏族分布在陇南文县,依据此将甘肃藏族聚落分为安多藏族聚落和白马藏族聚落两个类型。吐蕃统一青藏高原后逐渐向青海、甘肃扩张,迁出青藏高原的藏族与居住在当地的汉人、羌人等原住民不断融合,形成安多藏族聚落。白马藏族聚落的形成有两种说法,一说是秦献公时因战争被驱逐到此地的羌人与当地居民融合形成①,另一说是唐蕃失和后的八年战争时期流散的吐蕃军队。

2. 聚落营建

藏族聚落因民族关系的延续而形成,以宗教文化为纽带得以维系,宗教文化在民族发展和历史变迁过程中融汇于聚落营建的多个方面。在聚落选址上,因分布在高原多山地区,聚落因地制宜,结合自然山水环境建造于山谷河岸、山腰缓坡或山间台地。在公共空间上,由于宗教信仰的原因,规模较大的聚落通常会修建佛寺,形成聚落的公共空间,规模较小的聚落在入口处或是道路交叉口建有转经筒或玛尼房(图2-3-9)也形成了聚落的公共中心。在建筑类型上,主要有宗教建筑和民居建筑两种,宗教建筑往往规模宏大、造型复杂、装饰精美,常使用金顶(图2-3-10);民居建筑方面,牧区多使用毡房,迭部及白马藏区多修建板屋、其余还有采用土、木、石等材料混合建成的碉房。

例如,罗哇村位于甘南藏族自治州合作市勒秀镇,是典型的安多藏族聚落(图2-3-11),整个村落地处山谷河岸,依山傍水、布局紧凑。罗哇村规模较小因而未修建寺院,修建的玛尼房位于村口,不仅承载着村民的宗教信仰也为村民提供了交谈交流的场所,每逢黄昏日暮之时,村民结束了一天的放牧耕作生活,都会在此集聚,或绕着玛尼房诵念祈福或交谈娱乐。罗

---
① 毛良河. 嘉绒藏寨建筑文化研究[D]成都:西南交通大学,2005.

哇村传统民居建筑形式为碉房,以土、木、石为材料进行修建,平面呈方形围合院落,院门朝南开,门口挂白幡,左侧一般为厨房,正对院门北侧房屋为二层建筑,其中二楼作为堂屋,堂屋内以木板墙装饰,有火炕(图2-3-12a),一层作为储藏或其他用途,其他三面建筑均为一层,西侧为居住用房,东侧圈养家禽(图2-3-12b)。目前罗哇村留存的传统民居建筑仅有一处,新建民居有部分保留了传统的朝向和方形围合的院落形式,但建筑材料多采用砖石,堂屋一侧建筑也有修建三层的形式,将第三层作为佛堂,也有少量三面围合的1层院落形式(图2-3-13)。

3. 聚落文化

藏族聚落文化最鲜明的特征是具有较强的宗教文化色彩。美国学者拉铁摩尔(Owen Lattimore)认为,历史上的甘肃一带,是以汉族为代表的农耕文明与少数民族的游牧文明长期对峙、拉锯的地方,在彼此胶着和你进我退的过程中,既有矛盾与冲突,也有相互的学习与融合。

居住在甘南的安多藏族普遍信仰藏传佛教,说藏语、穿藏袍,保留着藏族传统的文化习俗。生产方式亦农亦牧,其中,夏河县、碌曲县、玛曲县以牧区为主,卓尼县和迭部县属于半牧区县,平时既种植庄稼也放牧。

居住在陇南市的白马藏族也称为白马人,相关研究认为其祖先是古代居住在川、甘一带的氐人和羌人。虽然被称为藏族但是其语言、文化、信仰都与藏族有很大的差异,不信藏传佛教不说藏语,生活习惯与汉族基本一致,因此它们并不能算是完全意义的藏族。白马藏族大型舞蹈形式是池哥昼,这是一种傩面具舞,一般的跳舞日期是正月十三至正月十六日。舞

图2-3-9　罗哇村玛尼房（来源：叶莉莎 摄）

图2-3-10　玛曲县宁玛寺（来源：叶莉莎 摄）

图2-3-11 罗哇村全貌（来源：段嘉元 摄）

（a）碉房堂屋　　　　　　　　　　　（b）碉房一层

图2-3-12　罗哇村现存传统碉房（来源：段嘉元 摄）

图2-3-13　罗哇村新建碉房（来源：段嘉元 摄）

蹈者跳舞的时候，头戴画有山神、菩萨、小丑等人物形象的面具，去每家每户跳，气氛既神秘又具有强烈的民族色彩，这种傩面具舞蹈意在为村民降妖除魔、驱鬼辟邪。

（二）回族聚落

1. 聚落形成

回族是一个典型的多源融合民族，源头可追溯至唐宋时期信仰伊斯兰教的波斯、阿拉伯、犹太商人不断来华定居，他们居住的地方逐渐形成蕃坊。元代蒙古军队西征，将中亚信仰伊斯兰教的各族人以驻军屯牧的形式东迁至今甘肃、宁夏、河南、山东及云南等地，构成了回族的主体人群。至明代信仰伊斯兰教的群体融合汉族和其他民族最终成为一个独立民族。临夏古称河州，自唐朝茶马互市以来，西域各民族通过"丝绸之路"南道途径临夏地区进行商贾贸易，部分逐渐定居河州。蒙古汗国时期，河州是蒙古屯兵重镇，回回色目人众多，元朝建立以后逐渐与当地居民融合。明朝实行移民实边政策，回族将领沐英镇守"十三番"时曾屯戍河州。清代后期由于战乱也有不少回族迁至河州居住，移民的历史延续性使得回族聚落逐渐形成，其中八坊十三巷就是典型的代表。

2. 聚落营建

在信仰伊斯兰教的传统聚落中，清真寺通常位于聚落的中央，或者地理位置最佳的地方。清真寺不管是占地面积还是海拔高度均为村落内最大、最高的空间，因为人们做礼拜的时候需要足够的空间去祷告，同时也增添了宗教的神秘性。

在聚落选址上，回族聚落分布于黄土高原地区，聚落因地制宜，结合自然山水环境分布于河谷川地上。在公共空间上，由于宗教信仰的原因，往往修建清真寺，民居院落分布在清真寺的周边，村民的日常活动也是围绕宗教活动而展开，农闲时、节日期间经常进庙里祷告，祈求得到神灵的庇护。聚落主要建筑类型有宗教建筑和民居建筑两种，宗教建筑往往建造精美、装饰复杂，结合了伊斯兰教建筑风格和中国传统建筑技艺，常使用砖雕和彩画进行装饰（图2-3-14）；民居建筑多为合院式庄窠，采用砖木结构，并饰以砖雕。

如位于临夏市城郊镇的木场村，村民均为回族，信仰伊斯兰教，是典型的传统回族聚落。村落位于山间盆

图2-3-14　八坊十三巷清真老王寺（来源：段嘉元 摄）

地，地势平坦，南邻黄河支流大夏河，水资源丰富，村落呈集中布局（图2-3-15），街巷交错纵横，尺度较小，主街道宽3~5米，巷道宽1~2米，院落分布密集。村口建有香匠庄清真寺（图2-3-16）及一座拱北（圆顶建筑），清真寺是村民心目中的精神圣地，建造精美，寺门两侧砖雕栩栩如生（图2-3-17）。木场村传统民居建筑合院式庄窠，多为砖木结构，院门或开向主街道，或通过小巷道连接至主街（图2-3-18），民居平面多呈方形，院落空间紧凑、形式灵活，屋顶平面有单坡、卷棚和平屋顶三种形式（图2-3-19）。

3. 聚落文化

回族是一个没有完整的共同地域的民族，它以伊斯

图2-3-15 木场村鸟瞰图(来源:段嘉元 摄)

图2-3-16 木场村清真寺（来源：叶莉莎 摄）

图2-3-18 木场村街巷（来源：叶莉莎 摄）

图2-3-17 清真寺砖雕技艺（来源：叶莉莎 摄）

图2-3-19 民居平面形式（来源：段嘉元 摄）

兰教为内核，吸收、融合中国传统汉文化，形成自己的文化特色[①]。但临夏早在唐代就有回族穆斯林在此居住，并且这种民族历史文化的延续没有被打断过，所以这一地区的回族传统聚落文化更多的保留了其宗教文化内涵，体现出汉回结合、尊崇信仰的特征。

首先，回族聚落在选址上遵循趋利避害的原则，选择平坦近水且喜坐北朝南，接纳汉族传统聚落的风水观念。其次，在民居形制上学习了汉族传统的院落式布局，但汉族建筑中体现的宗法等级形态在回族建筑中并不明显，尤其是院落形态方面多为独院式或边院式。最后，在居住空间上回族建筑喜用汉族建筑中的"虎抱头"形式，但对上房的功能有所改变，由于当地穆斯林每隔一段时间都需要做礼拜，因此将上房西侧作为礼拜空间，当地人称之为"西炕"。通过比较，发现回族聚落文化在历史演进的过程中，既吸收了汉族聚落文化的优秀部分，也将自己的宗教文化深深地融入其中。

---

① 李茹冰. 甘肃回族穆斯林传统民居初探［D］. 重庆：重庆大学，2003.

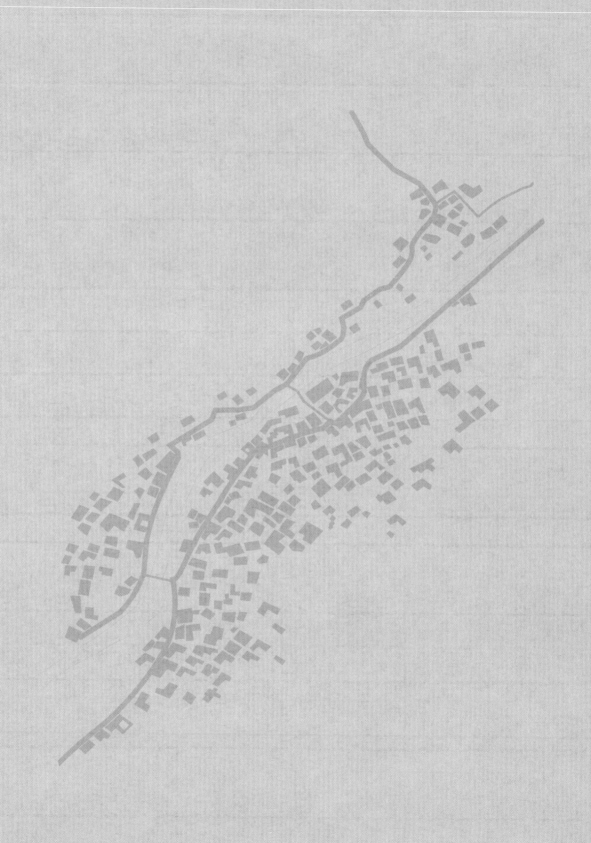

第一节　影响因素分析

一、自然要素

（一）河流水文

靠近水源是聚落选址的一个普遍状况，因为水资源与人们的生活息息相关，人们日常生活中的餐饮、清洗与生产过程中的灌溉、运输等均离不开水，因此接近水源是传统聚落形成的首要因素。在甘肃85个传统聚落样本中，无一例外都邻近水源，例如，位于渭河岸边的胡家大庄村，村民就充分利用渭河的水资源进行农业生产，同时也依托河流建设渡口，使得胡家大庄村得以延续发展至今。而位于陇南市文具的哈南村，则是依托白水江的天然优势修筑城池，将防御优势最大化。除此之外，河流对聚落形态也有着重要影响，在狭长的河谷地带，聚落往往沿河发展，形成带型聚落，但在河流流经的平原地区，聚落往往集中发展。

（二）地形地貌

甘肃境内地势总体自西南向东北倾斜，全省山地多，多数山脉都为西北至东南走向，山地以海拔1000~2000米的中山居多。境内最主要的山脉包括祁连山、乌鞘岭与陇山，最高峰为祁连山团结峰，海拔5808米左右，祁连山位于甘肃省西南部，平均海拔4000米左右；其次是乌鞘岭，海拔3650米左右，为我国重要的地理分界线，陇山阻挡了东来的水汽，降水较多。这些山区集中了甘肃省内主要的森林资源，同时也形成了大多数河流的源头。地形会阻碍人类聚落的发展空间，从而使聚落朝向特定的地形扩展。

山地高原地区传统村落选址一般符合中国传统的风水理念，村落依山就势，背山面水而建，形成良好的居住环境。山地高原地区地形多复杂难以利用，因此山势较缓、适宜耕作、自然灾害发生概率小的地区是人们选址建村的首要选择，有些村落也会建在山顶、黄土塬等平坦地区，同时在这些地区选址建村也会综合考虑距离交通干线较近和用水的便利性。山区村落规模往往与耕地面积和质量有直接的关系，一般以土地承载力为基础，呈现出规模大小不等的村落形态。土地相对破碎，以坡耕、旱作为主的山区，生产及人、牲畜饮水不便，狭窄的空间限制了聚落的集聚与扩展[1]，通常会形成散村式传统村落，人口较少，中、小型村落居多，大型民俗活动通常在附近规模较大的集镇举行。此地村落受地形条件约束，交通不便，缺乏与外界环境的沟通和交流，使得村落的传统性得以更好的保留。

平原盆地地区区域面积较大，传统村落空间布局形态和规模大小呈现出各自的特征。平原盆地地区传统村落通常会选择地形平坦、靠近水源、交通便捷以及土壤肥力好的区域布局建设，因多方面条件优越，符合人们繁衍生息、稳定生活、安居乐业的需求，形成大型集村式传统村落。此区域传统村落的空间布局更加紧凑，形态大多呈块状，其规模大小与当地自然资源的情况有较强的相关性。由于河谷盆地、绿洲平原、黄土塬、川道地区水资源和土地资源相对丰富，受农耕文明影响深刻的地区，农业经济繁荣发展，人口稠密，往往形成的传统村落规模较大而人口数量密集，村落内部又会出现人口过多，人均土地减少等人地关系矛盾。

---

[1] 冯亚芬，俞万源，雷汝林. 广东省传统村落空间分布特征及影响因素研究[J]. 地理科学，2017，37（02）：236-243.

地形也会影响建筑形式，比如六盘山、陇山以东地区，人们充分利用黄土黏性适宜的特点，修建窑洞且多为土窑，既经济又实用，经济基础好的人家也用砖箍窑，窑洞成为当地典型的传统民居之一，其用途十分广泛，出现了厨窑、柴窑、粮窑、磨窑、牲畜窑、车窑等细分形式[①]。

二、人文要素

自然环境是传统村落形成的重要基础，而人文环境是传统村落发展的重要支撑。甘肃省不同的民族、宗教、文化、历史，都在这里交汇、碰撞、融合，创造出形态多样、内容丰富、区域特色鲜明的人文景观。各类建筑布局与样式、民族风俗与文化等都体现出中国古代人们的建村思想和美学价值观念，分析社会经济发展、历史文化与风水思想的影响，是对传统村落人文要素的解读，感受传统村落的历史韵味，品鉴其艺术之美。

（一）军事防御要素

甘肃因地处西北、中原和青藏高原的交通沟通要道，地理位置十分重要，军事地位与军事职能在传统聚落发展史中占有重要地位[②]。中原文化模式的军事聚落，在戈壁荒漠迅速产生发展，绿洲内农垦聚落也随移民增加而快速发展，形成了"关、驿、卫、营、堡、寨"等聚落名称和地名景观，具有军事防卫特征和规模层次序列的聚落体系。诸如城河村，秦州狄青为防止西夏李元昊入侵，在龙沟堡增筑新城。街巷依城为界，带有明显的军事防卫特色，城内街道呈"棋盘式（方格形）"布局，房屋沿干道排列，整齐有序。并且根据"环馈制"，村落功能、街道取名也带有军事属性，如校场路、箭道巷等，这些名称沿用至今。随着社会进步和聚落防御功能的退化，青城街道两旁逐渐发展成商铺、药铺、餐馆等。胡家大庄村在北宋建隆二年（公元961年）时设立定西寨，其主要职能为与吐蕃争夺渭河上游的控制权。天城村哨马营、镇夷仓、天城桥、梳妆桥、高炮台、衙署、察院、演武厅等古遗迹仍被当地人所熟知。哈南村城楼、城墙、外城碉堡、土炮等军事设施数量繁多。

（二）民族宗教因素

中华民族是一个崇敬祖先的民族，人们通常以宗祠为核心，建立祭祀祖先的活动空间，以及建立以血缘和宗族关系为基础的复杂而层次分明的生活空间。甘肃省少数民族众多，佛教、伊斯兰教、道教的传播与传承，经过本土化发展，各民族形成了具有代表性的民俗，民俗文化可谓多元，并保留了大量宗教遗迹和文化景观。

少数民族受宗教文化影响，根据宗教信仰，一般较有规律地趋向宗教圣地，建立以寺庙为核心的宗教文化活动空间，参加各种节庆集会活动与宗教仪式。信仰伊斯兰教的回族、东乡族等少数民族以清真寺为中心，形成规模不等的聚居区。受游牧文化影响的传统村落形成了以宗教寺院为中心，在宗教文化中心地区形成具有圈层特征的聚落体系，中心地区是围绕寺院周边展开生产生活的集村式传统村落，外围至边缘地区为牧场和季节性牧场，村落逐步从半定居散村式，过渡到季节性游牧居民点。"土司"是封建时期在少数民族地区设立的由地方首领任职的特殊管理制度，甘肃省还有少数民族土司管辖的传统村落——连城村。15世纪开始，藏传佛

---

① 郭晓东. 黄土丘陵区乡村聚落发展及其空间结构研究[D]. 兰州：兰州大学，2007.
② 龚胜生，李孜沫，胡娟，魏幼红. 山西省古村落的空间分布与演化研究[J]. 地理科学，2017，37（03）：416-425.

教在藏族社会中广泛的传播和影响，在青藏高原建立起了政教合一的地方统治。甘南地区拉卜楞寺的创立和发展，推动了该地区的"僧徒争建寺、蕃民争施地、蕃民竞为僧"的宗教气氛[①]，格鲁派寺院迅速发展，以寺院为主形成了商业、市镇、寺庙聚落的形式[②]。

三、布局类型

聚落布局包括两个方面，从外部来看是聚落空间定位的布局，从内部来看是聚落形态结构的布局。聚落因人类聚居而形成，但聚落布局并不是完全受人为因素的影响所形成，而是在自然环境的外部制约和人类文化的历史积淀双重影响下逐步形成的，是自然和人为互相融合。决定村落形态结构的要素有不同功能的道路体系，也有山丘、沟谷、小溪等可视的地形、街市、地貌要素以及方向方位、对称性、轴线等制约村落空间的隐性要素[③]。甘肃省自然环境呈现出特征鲜明的五大地理单元，历史文化体现出多元交融的内涵底蕴，通过分析各传统聚落的布局形态，可归纳为规则型布局、带形布局、组团型布局、自由型布局四种类型。

第二节 规则型布局

聚落是人类定居后，为自身的安全而建造的防御性构筑物，自原始聚落开始就有用木栅栏、石头垒墙、夯土或是壕沟来用于防御。随着古代版筑技术的进步，城墙已经成为聚落修筑过程尤为重要的一项工事。城墙的修筑将聚落围合为相对规则的形态，我国古代都城、府州及具有重要防御地位的聚落皆修筑城墙。方城十字街是中国古代中小型聚落的典型形态，而具体的形态特征也受自然环境和筑城方式的影响，也有矩形、圆形、椭圆形或为方形但局部不甚规则。规则型聚落内各类用地集中连片的分布，能最大限度地节约土地，内部布局紧凑，街巷布局也较为规整，建筑密度大，公共设施可集中布置，使用便捷，往往位于聚落的中心位置。

一、聚落形态

（一）方形

1. 天城村

天城村位于张掖市高台县罗城镇，聚落历史可追溯至汉代，匈奴被击退后，汉朝军民后在天城村建有罗海城，驻军防卫，至明清时期一直是边防要地。明代天顺八年（1464年）修筑了现存的城垣，取名为"镇夷城"，聚落选址于黑河北岸的绿洲平原上。镇夷城平面呈方形，总面积28万平方米，周长四里三分，四周有护城河。城墙高9米，宽6米，城墙四边中段各建有城楼以及炮台，四角建角楼，南门外龙虎楼，门前置吊桥，是

---

① 李振翼. 甘南藏区考古集萃[M]. 北京：民族出版社，2001.
② 安玉源. 传统聚落的演变·聚落传统的传承——甘南藏族聚落研究[D]. 北京：清华大学，2004.
③ 王军. 西北民居[M]. 北京：中国建筑工业出版社，2009：103.

主要出入口。目前，村内城墙大部分被拆除，现在仅存东北一角，村落形态已经不是规整的方形，但街巷仍延续垂直的十字型结构，整齐有序（图3-2-1）。

（二）"十字"形

1. 八角城村

八角城村位于甘南藏族自治州夏河县甘加镇，是一处土筑古城，藏文史书称"卡尔雍仲"。汉代，八角城村所在地区属汉白石县管辖，相传八角城即为白石城所在，是汉代南丝绸之路上的重要关隘。唐代，八角城村处于唐蕃古道的必经之地，考古发现有大量唐代和宋代货币，认为城池是唐代雕窝城、宋代移公城。聚落选址于央曲北岸一公里，白石崖南麓相对平坦的缓坡，平面在方形城址的基础上被切去四个角，呈空心"十"字型，四周有八个角，每个角又被削平筑有角墩，形成八角36个面，故称"八角城"，城周有护城河，宽4.5米，深3.5米。目前，城垣保存较完整，城周长1960米，占地面积约16万平方米，城墙夯筑，基宽14米，残高13.5米，顶宽5.2米，夯层厚0.1米（图3-2-2）。

二、街巷格局

街巷是聚落交通与生活的重要场所，受聚落形态的影响街巷格局包括：网格型、"十"字形、"丁"字形等（图3-2-3）。

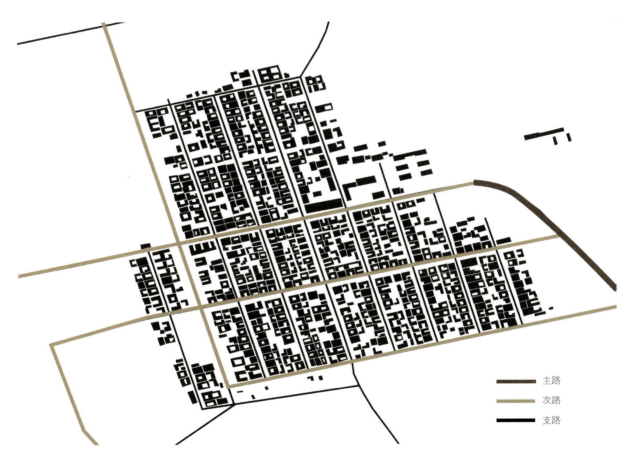

图3-2-1 天河村聚落布局示意图（来源：段嘉元 绘）

图3-2-2 八角城村聚落布局（来源：段嘉元 绘）

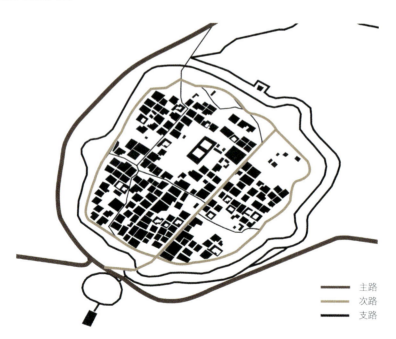

主路
次路
支路

图3-2-3 永泰村聚落布局示意图（来源：段嘉元 绘）

066

（一）网格型

网格型街巷格局的聚落数量较多，大到城市聚落、小到乡村聚落皆有例可循。甘肃传统聚落中，敦煌市、酒泉市、天城村、连城村、河口村、木场村、罗哇村等聚落皆是规则的聚落形态，街巷格局为网格型。此类型的村落人口数量庞大，通常千人以上，街巷路网发达，成棋盘格的形式向四周展开。

（二）"丁"字形

"丁"字形路网，城门不相对，道路不直通，形成了多个"丁"字路，便于巷战，永泰村、八角城村都是此类街巷格局。

第三节　带形布局

带形布局是指聚落依托水系、沟谷、道路等带形自然要素形成，受外部环境制约，多沿着带形制约要素的延伸方向发展，一般有沿沟型、沿水型、沿路型三个细分类型。

一、聚落形态

这种类型的传统村落往往以村内主街为轴线，村落沿着街道成对称形式分布。村民的日常活动也是围绕这条街道而展开。如位于宕昌的哈达铺老街，是一条长约1.1公里的红色街道，红军长征途中来到这里休养生息的同时调整了军事方针，做出了转战陕北的重大军事决定。几十年来，这条街道依旧保留着当年红军长征时期的原貌。如今，这条街道依旧是当地居民的商贸活动中心。

（一）沿河型

1. 尼巴村

尼巴村沿车巴河南北两侧分布，形态呈带形，距今有100多年的历史。早期民居建造于车巴河南岸陡峭的山坡上，沿山体等高线布局，错落有致，形成了自由、有机的聚落形态。20世纪80年代后，随着聚落规模的扩大，聚落逐渐向车巴河北岸交通便利、地势平坦的开阔区域延伸，形成了沿河发展、隔河相望的带状聚落形态。

村寨里随处可见曲曲折折、层层而上的栈道。这些栈道一边依山固定，另一边依靠无数的圆木支撑，不仅解决了人、畜在山坡上的交通问题，而且扩大了藏寨的有效生活面积。不大的村寨中住所十分稠密，家家围墙相连。民居采用传统土木结构，即内不见土、外不见木。外部土墙起到保温和围护的作用，内部木结构为木墙、木天花、木地板，房间内部装饰尽显藏族风格。

（二）沿路型

1. 仁和村

仁和村位于索桥古渡至古浪长城的东段，现存唐代北城滩遗址，与景泰县五佛乡隔河相望。仁和村南靠丘陵，北倚黄河，东西两面是山，呈狭长地带，该村属沿黄自留灌溉地区。双龙乡仁和村有6个村民小组，684户、4217人。仁和村历史悠久，其中北部渡口为唐、五代时丝绸之路东段北路在靖远境渡黄河必经渡口，古渡作为交通要隘，兴衰更迭，是考证丝绸之路的有力佐证。北城滩城遗址矗立于黄河根深叶茂东南岸石崖之上，扼险据要。东山有明长城烽燧，西北与五佛寺对峙，南临黄河。东、北两墙各有马面3个，西墙有马面2个。城内的陶器残片十分丰富，有莲花纹圆瓦当陶碗及瓦当残片，为唐代遗物，另有发裕堡址，位于仁和村西北部，为明代建筑，内有清同治年间四合院一处，系张雄旧居，房屋为砖土木结构，北堂屋三间，屋檐为卷棚式，四明柱；南堂屋三间，东西房各六间，均为七明柱，西南角有木结构绣楼两层六间，大门影壁为砖雕，刻工精细，清静淡雅，古朴厚重。发裕堡边长150米，总占地面积达22500平方米，堡在当时为人类生存、防御侵袭发挥了积极作用，成为研究探讨黄河流域靖远地区社会人文景观及其发展史的重要实物资料（图3-3-1～图3-3-2）。

二、街巷格局

（一）鱼骨式

鱼骨式街巷格局也称"类梳式"，尼巴村依托车巴河形成，早期住宅主要分布在河流北岸的山坡上，呈两级阶梯状布局，主要道路平行河流分布，住宅之间由小路与主街相连，形成类梳子式道路。目前北侧藏寨因用地局限，少有居民居住，主要居住分布于河流南侧相对宽阔的地区。南侧居住区的道路为村落的次路，也沿河分布，支路垂直于次路连接各居住组团。双侧道路共同形成接近于鱼骨式的街巷格局（图3-3-3）。

（二）鱼骨式组合网格式

仁和村内部主街东西走向，宽阔通畅，小街巷相对较窄。村落里民居建筑均为土木结构，大多民居有上百年历史。村落顺应山势，从低到高，错落有致，鳞次栉比，户户相连，古色古香。村落里还有曲曲折折、层层而上、互通有无的栈道与民居错落呼应，形成了独特的村落风貌。每当清晨，村落薄雾笼罩，轻烟萦绕，山光水色，清静幽雅，好似梦中仙境（图3-3-4）。

图3-3-1 仁和村古渡口（来源：李玉芳 摄）

图3-3-2 仁和村明长城遗址（来源：李玉芳 摄）

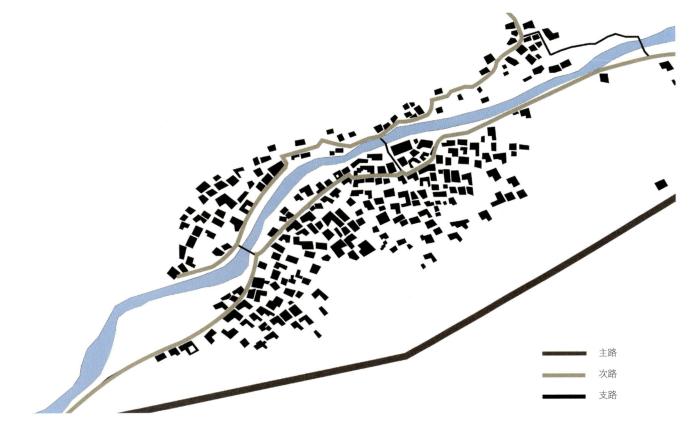

图3-3-3 尼巴村聚落布局示意图（来源：段嘉元 绘）

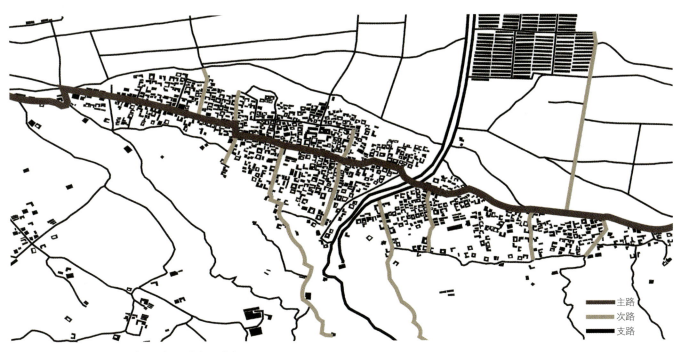

图3-3-4 仁和村聚落布局示意图（来源：段嘉元 绘）

图3-4-1 永丰村全貌（来源：刘奔腾 摄）

第四节　组团型布局

组团型布局是指聚落由两个或者多个民居的组团组成，各组团既相互联系又各自独立，组团间有道路、水系相联，但各组团也形成了独立的公共空间。

一、聚落形态

（一）三组团

1. 永丰村

永丰村背山面水，背靠北山，面朝苑川河，与金崖镇隔巴石沟相望。"村落—山体—河流—田地"格局完整（图3-4-1）。村庄选址科学，有充足水源灌溉又远离洪水灾害，生态环境优越，且地质结构较好。永丰村与金崖镇主要居民均姓金，明朝中后期（1488年前后），金氏始祖藏海公的第十五世孙金黄府，由金家崖跨过巴石沟至寺背后耕作，因巴石沟山洪等原因造成往返不便，就修建了金家崖的东庄，后逐步分流定居形成村子——永丰堡。永丰堡大约修建于1820年前后，为了防匪防盗，城墙夯土而成，与堡内建筑外墙连为一体，约1米厚、10米高。原为南北长168米、东西宽约150米的堡子，仅堡内两条大街南端开设两个城门。后为了生产方便，在东街北端又开了一个门。经过500多年的发展，形成以永丰堡原址为核心，北侧山坡及东侧水烟作坊分别形成两翼组团的布局形式。随着人口的增长及水烟产业的发展，永丰堡东侧沿县道S138（古丝绸之路）向东发展，形成新的聚落点，20世纪70年代又在山坡上修建了新的聚落点，成行列式排列。

永丰堡又名寺背后，是由于其建设于弥陀寺背后而得名，弥陀寺始建于唐贞观年间（公元641年），当年为了迎接文成公主进藏，苑川河下游地区建设了许多寺

庙，弥陀寺便为其中的一座。毁于清同治年间的一场大火，重建之后又毁于"文化大革命"时期。今弥陀寺重建于2013年，在原大雄宝殿处重修了大雄宝殿。

（二）两组团

1. 强曲村

案板地是石门沟村的一个社，地处石门沟东西侧高山山头，因寨子恰似一块案板而得名，已入选第二批中国传统村落。石门沟村距铁楼乡政府8公里，距文县县城23公里，为藏族村。石门沟村位于白马河中游北岸，村内有神奇的云瀑。村子为两块独立组团，分布在半山缓坡（图3-4-2）。

二、街巷格局

环形道路结构多出现在团块形村寨，外在的环形与白马部落内在的凝聚性相耦合，村寨中的便捷环路可以较为通畅地联系住户，类比于城市的一环路、二环路等，环状道路拥有天生的灵活性，又因为组团的小而集中，环状将便捷性与快速性发挥到最大。以石门沟村为例，石门沟村以两个团块组合而成，案板地与石门沟的环状道路高效地连接了各户，形成上下各一环的道路组织。

图3-4-2　案板地社聚落形态示意图（来源：段嘉元　绘）

第五节　自由型布局

自由型布局是一种在地形上自由布局的村落形态。根据地形地势，几家散布在各处，保持良好朝向。此种布局方式在邻里之间没有规律可循，对于地块最大的规律就是居所临近耕地。[①]

一、聚落形态

主要受到地形、地质条件等因素的影响，村镇的布局通常是依地势而建，不讲究传统村落布局的对称和朝向。这种村镇的村民因为地形的原因居住得较远，但是他们有共同的信仰和生活习惯，因此他们之间的联系也比较频繁。这是一种自然形成的村镇布局形式，基本是自组织形式。东乡族自治县春台乡的北庄村，村民全部为东乡族，信仰伊斯兰教。整个村子依地势而建，高低起伏、错落有致。

1. 三合村

白银市景泰县中泉乡三合村因完整保存着祖先居住过的大量石窑洞——西番窑，而被国务院列入第三批中国传统村落。这一发现和命名，唤醒了沉睡千年的历史古迹，打破了三合村经济发展的传统模式，催生了一个"打传统牌，建文化村，创旅游区"的新发展思路，这些窑洞被历史文物专家称为21世纪甘肃考古工作的一大发现。

西番窑共有一百个洞穴，共三层，地下一层地上二层，洞洞相连，曾经居住着一个村庄几百人，有过道、门厅、饭厅、客厅、卧室、涮洗间、卫生间、粮仓、牲畜室、水窖，还有枪眼、弹药库、地下钱柜等，或暗藏机关，或建有密室，或设有陷阱，进可攻退可守，可有效防止匪徒入侵（图3-5-1、图3-5-2）。

2. 扎尕那

扎尕那地处甘南藏族自治州迭部县，有"石匣子"之称，聚落被群山环绕，白龙江支流益哇曲流过山脚，形成了山环水绕的自然环境特征。扎尕那历史较为久远，据称拉桑寺始建于明代，聚落也随之形成，扎尕那藏寨的布局形态大多是自发性形成的没有经过特意的人为规划，因而形成了自由式的聚落形态。藏寨选址于山腰缓坡，拾阶而上，形成阶梯式布局，民居建筑依着山势由下而上缓缓升高，营造了很好的景观视线，获得了丰富的空间层次变化。拉桑寺位于聚落最高处，对建筑形式和传统聚落的空间组织等起到了重要的支配作用。在村寨中，居民们除了利用各家各户间的空地开辟田地，在民居建筑周边较为平缓的地势上，还有着大量适合耕种的农田，方便村民们劳作，来满足整个村寨生产生活的需要（图3-5-3）。

二、街巷格局

1. 叶脉型

三合村西番窑早先在窑外还依势修筑一座城堡，护卫着居住在这里的百姓，多次在历史上发挥了重要的防御保护作用，可惜城堡在1955年被一场突如其来的大洪水冲毁。后居民住宅多自发修建，形成了自由延伸的叶脉型街巷格局。

[①] 刘晓卫. 对应自然环境条件的陕陇黄土地区传统村落建造研究［D］. 北京：北京建筑大学，2019：31.

图3-5-1　三合村村貌（来源：yigecun.com）

图3-5-2　三合村石窑（来源：yigecun.com）

074

图3-5-3 扎尕那聚落形态示意图（来源：段嘉元 绘）

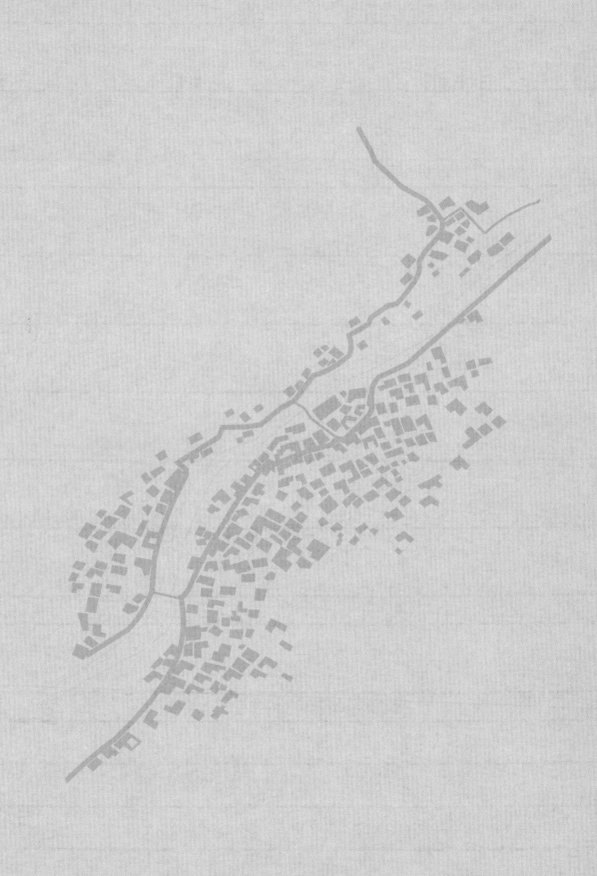

自然地理环境是人类社会所处的地理位置以及与此相联系的各种自然条件的总和，包括气候、土地、水文、矿藏以及动植物资源等[1]，是人类社会存在和发展的自然基础[2]。传统聚落的形成与自然因素的影响关系密切，春秋时期管子在《管子·度地篇》中就提出"凡立国都，非于大山之下，必于广川之上，高勿近阜而水用足，低勿近泽而沟防省"的城池选址原则。传统聚落选址体现出人类趋利避害的自然地理环境取向：（1）选择气候适宜、物产丰饶的地区以便获取自然资源，满足生存需要；（2）利用天然地形躲避自然灾害、防御外敌侵扰，满足安全需要；（3）靠近河湖水系利于生产生活，满足发展需要。甘肃居于生态环境脆弱的我国西部地区，对于自然因素的依赖更加明显，自然环境条件地优劣深刻地影响着传统聚落的形成与发展。

第一节 自然环境分区与聚落分布特征

对传统聚落的分布影响较为深刻的几项自然环境要素为：适宜的气候、充沛的水源及良好的地形地貌。甘肃地处我国西北腹地，位于东经92°13′~108°46′，北纬32°31′~42°57′之间，地形狭长，东西长约1659公里，南北宽约530公里，总面积达45.4万平方公里，居全国第七位。甘肃深居内陆，气候干燥，降水量少，受黄土高原、青藏高原和内蒙古高原三大高原的影响，呈现出明显的纬度和垂直地带性差异，形成八种气候类型。河流分属黄河、长江、内陆河三大流域，水文条件差异明显，长江流域在省境东南部，水源充足；黄河流域贯穿省境中部，水能丰富；内陆河流域发源于河西走廊祁连山脉，季节性明显。境内地形地貌复杂，海拔高度差距较大，高山、盆地、平川、沙漠及戈壁兼而有之，形成了以高原山地为主的七个地形单元。受自然地理环境过渡性特征的影响，同一地理单元内存在基本的区域相似性，不同地理单元间具有垂直和水平空间过渡的差异性。

一、气候

（一）气候类型

甘肃地处西北内陆，绝大部分地区属温带大陆性气候，主要特征为干燥少雨、日照充足、日温差大，水热条件由东南向西北递减，气候差异性很大[3]。甘肃气候的差异性主要体现为温度带和干湿状况的多样性，中国六大温度带在甘肃分布有四个，分别是中温带、暖温带、亚热带、青藏高寒区；中国四大干湿状况分类在甘肃均有分布（图4-1-1、图4-1-2）。

1. 气温

甘肃省各地年平均气温差异明显，形成了四种温度带，以温带和高寒区为主。全省年平均气温在0~15℃之间，大致由东南向西北降低，陇南地区年均气温最高，甘南高原及祁连山地年均气温最低。受纬度和垂直地带性差异的影响，全省温度日较差分布由

---

[1] 郑度，杨勤业，吴绍洪. 中国自然地理总论[M]. 北京：科学出版社. 2015.
[2] 蔡运龙，宋长青，冷疏影. 中国自然地理学的发展趋势与优先领域[J]. 地理科学，2009，29（05）：619-626.
[3] 甘肃省地方志编纂委员会. 甘肃省志·概述[M]. 兰州：甘肃人民出版社，1989：15.

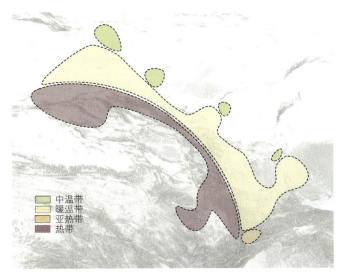

图4-1-1 甘肃省温度带分布示意图（来源：段嘉元 绘）　　图4-1-2 甘肃省干湿状况分布示意图（来源：段嘉元 绘）

南向北，由东向西逐渐增大，日较差最小地区在白龙河谷，为9.5℃，最大地区在甘南高原和河西走廊，为13~16℃，其他地区为10~13℃，比同纬度其他地区都要大[①]。

2. 降水

甘肃省各地降水量差异较大，形成了四类干湿状况分区，但主要还是以干旱、半干旱为主。全省年平均降水量在37~850毫米，大致从东南向西北递减的降水分布趋势（图4-1-3），乌鞘岭以西降水明显减少，陇南山区和祁连山东段降水偏多。受东南季风影响，降水多集中在夏季6~8月份，占全年降水量的50%~70%，冬季干燥降水少。全省无霜期各地差异较大，陇南河谷地带一般在280天左右，甘南高原最短，只有140天左右。

在此基础上，甘肃形成了八种气候类型（图4-1-4），自东南向西北依次为：甘南高寒湿润区、陇南南部河谷亚热带湿润区、陇南北部暖温带湿润区、陇中南部温带半湿润区、陇中北部温带半干旱区、河西南部高寒半干旱区、河西北部温带干旱区、河西西部暖温带干旱区。

（二）聚落分布特征

1. 传统城市聚落

甘肃城市分布与气候环境优劣呈现出一定的相关性，从东南暖湿地区至西北寒旱地区随着气温和降水量的逐渐降低，城镇的规模和密度也在逐渐减小。但从各市（州）国家级、省级历史文化名城覆盖情况来看，甘肃省传统城市聚落气候分布相对集中，过渡性与规律性不明显。在不同气候类型中，陇中南部温带半湿润区传统城市聚落分布数量较多，有兰州市、临夏市、灵台县、庆城县、陇西县、会宁县6个市（县）分布在内；河西走廊北部温带干旱区分布数量次之，为武威、张掖、酒泉3市；陇南北部暖温带湿润区、甘南高寒湿润区及河西西部暖温带干旱区分布数量最少，仅1

---

① 邓振镛,谢金南,刘德祥,尹东. 甘肃气候资源特点与开发利用[J]. 甘肃气象, 1998(02): 16-19.

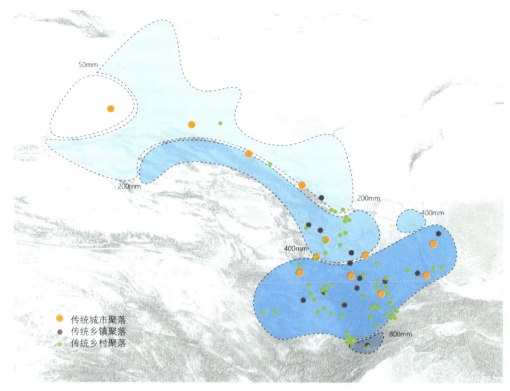

图4-1-3 甘肃省等降水量分布示意图（来源：段嘉元 绘）

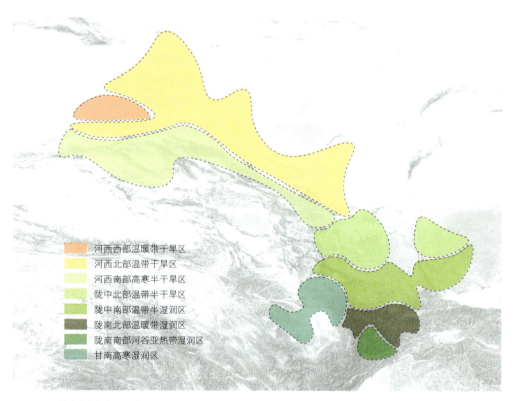

图4-1-4 甘肃省气候类型分布示意图（来源：段嘉元 绘）

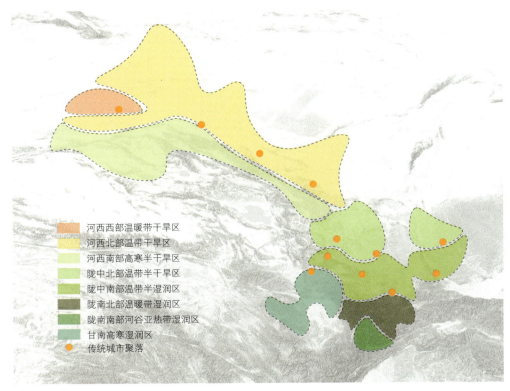

图4-1-5 甘肃省传统城市聚落气候类型分布示意图（来源：段嘉元 绘）

座城市，分别为天水市、夏河县及敦煌市；其余气候类型区未有分布（图4-1-5）。气候是影响传统城市聚落选址的自然因素之一，但城市是聚落发展到高级阶段的产物，承载着多种职能，其选址也要综合考虑政治、经济、军事等多种因素的影响。

2. 传统乡镇聚落

从各市（州）国家级、省级历史文化名镇覆盖情况来看，甘肃省传统乡镇聚落气候分布呈现半湿润区与半干旱区较多，湿润区与干旱区较少的特征。在不同气候类型中，陇中南部温带半湿润区传统乡镇聚落分布数量较多，有金崖镇、南梁镇、朝那镇、陇城镇、榜罗镇、歌滩镇6个镇分布在内；陇中北部温带半干旱区分布有连城、红城、青城3个镇；甘南高寒湿润区有新城镇、郎木寺镇2个镇；河西走廊北部温带干旱区、陇南北部暖温带湿润区及陇南南部河谷亚热带湿润区数量最少，各分布1个镇，分别为大靖镇、哈达铺镇、碧口镇，其余气候类型区没有传统乡镇聚落分布（图4-1-6）。

3. 传统乡村聚落

气候对特定地域传统乡村聚落的影响是长期的、稳定的、广泛的，这种影响主要由不同的气候因子如气温、降水、湿度等产生。从各市（州）传统乡村聚落覆盖情况来看，甘肃省传统村落呈现出东南部数量多且集中，西北部数量少且稀疏的分布特征。在各气候类型中，陇南南部河谷亚热带湿润区分布有7个村落，陇南北部温带湿润区分布有14个村落，陇中南部温带半湿润区分布有15个村落，陇中北部温带半干旱区分布有11个村落，甘南高寒湿润区分布有10个村落，河西北部温带干旱区分布有2个村落（图4-1-7）。可以看出，传统乡村聚落多分布于气温适中的湿润半湿润区。

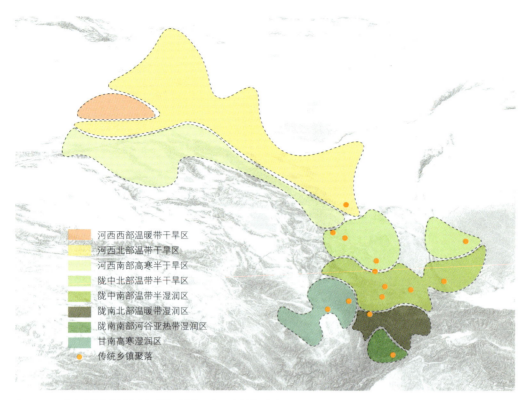

图4-1-6 甘肃省传统乡镇聚落气候类型分布示意图（来源：段嘉元 绘）

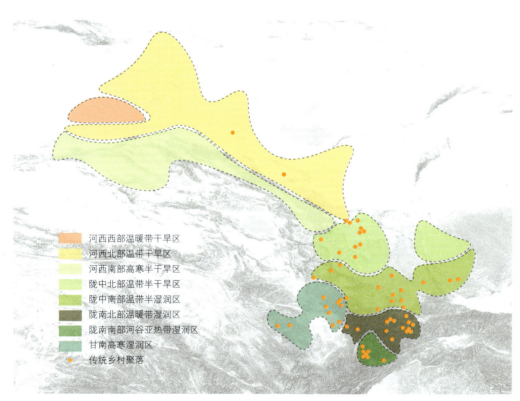

图4-1-7 甘肃省传统乡村聚落气候类型分布示意图（来源：段嘉元 绘）

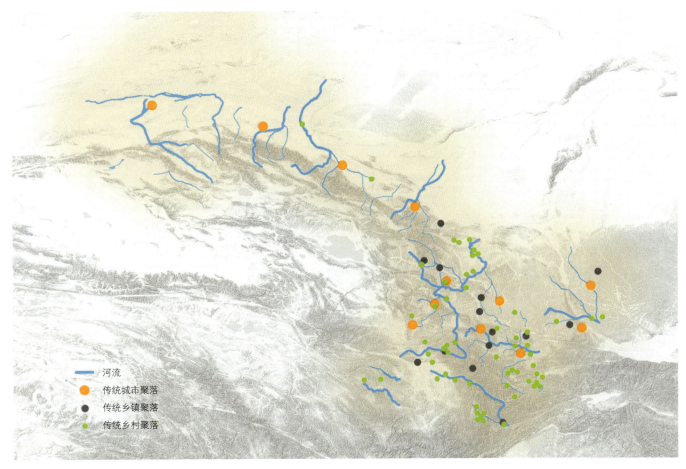

图4-1-8 甘肃省传统聚落与河流分布示意图（来源：段嘉元 绘）

二、河流

（一）流域分布

甘肃位于我国东部湿润区向西部干旱区的过渡带，加之区域内地形地貌复杂垂直地带性明显，使得水资源的分布因地区不同而有所差异，可分为黄河、长江、内陆河3个流域。黄河流域有黄河干流（包括大夏河、庄浪河、祖厉河及其他直接入黄河干流的小支流），洮河，湟水，渭河，泾河等5个水系；长江流域以嘉陵江水系为主；内陆河流域有石羊河、黑河、疏勒河（含苏干湖水系）3个水系为主，共9个主要水系[①]（图4-1-8）。

1. 径流量

甘肃省河流年平均径流量约600亿立方米，但由于水源补给量和积水面积的差异，河流径流量因流域而有所不同。三大流域中，黄河流域降雨量居于其他两个流域之间，但黄河流域水系及支流最多，积水面积大，因而径流量最丰富；长江流域降水最多，水源充足，但流域面积小仅包含嘉陵江一条水系，径流量次之；内陆河流域面积最广但降水量少，冰川融水为河流部分

---

① 甘肃省地方志编纂委员会. 甘肃省志·概述 [M]. 甘肃：甘肃人民出版社，1989：13.

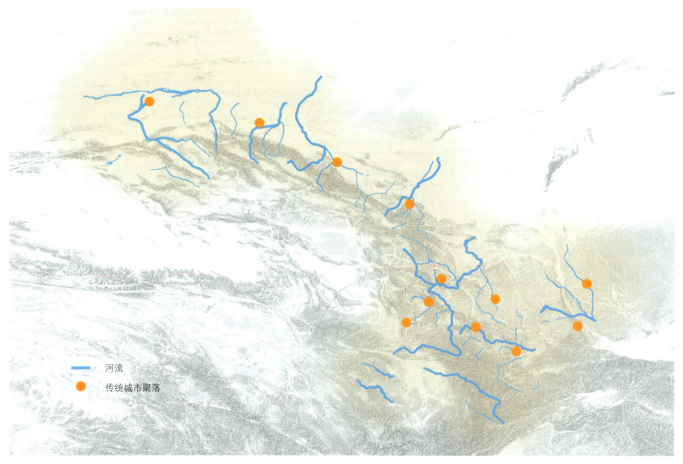

图4-1-9 甘肃省传统城市聚落与河流分布示意图（来源：段嘉元 绘）

补给来源，径流量最小。

2. 水能资源

受地质地貌与气候条件的影响，各流域水能资源分布不均，长江流域河流年变化小，含沙量较少，冬季不结冰，加之峡谷地带地势落差大，水能资源极为丰富，但由于河流多形成于山谷间，水低田高，不利于灌溉；黄河流域年径流量大，贯穿整个甘肃中部、东部黄土高原，地势落差大，水能资源丰富，利用率最高，但河流含沙量大且耕地多为坡耕地，不利于自然灌溉；内陆河流域大多发源于祁连山脉，由于水量小流程短，水能资源最小，但内陆河流域下游地势平坦，便于汲水灌溉，利于农业发展。

（二）聚落分布特征

1. 传统城市聚落

河流为城市聚落的发展提供了水源，河谷阶地往往是城市及人口密集的地区，如沿我国的黄河流域、长江流域形成了规模不等的城镇群。从甘肃省14个历史文化名城的分布情况来看，皆依托于主要水系，集中于省域中西部。在甘肃三大流域中，黄河流域有兰州市、临夏市、天水市、夏河县、灵台县、庆城县、陇西县、会宁县8个市（县）分布在内，数量最多；内陆河流域有武威、张掖、酒泉敦煌4个市分布在内，数量次之；长江流域无传统城市聚落分布（图4-1-9）。

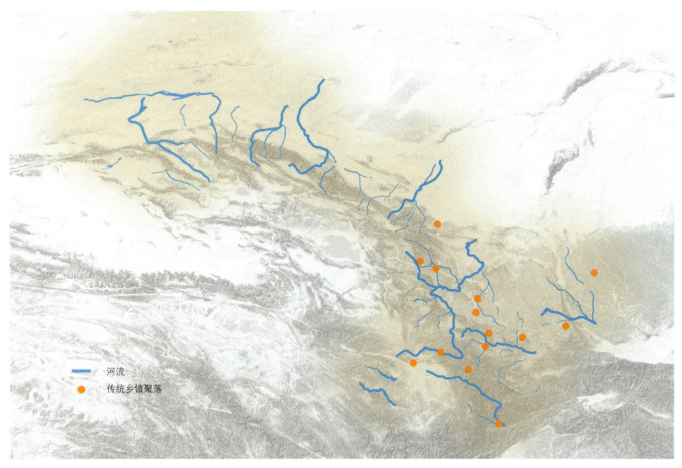

图4-1-10 甘肃省传统乡镇聚落与河流分布示意图（来源：段嘉元 绘）

2. 传统乡镇聚落

与传统城市聚落一样，传统乡镇聚落也多依托于河流水系而形成，但由于区位优势不够明显最终未能发展为城市规模。从甘肃省14个历史文化名镇的分布情况来看，依托于主要水系的干流或支流，大多集中于省域中部。在甘肃三大流域中，黄河流域有连城镇、红城镇、青城镇、金崖镇、新城镇、榜罗镇、陇城镇、南梁镇、郎木寺镇、滩歌镇、灵台镇11个镇分布在内，数量最多；长江流域有碧口镇、哈达铺镇2个镇分布在内；内陆河流域仅有大靖镇1个镇分布，数量最少（图4-1-10）。

3. 传统乡村聚落分布

以农业经济为主的乡村聚落对河流有着较强的依附性，但为避免水患，方便灌溉，乡村聚落多分布于水流量适中、流速相对较慢的小型支流附近，以便于获取居住生产用水。从甘肃省59个传统乡村聚落的覆盖情况来看，大多分布于水利资源较好的中南部地区。三大流域中，在黄河流域内分布有尼巴村、连城村、永泰村、龙湾村等32个村落，数量最多；在长江流域内分布有哈南村、稻坪村、朱家沟村等24个村落，数量居中；而内陆河流域仅分布有峡口村、天城村2个村落，数量最少（图4-1-11）。

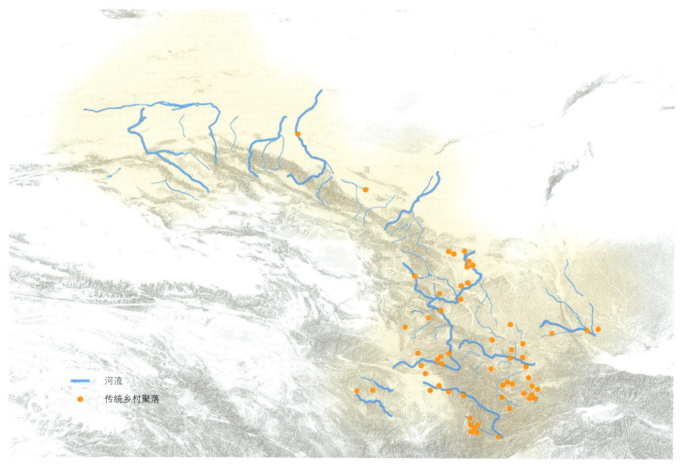

图4-1-11 甘肃省传统乡村聚落与河流分布示意图（来源：段嘉元 绘）

三、地形

（一）地形区域

甘肃地形地貌类型复杂多样，根据地貌形态特征及其构造原因，全省可大致分为各具特色的七个地形区域。七个地理单元内，传统聚落主要集中分布于其中五个地理单元，北山山地干燥缺水土质差，祁连山地常年积雪形成冰川，均不适宜人类居住，鲜有聚落分布。根据五个地理单元的自然环境特征、传统聚落的分布状况和行政界限的完整性，本书将甘肃省传统聚落的分布划分为五个类型区，分别为：陇东黄土高原聚落、陇中黄土高原聚落、陇南山地丘陵聚落、河西走廊绿洲平原聚落、甘南高山草原聚落（图4-1-12）。其中，

陇东黄土高原聚落主要包括平凉、庆阳两市；陇中黄土高原聚落主要包括兰州、白银、定西三市及临夏回族自治州；陇南山地丘陵聚落主要包括陇南、天水两市；河西走廊绿洲平原聚落主要包括酒泉、张掖、嘉峪关、武威、金昌；甘南高山草原聚落包括甘南藏族自治州。

1. 海拔

甘肃境内多高原山地，大部分海拔在1000～3000米之间，甘南高山草原聚落区位于本省西南隅，属青藏高原的一部分，大部分海拔超过3000米；陇南山地丘陵聚落区位于本省南部，甘南高山草原区东部属秦岭山地的西延，平均海拔1000米左右；陇东黄土高原聚

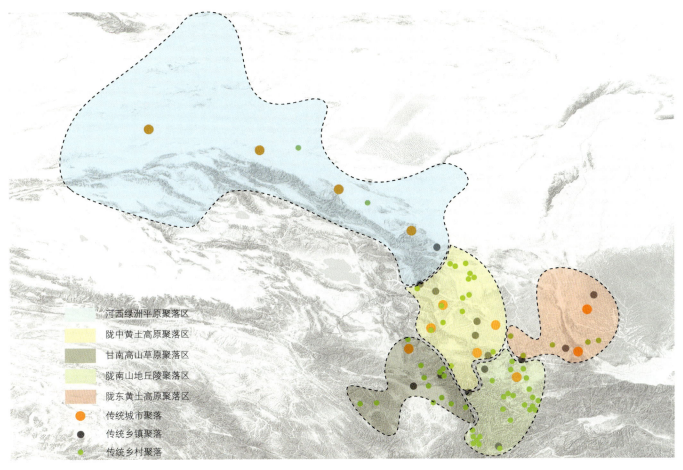

图4-1-12 甘肃省传统聚落地形分布类型图（来源：段嘉元 绘）

落区位于省域东侧、陇南山地丘陵聚落区北侧，黄土塬完整，一般海拔在1500米左右；陇中黄土高原与陇东地区以陇山为界，多山丘，一般海拔在1000～2000米左右；河西走廊绿洲平原聚落区以乌鞘岭与陇中地区为界，东西绵亘1000余公里，海拔在1000～1500米之间。

2. 地势

甘肃位于我国地势第二级阶梯，整体地势高亢，自西南向东北倾斜。甘南高山草原聚落区地处陇南山地和黄土高原的过渡地带，地形起伏，沟谷纵横，地势西北高东南低，由西北向东南呈倾斜状；陇南山地丘陵聚落区内山峦重叠，峰锐坡陡，整个地势西高东低；陇东黄土高原聚落区内山塬遍布，沟壑纵横，地势起伏，南北高中西部低；陇中黄土高原聚落区内高原丘陵和河谷阶地并存，地势西南高东北低；河西绿洲平原聚落区位于祁连山和北山之间，地势东西狭长，由南而北倾斜。

（二）聚落分布特征

1. 传统城市聚落

城市是一个区域政治、经济、文化的中心，其分布往往趋向于地势平坦开阔，区位交通便利的地形区域，具有发展空间，并形成一定规模。从不同批次各市（州）国家级、省级历史文化名城（镇）覆盖情况来

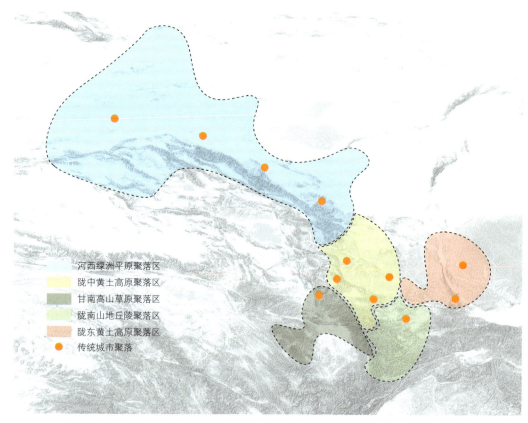

图4-1-13 甘肃省传统城市聚落区域分布（来源：段嘉元 绘）

看，甘肃省传统城市聚落多分布于地势相对平缓，海拔高度在1000～2000米的平原、高原地区。在传统聚落自然类型中，河西绿洲平原、陇中黄土高原区传统城市聚落分布数量较多，各有4个市（县）分布，陇东黄土高原、甘南高山草原分布数量次之，陇南山地缓坡传统城市分布数量最少，整体呈现出由西北向东南递减的空间分布规律（图4-1-13）。

2. 传统乡镇聚落

传统乡镇聚落的分布与传统城市聚落一样也趋向于选择优良的地形地貌环境，但由于其规模更小，对地理环境的适应性也更强。从14个历史文化名镇的分布情况来看，甘肃省传统乡镇聚落多分布于海拔高度1000～3000米的山地、高原地形区。在五个聚落类型区内，陇中黄土高原聚落区分布数量最多，有5个镇；陇东黄土高原数量次之，有3个镇分布；陇南与甘南地区各2个镇，河西走廊地区仅有1个，数量最少（图4-1-14）。

3. 传统乡村聚落

传统乡村聚落是传统城、镇聚落发展的基础，数量最多，规模最小，对自然地形地貌的适应性最强。从甘肃省59个传统乡村聚落的覆盖情况来看，在东、南、中部地区海拔高度1000～3000米的河谷、山地、高原地形区内皆有分布。其中，陇南山地丘陵区内分布数量最多，有25个村落；甘南高山草原聚落区与陇中黄土高原聚落区分布数量次之，各14个村落；陇东黄土高原聚落区分布有4个村落；河西绿洲平原聚落区数量最少，分布有2个村落（图4-1-15）。

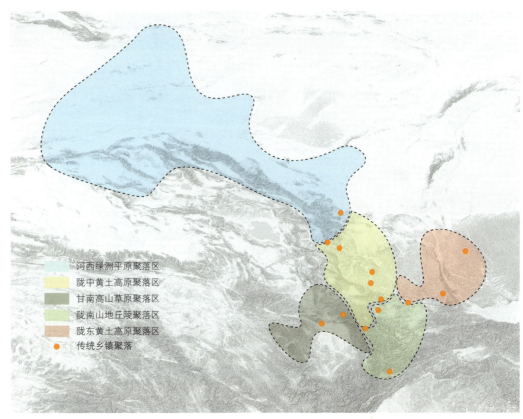

图4-1-14 甘肃省传统乡镇聚落区域分布（来源：段嘉元 绘）

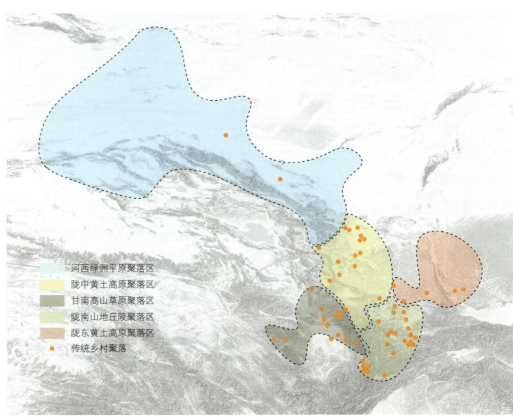

图4-1-15 甘肃省传统乡村聚落区域分布（来源：段嘉元 绘）

四、小结

甘肃地域广阔，自然环境特征各异，多样的气候类型、差异化的水资源分布及复杂的地形地貌各自然环境分区内传统聚落分布特征各异。同时各自然环境分区内的聚落分布特征又呈现出明显的规律性，决定了甘肃传统聚落类型可分为：陇东黄土高原聚落、陇中黄土高原聚落、陇南山地丘陵聚落、河西绿洲平原聚落以及甘南高山草原聚落五个类型，本章第二节至第六节将进行详细叙述。

第二节 陇中黄土高原聚落

陇中黄土高原聚落区分布于甘肃省中部，陇中黄土高原也称陇西高原，位于陇山（主峰称六盘山）以西，乌鞘岭以东，南接陇南山地与甘南高原。在行政范围上包括兰州市、白银市、定西市三市及临夏回族自治州，共分布有23个传统聚落，其中，传统城市聚落4个，分别是兰州市、临夏市、陇西县和会宁县；传统乡镇聚落5个，分别是青城镇、连城镇、金崖镇、红城镇、榜罗镇；传统乡村聚落14个，分别是兰州永丰村、河口村、连城村、城河村、白银宽沟村、龙湾村、永泰村、三合村、平堡村、仁和村、尾泉村、临夏木场村、舀水村、定西文丰村。陇中黄土高原半湿润与半干旱的气候环境、广阔的塬面与纵横的沟壑地形地貌以及呈树枝状汇集与泾河的河流水系格局，共同影响着传统聚落的分布与选址，23个传统聚落的选址体现为河谷川地型、洪积平原型、山梁坪峁型的分类特征。

一、地理环境特征

（一）气候

陇中黄土高原由于陇山南北走向阻挡了湿润气流，加之南靠甘南高原，西临乌鞘岭，气候类型的分布更加多样，但仍属温带大陆性气候，以温带半干旱区和温带半湿润区两个气候区为主。半湿润区在陇中黄土高原分布于临夏和定西两市的大部分地区，年平均气温5.7~7.7℃，年降水量350~600毫米，较陇东黄土高原的同一气候区而言，陇中黄土高原的年平均气温和降水量更低；半干旱区大致分布在兰州及白银地区，年平均气温6~9℃，年降水量180~450毫米，较陇东同一气候区而言，气温变化不大，降水量稍有减少。这一区域的传统聚落多分布于陇中北部温带半干旱区，与气候环境的优越性并未呈现出明显的正相关性，与陇东黄土高原农业聚落的特征类型不同，陇中传统聚落多为军事防御型或者商业贸易型，聚落分布更加依赖于区位优势，而气候等自然优势次之（图4-2-1）。

（二）地貌特征

陇中黄土高原位于我国黄土高原的西端，主要地理区域在六盘山、陇山以西，乌鞘岭以东，秦岭以北，是我国地形第一阶梯向第二阶梯的过渡地带。与陇东黄土高原相比，陇中黄土高原大部分地区海拔为1500~2000米左右的黄土覆盖的丘陵和盆地，塬面破碎、不完整，其次为海拔更高的石质、半石质山地，此外黄河干流及多条支流贯穿整个区域，形成盆地峡谷相间排列的串珠状河谷阶地地貌，较大的盆地有兰州、靖远，峡谷有刘家峡、盐锅峡等。黄土丘陵和盆地发育了沟壑、塬、梁、峁相间，连绵不断的黄土地貌在陇中

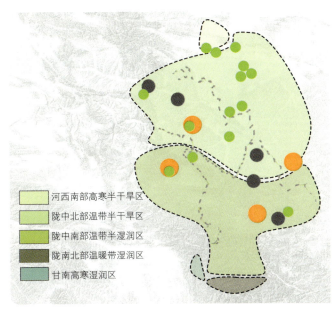

图4-2-1 陇中黄土高原气候类型与传统聚落分布示意图（来源：段嘉元 绘）

地区内广泛分布，主要集中在兰州黄河以北、庄浪河大通河之间以及榆中、秦王川等地，定西中北部地区，白银东南部地区，以及临夏州北部湟水沿岸至西南部积石山太子山前。石质、半石质山地主要分布在陇中黄土高原西、南边缘，兰州和白银西北部的祁连山东南向延伸余脉，临夏州西南边界和定西岷县西北部的青藏高原褶皱隆起，定西中部渭源县境内秦岭西延山脉，以及穿插分布在黄土地貌区的石质、半石质山脉，如榆中兴隆山等。河谷阶地分布于境内，河谷地带气候温和、水源充足，历来就是农耕区，也是区域内传统聚落分布最多的地带。

（三）水系格局

陇中黄土高原的河流水系按其汇流关系，分属于黄河、长江两个流域和多条水系。分属长江流域的水系为定西岷县东南边界嘉陵江水系西汉水支流的漱山河上游，流域面积较小，不到区域总流域面积的百分之一。绝大多数的水系都属于黄河流域，其中黄河的一级支流主要有洮河、渭河、大夏河、湟水、庄浪河、苑川河及祖厉河，除渭河外其余支流均在陇中境内汇入黄河。较之于陇东黄土高原，陇中地区水资源更加丰富，首先黄河干流自西南向东北横贯整个区域，渭河、洮河、大夏河、湟水等黄河上游主要支流在流经定西、临夏及兰州地区时，更有多条二级支流汇入，因而水量丰富；其次由于黄河上游地势落差大，产生了丰富的水能资源，如黄河上游的刘家峡水库等。在主要河流水系的沿岸，山地及黄土丘陵受河流冲击的影响，形成了宽窄不一、面积大小不等的河谷地带，而河谷地带由于水源充足、土壤肥沃孕育了不同规模的聚落。

二、聚落选址

陇中黄土高原的自然地理环境特征鲜明，优劣势差异明显，传统聚落选址多倾向于平坦且水源充足的地区，具有傍水而居的特点，因而在河谷、山地和黄土丘陵区孕育了数量不等的传统聚落。根据传统聚落的选址特征和分布规律，又可分为：河谷阶地型、洪积平原型及山梁坪峁型。

（一）河谷阶地型

河谷阶地型是指在陇中黄土高原地区河流冲击形成的阶地上广泛分布的传统聚落。河谷阶地是由于河流前期地壳的升降等地质作用，导致河流的侵蚀和堆积作用的加强或减弱，使早期生成的河床抬高或降低，从而在河流两岸形成的呈阶梯状分布的台地。一级、二级阶地称为"川"或者小范围块状分布的为"坪"，在河谷一级、二级川地上分布的传统聚落数量多，有临夏邙水村、白银平堡村、龙湾村、仁和村及兰州的连城村、河口村等。三级及以上较高的台地称为"塬"，面积较小的塬也可称为"台"。在河谷中较为开阔的地段或是汇流地段形成了面积较大的河谷盆地，往往也分布着规模更大的聚落，例如，兰州河谷盆地东西长约60公里，

图4-2-2 兰州河谷盆地地貌（来源：Google Earth）

南北最宽处约9公里，集中了兰州市的主要人口和经济发展（图4-2-2）。

陇中地区23个传统聚落中，兰州市、陇西县、会宁县、舀水村、平堡村、龙湾村、仁和村、连城镇、连城村、河口镇、河口村临夏市、木场村等十多个聚落皆为黄河干流和支流的河谷阶地形成的传统聚落。龙湾村位于白银市景泰县，因黄河石林而闻名，是典型的河谷阶地型聚落，受山势阻碍黄河干流在此地形成了一个口袋形转弯，流向由向西转变为向北（图4-2-3）。聚落主要分布在黄河凹岸，是受侵蚀沉积型阶地，整个村落群山环抱，环境幽静，空气清新，风景秀丽，石林景观与黄河曲流，龙湾绿洲同坝滩戈壁优越组合的原始古朴纯天然奇观，成为大自然鬼斧神工梦幻般的经典杰作。全村总人口6060人，水、电、路、广播电视设施建设完善，居住环境适宜（图4-2-4），目前以发展农业和旅游业为主。2016年被列入第四批中国传统村落名录，2019年12月25日，入选国家森林乡村。

（二）洪积平原型

洪积平原型聚落是指在陇中黄土高原山间洪积平原上的传统聚落。洪积平原主要分布于白银西北部石质山地间的盆地中，由于降水等外力作用，导致黄土被侵蚀，加之山间盆地地势平坦，在山前逐渐堆积成平原。白银市西北部的洪积平原距离黄河较远，且位于陇中黄土高原半干旱区和河西走廊干旱区的过渡地带，气候干旱、降水量较少，因而水系不发达，仅有少量季节性河流发育。水源缺乏、加之黄土层较薄，历史上该地区多为游牧民族居住，明朝以后随着军事防御的加强，修建了由黄河古渡明长城经由此地进入河西走廊的长城，为巩固边防，修建了宽沟、永泰等军事防御堡寨。

图4-2-3 白银市景泰县龙湾村选址（来源：Google Earth）

图4-2-4 白银市景泰县龙湾村局部村貌（来源：叶莉莎 摄）

图4-2-5　白银市景泰县宽沟村局部村貌（来源：叶莉莎 摄）

陇中地区23个传统聚落中，永泰村、宽沟村、尾泉村、三合村皆为洪积平原型传统聚落，其中，宽沟村位于寿鹿山北侧，是较为典型的洪积平原型聚落（图4-2-5），这里曾是丝绸之路和古长城的必经之地。明万历二十六年（1598年），松山战役战胜鞑靼，收复此地，建立了索桥古渡到河西走廊进入古浪的这段新长城，为驻军防御，建立了永泰城、洪水城及芦阳堡等军事防御聚落。永泰城建成后就有随军兵户移驻城西约10里处打桩盖房，形成村落，并成为景泰县城最初的所在地。现存宽沟城遗址位于白银市景泰县寺滩乡宽沟村，自清咸丰三年（1853年）开始修筑城墙，城址平面呈长方形，南北长约450米，东西宽约228米，面积约10.76万平方米，四角有炮台，东西各开一门，东为固安门，西为康阜门。城墙为黄土夯筑，其中东城墙邻近沙河为黄土夹砂夯筑，城墙基宽约5米。据文献记载，宽沟城为清代皋兰县红水分县县丞治所，城内现存民国时期的县府、警察署及宽山书院等建筑遗址。1988年被景泰县人民政府公布为县级文物保护单位，2016年被甘肃省公布为第八批省级文物保护单位。现村庄约500亩，有400户、1000多口村民，大部分民居为20世纪60、70年代所建，结构为拔檐和顶前坊土坯房小院（图4-2-6）。

（三）山梁坪峁型

山梁坪峁型聚落是指分布于梁、峁状丘陵所围合的低平小盆地中的传统聚落。陇中黄土地貌区别于陇东黄土地貌类型，完整的塬面少，丘陵山地多，且集中分布在陇中黄土高原的中东部地带，平地面积较小，在连绵的丘陵山梁间由于地壳运动或雨水侵蚀，形成了平坦低洼的坪峁地，四周山梁围合，气候温暖，水源充足。山

图4-2-6 白银市景泰县宽沟村民居（来源：叶莉莎 摄）

图4-2-7　榜罗镇文丰村选址（来源：Google Earth）

梁坪屲型聚落在陇中地区还有多处分布，但作为传统聚落仅有榜罗镇文丰村一个村落，因而不是陇中黄土高原较为典型的传统聚落分布类型（图4-2-7）。

文丰村位于定西市通渭县榜罗镇政府所在地，地处通渭县西南部与陇西、甘谷、武山四县交界地带，距县城34公里，村落面积280亩，常住人口8000人左右，经济产业以农牧业和红色旅游业为主，村民人均年收入8800元。文丰村历史久远，在汉代以前属塞外藩国领土，唐宋年间为少数民族交易骡马的市场，明代设镇，1934年10月，中国共产党领导的中国工农红军，离开江西革命根据地，进行战略大转移，开始二万五千里长征，历时一年，1935年9月26日，中国工农红军一方面军到达榜罗镇，9月27日，党中央在榜罗镇召开中共中央政治局常委会议，即"榜罗镇会议"，会议确立了红军继续北上，把落脚点放在陕北，将陕北苏区作为领导全国革命大本营的战略方针，对中国革命取得最终胜利具有重要意义。文丰村位于丘陵交错的山梁坪屲地，大范围地形地貌特征为丘陵，河流多分布在山下及河谷地带，用水不便，村民以前多凿井吃水。文丰村域内现存文物古迹较多且保护完整，现存红色旅游遗址25处，如清代后期古堡（党家堡—长征战斗遗址）1处，长征纪念馆1座，百年老树（核桃树）1棵，红军领导人旧居19处，2019年被列入第三批中国传统村落名录（图4-2-8）。

根据陇中黄土高原地貌形态、成因发育的地区性差异进行区划，陇东黄土高原地貌类型分为：石质、半石质山地、河谷盆地及黄土沟壑梁峁三种类型。根据地形地貌及聚落分布的次一级地貌特征，陇中黄土高原区聚落分布类型可划分为河谷阶地型、洪积平原型、山梁坪屲型三种类型（表4-2-1）。

（a）邓小平住宿旧居

（b）周恩来住宿旧居

图4-2-8 文丰村文物古迹（来源：中国传统村落博物馆）

陇东黄土高原聚落分布类型　　　　　　　　　　　表4-2-1

选址类型	选址特征	典型聚落
河谷川地型	山地—川地—河流—川地—山地	连城村、河口村、城河村、龙湾村、舀水村等
洪积平原型	山地—平原	永泰村、宽沟村、尾泉村、三合村
山梁坪峁型	山地—坪峁—山地	文丰村

第三节　陇东黄土高原聚落

陇东黄土高原聚落区分布于甘肃省东端,在行政范围上包括平凉与庆阳两个市,共分布有8个传统聚落。其中,传统城市聚落2个,分别是庆城县和灵台县;传统乡镇聚落2个,分别是朝那镇和南梁镇;传统乡村聚落3个,分别是平凉的继红村、高镇村和庆阳的政坪村、罗川村。陇东黄土高原半湿润与半干旱的气候环境、广阔的塬面与纵横的沟壑的地形地貌以及呈树枝状汇集于泾河的河流水系格局,共同影响着传统聚落的分布与选址,8个传统聚落的选址体现为塬面型、川台型、沟壑型的分类特征。

一、地理环境特征

(一) 气候

陇东黄土高原属温带大陆性气候,但受地形地貌和降水量等因素的影响,又可以分成温带半干旱区和温带半湿润区两个气候区。半湿润区分布在平凉市全部地区以及庆阳南部,年平均气温6~10℃,年降水量500~650毫米;半干旱区大致分布在庆城县以北地区,年平均气温6~9℃,年降水量200~500毫米。整个区域气候呈现出气温和降水由南向北明显递减的趋势,气候条件较好的温带半湿润地区是陇东黄土高原主要的产粮区。这一区域的传统聚落也多分布于气候和农业生产条件更加优越的地区,可以发现除庆城县和南梁镇以外其余6个传统聚落都分布在南部地区(图4-3-1)。

(二) 地貌特征

黄土高原聚落在甘肃主要分布在中部和东部,东起甘、陕省界,西至乌鞘岭畔,从整体来看处于黄土高原西段。陇东黄土高原以黄土高原梁峁山地和部分塬地为主要地貌特征,因河流切割地表破碎、千沟万壑、地势起伏,形成了类型多样的次一级地貌,区内地貌类型复杂多样,山地、丘陵、沟壑、塬面兼有,形成了山、川、塬兼有,沟、梁、峁并存的地貌特征。山地主要环庆阳东、北、西三侧和平凉中南部分布,山地海拔高、地势陡峭、地表破碎程度严重,聚落分布较少。庆阳三侧环山整体地形呈簸箕状,河流和雨水的冲刷使得地貌类型更加多样形成了次一级地貌类型。在马莲河、蒲河、葫芦河等主要河流两侧分布着川台地貌,川台地区水资源充足、土壤肥沃,是传统聚落形成的良好自然条件,如庆城县位于马莲河两侧的川台地区;除川台地貌外,部分地区黄土塬的塬面有大有小,被黄土沟壑分割成花瓣状,如庆阳选址于堪称"天下黄土第一塬"的董志塬,平畴沃野,一望无垠,有700多平方公里,是世界上面积最大、土层最厚、保存最完整的黄土塬面(图4-3-2)。其余地区多是梁峁丘陵,在河流流

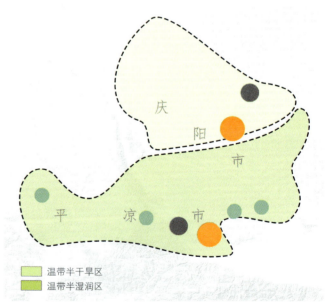

图4-3-1　陇东黄土高原气候类型与传统聚落分布示意图(来源:段嘉元 绘)

图4-3-2 庆阳董志塬（来源：ent.huanqiu.com）

经的沟壑区也有少量聚落分布。总体而言，该区域传统聚落皆选址于地势较为平坦的黄土塬以及河流阶地。

（三）水系格局

水资源是聚落生产、生活必不可缺的自然条件，聚落选址除了受降雨量的影响以外，天然河流对聚落的选址起着至关重要的决定作用。陇东黄土高原主要河流有泾河，泾河是渭河一级支流，黄河二级支流，它发源于宁夏六盘山东麓，南源出于泾源县老龙潭，北源出于固原大湾镇，至平凉八里桥汇合，东流经平凉、泾川于杨家坪进入陕西长武县，再经政平、亭口、彬县、泾阳等，于高陵区崇皇街道办船张村注入渭河。泾河支流广布陇东黄土高原，由区域四周向中南部汇集，形成树枝状的水系格局，平凉市内泾河的支流主要有汭河、黑河、达溪河、颉河、红河、蒲河等；庆阳市内泾的支流主要有马莲河、蒲河、红河、四郎河等。在主要河流及其支流沿岸均有传统聚落的分布。

二、聚落选址

陇东黄土高原由于降雨和河流的长期侵蚀，被切割为大小不等的塬、梁、峁、崾岘和沟壑相间的破碎地貌，千沟万壑的地形地貌很大程度上影响了该地区传统聚落的空间分布。在漫长的历史演变过程中，随着以旱作农业为主的经济生产方式逐渐形成，陇东黄土高原地区传统聚落分布逐渐适应形式复杂多变的自然地理环境，在地域空间上表现出具有差异性的分布特征，呈现出塬面型聚落、川台型聚落、沟壑型聚落等三种主要类型。

（一）塬面型聚落

塬面型聚落是指选址于黄土塬相对平坦宽阔区域的传统聚落。黄土塬是黄土的最高堆积面，形成了中间高四周低的"凸"字形地理空间格局，受雨水冲刷黄土塬平面常呈花瓣状，中间区域坡度多为1°~3°，边缘可达

图4-3-3 朝那镇聚落选址（来源：Google Earth）

5°左右，周围被沟谷、河道、断崖深切。塬面型聚落选址具有明显的优势和劣势，其优势是黄土高原地区的主要农耕地，深厚的黄土沉积层特别适宜农耕，但是聚落空间发展受两侧山地、沟壑制约，加上坡度限制等，可利用建设的城镇用地有限。黄土塬适宜的自然环境孕育了陇东地区数量较多的塬面型城镇[1]，优越的农业发展使得该类城镇的城镇化程度较高，但在注重社会经济发展的同时对传统文化的保护有所忽略，使得作为传统聚落保存下来的塬面型聚落数量较少。

陇东黄土高原聚落中较为典型的塬面型传统聚落是位于平凉市灵台县西北部的朝那镇。城镇距离灵台县城约45公里，全镇东西长约11公里，南北宽约17公里，全镇辖12村、127社、4073个农户，现有农业人口17297人，城镇人口2960人，总流域面积达128平方公里，2006年被甘肃省政府公布为省级历史文化名镇。朝那是春秋时地名，汉置县朝那县，属安定郡，据考证城址位于今宁夏固原市。[2]今朝那镇设置较早，东汉中期由于羌人起义，安定郡东迁，公元129年治所几经变化迁至临泾（今平凉泾川北），是年朝那县迁至郡治临泾一带[3]，朝那镇即东汉朝那县东迁后县治所在。地处平凉塬面较大什字塬西端，塬面小而多山地，地理条件较差，土质肥力中等，宜于农耕。镇政府所在地是全镇面积最大、最完整的一块塬面（图4-3-3），位于镇区中部，集中了全镇主要的人口和耕地，自古以来就为陇东重要商品集散地和军事要冲，同时朝那镇也是灵台县西部商流、物流和人流中心。

---

[1] 刘玲玲，任云英. 陇东黄土高原沟壑区小城镇空间分布特征研究[J]. 华中建筑，2018，36（03）：66-70.
[2] 张多勇. 朝那县城址变迁概述[J]. 宁夏大学学报（人文社会科学版），2009，31（01）：64-69.
[3] 平凉市地方志编纂委员会，平凉地区志编纂委员会. 平凉地区志（上）[M]. 北京：中华书局出版社，2011，03.

（二）川台型

川台型聚落是指选址于陇东黄土高原主要河流两岸平坦、狭长川台地上的传统聚落。川台地主要位于河流两岸一级、二级、三级阶地上，一级、二级阶地称之为川，三级以上高阶地称之为塬，面积小者称之为台，在陇东黄土高原的川台地区，传统聚落多分布于河流的一级、二级阶地上。土地由河流长期冲刷形成，两侧紧邻山地或丘陵，共同组成相对低平的山间河谷，其地貌特征为中间低、四周高的"凹"字形地理空间格局。川台型聚落选址于河流两岸地势平坦、土壤肥沃、水源充足的川台地，是全区农业生产最发达、物产最丰富的地区。由于河流穿过聚落，两侧山脉横亘所形成的狭长空间形态，使得川台型聚落的发展空间受限，但聚落与自然环境的融合更具优势。陇东黄土高原地区8个传统聚落中庆城县、灵台县、南梁镇、政坪村及罗川村5个传统聚落均具有鲜明川台型聚落选址特征（图4-3-4）。

南梁镇是较为典型的川台型传统聚落，选址于华池县和合水县东部的葫芦河川台上游的九眼泉沟，沟内河流为葫芦河的支流荔园堡川，葫芦河川台是整个区域唯一种植水稻的川地，素有"陇东小江南"之称。南梁镇位于庆阳市华池县东北部，地处陕甘交界，西距华池县城约32公里，北与陕西省志丹县义正镇毗邻，东、南与华池县林镇乡、山庄乡接壤。全镇辖3村、18组、1279户、5566人，共有劳动力4037人，总土地面积达223.5平方公里，其中耕地面积44300亩，农业产业以地膜玉米种植和舍饲养殖为主。南梁镇处于子午岭东北部，境内森林资源丰富，石油储量大，子午岭也是秦直道甘肃段上穿越南北的要径，秦始皇三十五年（公元212年），为了防御匈奴开始修建了一条自陕西至内蒙古的军事和交通要道。宋朝为防御西夏，在今南梁镇政府所在地修筑了重要的军事堡寨荔原堡，古城位于荔园堡河东岸台地上，依山而筑，是典型的宋代城池，共有主城、子城和耳城三部分（图4-3-5）。主城位于河流东岸台地上，依山势而建，平面呈西宽东窄的梯形，城墙基宽约22米，南北两侧城墙因山势徐徐上升，长约450米，东侧城墙长约300米。紧邻大城东侧山顶上筑有一座80米×100米的子城，子城南部另有一座不规则耳城，北墙长约80米，东墙长约220米，西墙长约250米，南墙长约40米，墙体较主城低而不规则，可能为地方攻城而筑的临时防御工事[1]，现存城墙残垣及城门一座（图4-3-6）。1934年11月7日，刘志丹、谢子长、习仲勋等老一辈无产阶级革命家在这里建立了陕甘边苏维埃政府，是第二次国内革命战争时期"硕果仅存"的革命根据地。2006年南梁镇被公布为省级历史文化名镇，2017年被认定为第二批全国特色小镇。

南梁陕甘边区革命政府旧址位于华池县林镇乡四合台村寨子湾自然村，是陕甘边苏维埃政府和革命军事委员会驻地。政府旧址占地约1935平方米，军委旧址占地约672平方米。

1933年11月，陕甘边区党政军在合水包家寨召开联席会议，决定创建以南梁为中心的陕甘边区革命根据地。1934年2月，在四合台召开群众大会，成立陕甘边区革命委员会。1934年7~8月，在闫洼子召开红26军42师和陕北游击队的联席会议。1934年11月7日，陕甘边区第一次代表大会在荔园堡召开，选举产生陕甘边苏维埃政府和军委，习仲勋任政府主席，刘志丹任军委主席。1935年4月，陕甘边区革命政府撤出南梁地区。旧址包括南梁陕甘边区革命政府旧址、闫洼子会议旧址、42烈士殉难处、列宁小学旧址、陕甘边区革命委员会旧址、陕甘边区军委旧址和警卫连旧址。

南梁革命根据地是第二次国内革命战争中国共产党

---

[1] 张多勇. 宋代大顺城址与大顺城防御系统[J]. 西夏学, 2011（01）: 46-56.

(a)庆城县　　(b)灵台县

(c)政坪村　　(d)罗川村

(e)南梁镇

图4-3-4　川台型聚落选址（来源：Google Earth）

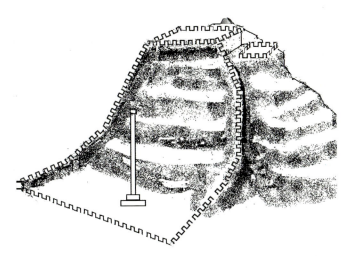
图4-3-5 宋代荔原堡城示意图（来源：张多勇.宋代大顺城址与大顺城防御系统[J].西夏学，2011（01）.）

图4-3-6 荔园堡大门（来源：甘肃省文物局网站）

硕果仅存的革命根据地，为中央红军长征提供了落脚点，也是八路军抗日战争的出发点。南梁陕甘边区革命政府旧址具有重要的历史意义和革命价值。

（三）沟壑型

沟壑型聚落是指选址于陇东黄土高原黄土沟壑中，河流一侧的坡地山上的传统聚落。陇东黄土高原易受流水侵蚀的影响，因而地表破碎、沟壑纵横，黄土沟壑广泛分布，占黄土高原总面积的一半以上。尤其是黄土塬边缘及其以下受侵蚀剧烈，加之植被稀疏，土层浑厚，降雨集中且多出现暴雨，形成了广泛的树枝状沟壑系统，冲沟呈细沟、切沟、浅沟及悬沟。沟壑型聚落与川台型聚落的地貌特征较为相似，皆为中间低、四周高的"凹"字形地理空间格局，但川台型地由于洪水、河水的泛滥沉积和水流侵蚀，多形成平坦阶地，河流两岸的川台地坡降较小，而沟壑型聚落的沟谷坡降较大。沟壑型聚落发展空间较为受限，只能沿着沟壑或是对两侧山体进行阶梯式开发，加之无长期稳定的河流补给，使得沟壑型城镇的农业发展对自然的依赖较强，不具备优势。陇东黄土高原地区8个传统聚落中高镇村（图4-3-7）和继红村（图4-3-8）2个传统聚落均具有鲜明的沟壑型聚落选址特征。

位于平凉市静宁县界石铺镇的继红村是典型的沟壑型聚落，选址于陇东黄土高原西部高原梁峁丘陵沟壑区，海拔在1200～2100米左右，地势相对缓和，村内以一条洪沟为界，北侧较为平坦以居住用地为主，南侧是丘陵山地，以梯田种植为主。继红村地处312国道沿线，同时也是界石铺镇政府所在地，是西兰公路上的交通要塞，交通便捷通达，辖6社、380户、1580人，现有耕地面积4501亩，其中果园面积1660亩，入选甘肃省省级历史文化名村和第五批中国传统村落。该村历史文化底蕴深厚，1935～1936年红军长征三次驻留界石铺继红村，毛泽东、周恩来等老一辈革命家在界石铺继红村宿营、传撒革命火种。境内有省级文物保护单位界石铺红军长征旧址和国家3A级红色旅游景区红军长征毛泽东旧居纪念馆1处，为甘肃省爱国主义教育基地、甘肃省党史教育基地和平凉市廉政教育基地。

根据黄土高原地貌形态、成因发育的地区性差异进行区划，陇东黄土高原较宜居的地理单元为黄土塬区、河谷川道区、黄土沟壑区3个地貌类型区。根据地形地貌，陇东黄土高原沟壑区聚落分布类型可划分为塬面型、川台型、沟壑型三种类型（表4-3-1）。

图4-3-7 高镇村选址(来源:Google Earth)

图4-3-8 继红村选址(来源:Google Earth)

陇东黄土高原聚落分布类型　　表4-3-1

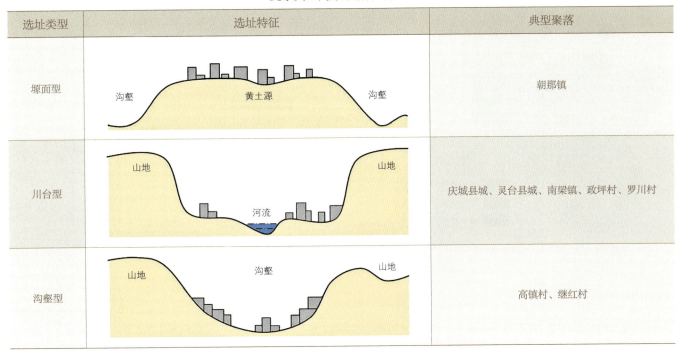

选址类型	选址特征	典型聚落
塬面型		朝那镇
川台型		庆城县城、灵台县城、南梁镇、政坪村、罗川村
沟壑型		高镇村、继红村

第四节　陇南山地丘陵聚落

陇中黄土高原聚落区分布于甘肃省东南部，在地理区域上北接黄土高原，东、南邻秦巴山区，西靠甘南高原。在行政范围上包括陇南市、天水市，共分布有30个传统聚落，是甘肃五个聚落分布区中传统聚落数量最多的区域。其中，传统城市聚落1个，为天水市；传统乡镇聚落4个，分别是陇城镇、哈达铺镇2个国家级历史文化名镇，以及碧口镇、滩歌镇2个省级历史文化名镇；传统乡村聚落25个，包括杨店村、邵店村、凤山村三个省级历史文化名村及其余22个国家传统村落。陇南山地湿润半湿润的气候环境、起伏变化的山地地形地貌以及水网密布的河流水系格局，共同影响着传统聚落的分布与选址，30个传统聚落的选址体现为山间谷地型、半山台地型、山腰缓坡型的分类特征。

一、地理环境特征

（一）气候

陇南山地丘陵位于甘肃省东南部纬度较低的地区，湿润多雨，气候类型的分布更加多样，形成了温带半湿润气候、暖温带湿润气候、亚热带湿润气候三个气候类型区，气温和降水量呈由北向南递增趋势。温带半湿润气候区主要分布在天水市渭河北部地区，年平均气温11℃左右，年降水量500毫米。暖温带湿润区位于天水市渭河以南及陇南嘉陵江以北地区，年平均气温12℃左右，年平均降水量500~800毫米。亚热带气候区分布在陇南最南部，是甘肃境内唯一的亚热带气候，年平均气温14℃，年降水量600毫米左右。这一区

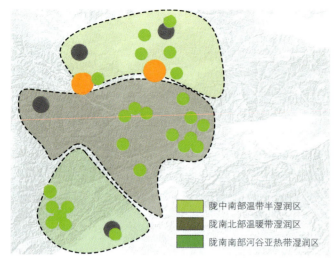

图4-4-1 陇南山地丘陵气候类型与传统聚落分布示意图（来源：段嘉元 绘）

域的传统聚落在各气候区分布相对均匀，优越的气候条件是传统聚落的形成和保存的自然前提（图4-4-1）。

（二）地貌特征

陇南地处秦巴山区、黄土高原、青藏高原的交汇区域，这一区域大致包括渭水以南、临潭、迭部一线以东的山区，为秦岭的西延部分，山地和丘陵西高东低，形成了高山峻岭与峡谷盆地相间的复杂地形，全区按地貌的大体差别可分为三个地貌类型区。

一是东部浅山丘陵盆地地貌区，包括徽县、成县、两当县，西秦岭分为南北二支伸入本区域，形成南北高、中间低的凹、长槽形断陷盆地，盆地地势平坦、气候湿润、植被丰富，因而成为较佳的城镇聚落选址地。二是南部中高山地貌区包括康县、武都、文县全境，这一区域山势较高、沟壑纵横、高山河谷交错分布，同时该区域属亚热带边缘区以及南北气候的过渡区，兼有暖温带和北亚热带的气候，利于农作物生长。该区域城镇选址体现出向河谷地带和向阳缓坡集聚的特点。三是北部中高山地貌区，包括宕昌、礼县、西和三县，气候属暖温带，城镇布局在礼县西汉水及其支流两岸，以及西和县漾水河两岸的浅丘陵黄土梁地带（图4-4-2、图4-4-3）。

（三）水系格局

陇南山区境内的主要河流有白龙江、白水江、西汉水。其中，西汉水自西北向东呈"L"型流经北部全切割中高山地貌区，其下游的众多支流贯穿徽成盆地，白龙江、白水江自西南部高海拔山区向南部中高山地貌区跌落，深切于高山峡谷之中。这些主要河流及其各自支流最终汇入嘉陵江，共同构成枝状水系格局图。天水境内的主要河流为渭河，渭河主要支流有榜沙河、散渡河、葫芦河、耤（藉）河、颍川河、东柯河、牛头河，还有嘉陵江支流白家河、花庙河、红崖河等。

二、聚落选址

考古发掘证明早在远古时代，陇南山区就是先民生息繁衍的理想之地。从众多传统聚落分布状况来看，呈现以下规律：其一，位于河谷地带较低的河边阶地；其二，在高山地带多选择较为平坦的台地；其三，在某些适宜的缓坡区域，聚落也有分布。根据传统聚落的选址特征和分布规律，可分为：山间谷地型、半山台地型及山腰缓坡型。

（一）山间谷地型

山间谷地型是指在陇南山地丘陵区山间河谷分布的传统聚落，其典型的选址特征为"两山夹一河"。陇南山地山谷较狭长，与陇中地区相比河谷不甚宽阔，因而限制了聚落规模的扩张。在白龙江、白水江、西汉水、岷江及渭河流域分布着数量不等的山间谷地型聚落。白龙江流域河流有郑家坪社、碧口镇、草河坝村、哈达铺镇4个聚落，白水江流域分布有新寨村1个，陇南市域内其他山间谷地型传统聚落多分布于西汉水流域，包括东裕村、杨店村、郇庄村、柴家集、火烧寨村、父坪村、下庙村、朱家沟村、青泥村、天河村等。天水境内的陇城镇、滩歌镇、邵店村、胡家大庄村、凤山村皆为

图4-4-2 陇南山地景观图1（来源：叶莉莎 摄）

渭河流域山间谷地型聚落。

陇南大河店乡青泥村坐落于青泥岭山下峡谷，峡谷内有一条自南向北小溪流，属西汉水流域，主要道路与溪流同向，民居建在河岸两侧坡地上（图4-4-4）。山体植被丰茂，多石料、竹子、树木，气候湿润多雨。村落整体南北延伸，东西受限，典型的受到当地峡谷地形影响。青泥村古名青泥驿，是蜀道通向青泥岭主峰——铁山的最后一个官驿所在地，始建于唐代。此蜀道属于秦蜀道，是起始于长安，最终通向川蜀、吴楚，沟通南北。青泥驿集官驿、民驿、商驿、兵驿为一体，聚集了南北人员、物资；陇原与川蜀文化交汇融合形成了繁华的村落。有李白、杜甫等诗文可考据。古遗迹有丰富唐古驿站遗址、历代修缮道路留下的三个石刻碑文、清代武将的杜家大院（图4-4-5）及一棵古银杏树。村落是在原址上建成（年代不可考）。入口处东侧为青泥村村委会办公楼及李白、杜甫雕像广场（图4-4-6）。沿道路东侧为村民文化广场（下广场），

图4-4-3 陇南山地景观图2（来源：叶莉莎 摄）

图4-4-4 青泥村全貌（来源：段嘉元 摄）

图4-4-5 杜家大院（来源：叶莉莎 摄）

图4-4-6 李白、杜甫雕像广场（来源：叶莉莎 摄）

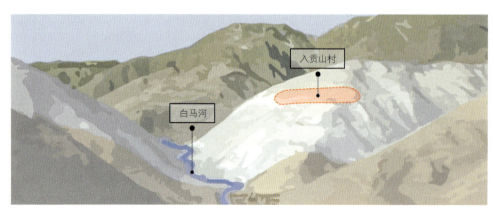
图4-4-7 入贡山村聚落选址（来源：蒋悦. 甘肃白马河流域藏族传统聚落更新发展研究［D］. 西安：西安建筑科技大学，2018.）

属于村民的公共活动空间,主要道路(南北向)两侧为民居聚集地,集中分布传统民居。

(二)半山台地型

半山台地型是指在陇南山地丘陵区半山台地分布的传统聚落。陇南半山台地聚落选址于海拔高的半山平地,交通不便,信息闭塞,发展较为缓慢,但这里易守难攻,最早定居此地的居民可能更多的将防御与安全因素考虑在内。马坪村、仇池村、稻坪村、哈南村、案板地社均为半山台地型聚落,其中仇池村最为典型。

仇池村西和县大桥乡,是古仇池国所在地,村落选址于半山台地,四周红岩石壁,十分险要,北临朱崖子山,东临八风崖,洛峪河与西汉水分别环绕两侧,易守难攻。村落历史悠久,历来为兵家必争之地。

(三)山腰缓坡型

山腰缓坡型是指在陇南山地丘陵区半山缓坡地区分布的传统聚落,其典型的选址特征为依山傍水。山腰缓坡型聚落有梅江村、强曲村、入贡山村三个村。陇南山地山谷较狭长,与陇中地区相比河谷不甚宽阔,因而限制了聚落规模的扩张。在白龙江、白水江、西汉水、岷江及渭河流域分布着数量不等的传统聚落。白龙江流域河流有郑家坪社、碧口镇、草河坝村、哈达铺镇4个聚落,白水江流域分布有哈南村、新寨村2个,陇南市域内其他山间谷地型传统聚落多分布于西汉水流域,包括东裕村、杨店村、郫庄村、柴家集、火烧寨村、父坪村、下庙村、朱家沟村、青泥村、天河村等。天水境内的陇城镇、滩歌镇、邵店村、胡家大庄村、凤山村、梅江村皆为渭河流域山间谷地型聚落。

入贡山村海拔1690米,位于白马河中游北岸半郑家社山坡上。入贡山辖两个社,村域面积16平方公里,村庄占地面积43亩。距铁楼乡政府7公里,距文县县城28公里,该村属藏族村,目前居住有98户、396人,全部为白马藏族人。

入贡山村的选址是典型的山腰缓坡型图(图4-4-7),在这片区域中,山腰缓坡相对较多。他们将寨子建在山麓的向阳缓坡处,背靠大山,气候调节有利于平地,山后拥有广阔的耕地,形成了秩序井然的梯田状景观,各个宅院沿等高线层层向山坡上排布,都可以获得更加充足的日照。房屋布置十分集中,耕地排列在村寨周围,家中的牛羊均放到后山上,这种排列方式节约了居住用地,因此入贡山村的规模相对其他山腰缓坡型的村落较大。整个寨的布置顺应山势,村内无排水设施,靠路面排水或裸露地面渗水。

该村已入选中国第二批传统村落,入贡山是民族文化保存最多、最全的村寨之一。全村民俗文化出名,刺绣最为突出,藏民家多藏有跳"池哥昼"的面具。

根据陇南山地丘陵地貌形态、成因发育的地区性差异进行区划,陇南山地丘陵地貌类型以山地、丘陵、盆地为主。根据地形地貌及聚落分布的次一级地貌特征,陇中山地丘陵区聚落分布类型可划分为山间谷地型、半山台地型、山腰缓坡型三种类型(表4-4-1)。

陇南山地聚落分布类型 表4-4-1

选址类型	选址优势	典型聚落
山间谷地型	山地　山谷　山地	青泥村、胡家大庄村、朱家沟村、新寨村等

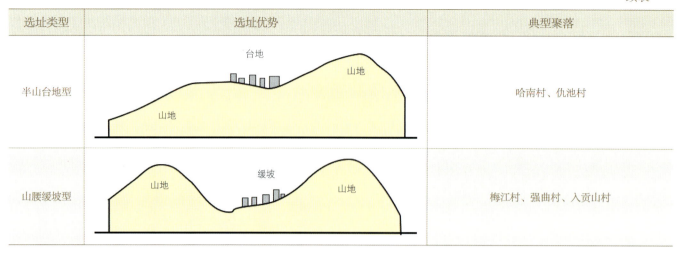

选址类型	选址优势	典型聚落
半山台地型		哈南村、仇池村
山腰缓坡型		梅江村、强曲村、入贡山村

第五节　河西走廊聚落

一、地理环境特征

（一）气候

河西走廊深居内陆，加之南北山脉的阻挡，暖湿气流难以进入，因此气候干旱，主要形成了三种气候类型区：河西西部暖温带干旱区、河西北部温带干旱区、河西南部高寒半干旱区（图4-5-1）。传统聚落主要分布在河西走廊北部温带干旱区，这一地区年平均气温4～8℃，年降水量100～350毫米。河西西部暖温带干旱区是国家级历史文化名城敦煌市所在区域，年平均气温9.9℃，年降水量42.2毫米。河西走廊地区气候干燥，降雨量少，蒸发量大，昼夜温差大，日照时间长，较其他聚落区而言，宜居性差。

（二）地貌特征

绿洲聚落主要分布在河西走廊地区，著名的丝绸之路上，有着许多著名的城市，这些城市的共同特点都建立在沙漠戈壁环境所包围的绿洲上，平均海拔高度在1000米以上。绿洲的形成得益于祁连山冰雪融水所孕育的内陆河水系。绿洲聚落是指在大尺度荒漠背景基础上，围绕河流、湖泊等水源地而发展起来的城市。甘肃省绿洲选址型城市主要集中在河西走廊地区南北两山之间的平坦地区，海拔约1500米。

河西走廊位于祁连山以北，北山以南，东起乌鞘岭，西至甘新交界，是块自东向西、由南而北倾斜的狭长地带。海拔在1000～1500米之间，长约1000余公里，宽由几公里到几百公里不等。河西走廊地势平坦，机耕条件好，光热充足，水资源丰富，是著名的戈壁绿洲，农业发展前景广阔，是甘肃主要的商品粮基地。

祁连山地在河西走廊以南，长达1000多公里，大部分海拔在3500米以上，终年积雪，冰川逶迤，是河西走廊的天然固体水库，植被垂直分布明显，荒漠、草场、森林、冰雪组成了一幅色彩斑斓的立体画面。省内最高点为祁连山主峰团结峰，海拔5827米。

河西走廊以北，东西长600多公里，海拔在1000~3600米的地带，人们习惯称之为北山山地。这里地近腾格里沙漠和巴丹吉林沙漠，风急沙大，山岩裸露，荒漠连片，一块块山间平原为难以耕作之地，人烟稀少，能领略到"大漠孤烟直，长河落日圆"的塞外风光。

（三）水系格局

该地区地处亚欧大陆腹地，距离海洋较远，境内以温带大陆性干旱气候为主，日照丰富、昼夜温差大、干燥少雨、多风沙，因而此地并不是城市聚落形成的良好气候条件。但是，由祁连山孕育的石羊河、黑河、疏勒河河西走廊三大内陆河水系，使得河西走廊的自然条件得以改善，形成了水草丰茂、环境宜人并且适合人类聚居的地区（图4-5-2）。

二、聚落选址

河西走廊的绿洲聚落具有明显的逐水而居的特征，由祁连山的冰雪融水孕育而成的石羊河、黑河、疏勒河，沿着祁连山的坡地流向河西走廊，在地势平坦的地

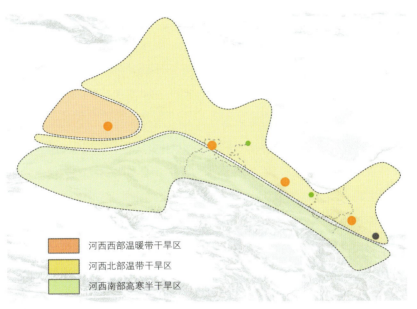

图4-5-1 河西走廊气候类型与传统聚落分布示意图（来源：段嘉元 绘）

图4-5-2 河西走廊水系分布图（来源：解晓羽 改绘）

区沿河形成了适宜居住与农业生产的绿洲，自东向西分别形成了武威、金昌、张掖、酒泉、敦煌、玉门。河西走廊地区传统聚落分布逐渐适应形式复杂多变的自然地理环境，在地域空间上表现出具有差异性的分布特征，呈现出山前平原型聚落和绿洲平原型两种主要类型。

（一）山前平原型

山前平原型聚落是指在河西走廊山前洪积平原上分布的传统聚落。山前平原主要分布于祁连山北麓近山地域，由于降水等外力作用，导致山地土壤被冲刷，在山前逐渐堆积成平原。

较为典型的山前平原聚落有大靖镇和硖口村（图4-5-3、图4-5-4）。大靖镇位于甘肃省武威市古浪县，地理位置优越，是河西走廊区域交通网络上重要的交通节点。大靖镇历史悠久，文化底蕴丰厚，曾为丝绸之路、河西走廊东线重镇，是该地区重要的商品集散地。汉武帝时期称为"朴环"，商贸活动最为活跃。陕西、山西一带的商人确有"要想挣银子，走一趟大靖土门子"之说。因此，文人墨客称大靖为峻极天市，白天商贾云集，人来车往，万头攒动；晚间万家灯火，星星点点，闪闪烁烁，好像天上的街市一样。明万历二十七年（1599年），甘肃巡抚田乐、总兵达云等集兵万人打败阿赤兔收复其地，取安定统一之意改为大靖。据史料记载："民户多于县城，地极膏腴，商务较县城为盛。"鼎盛时期，城郭完整，民舍稠密，商旅行栈，店铺林立，寺庙宫观，鳞次栉比，商贾云集，络绎不绝，形成重要的商贸古镇。大靖镇现存有全国重点文物保护单位长城部分遗址和省级文物保护单位大靖古建筑群。2001年大靖镇被省发改委列为全省小城镇综合改革试点镇；2007年被住房和城乡建设部、国家文物局列入第三批中国历史文化名镇；2008年被省发改委列入全省第二批小城镇建设试点镇；2012年3月被国家发改委列入第三批全国发展改革试点镇。

（二）绿洲平原型

绿洲平原型是指分布在河西走廊绿洲地区的传统聚落。河西走廊地处西北内陆，南北两侧为横贯东西的祁连山和北山山脉，狭长的走廊内沙漠、戈壁广布，加之气候干旱、降雨量少，自然环境较为恶劣。但是在河流或井、泉附近，以及有冰雪融水灌溉的山麓地带形成了大大小小呈带状串联的绿洲，绿洲土壤肥沃、灌溉条件便利，农牧业发达。石羊河流域孕育了武威，黑河流域孕育了张掖、天城村，疏勒河流域孕育了酒泉、党河流域孕育了敦煌。

例如天城村，历史悠久，被誉为"天城锁钥，要塞咽喉"，位于高台县西北部，村境内地势东北高、西南低，海拔高度约1260米，东依合黎，西邻酒泉，南望祁连，北通居延，黑河（古弱水）绕村而过，村子三面环山，一面绕水，如同一道筑成的天然堡垒，气势极为壮观，是古来兵家必争之地（图4-5-5）。黑河流经此地形成绿洲，使得区域内土壤肥沃、林茂粮丰、畜壮禽跃，宛如一处坐落荒漠的世外桃源。天城村历史悠久，春秋战国时是羌人部落的游牧之地，秦时有乌孙人和月氏人在这里逐水草而居。西汉初年，匈奴南下，占据河西走廊。汉武帝时击退匈奴，河西全部纳入汉王朝，天城村所在成为汉族移民的居住地。目前，天城村下辖11个生产合作社，现有446户人家，共计1730人，其中常住人口1587人，人口以自然增长为主。天城村目前的形态格局为清末民国时期形成，修筑城墙围成长方形堡城。目前，城墙仅东北侧部分得以保留，堡内街巷呈十字相交，居住建筑均向街巷开正门，为三合院形式，堂屋居中，旁为两厢，前院后棚（前为居住，后为养殖）。

根据河西走廊地区地貌形态、成因发育的地区性差异进行区划，河西走廊地貌类型以山地、平原为主。聚落主要分布在平原地区，根据地貌形成原因及聚落选址特征，河西走廊聚落分布类型可划分为：山前平原型和绿洲平原型两种（表4-5-1）。

图4-5-3 大靖镇选址（来源：温万元 摄）

图4-5-4 硖口村选址（来源：李玉芳 摄）

图4-5-5 天城村全貌（来源：李玉芳 摄）

河西走廊聚落分布类型　　　　　　　　　　　　　　　表4-5-1

选址类型	选址优势	典型聚落
山前平原型	山地　　平原	大靖镇、硖口村
绿洲平原型	绿洲平原　河流　绿洲平原	武威、张掖、酒泉、敦煌、天城村

第六节　甘南高山草原聚落

一、地理环境特征

（一）气候

甘南高山草原位于青藏高原的东缘，甘南藏族自治州具有大陆性季节气候的特点。光照充裕，利用率低；热量不足，垂直差异大；降水较多，地理分布差异显著。全州除舟曲、迭部县部分地区没有严寒期外，其余地方长冬无夏，春秋短促。该区域共有四个气候类型区，但仍以高寒气候为主，高寒气候区年平均气温在1～13℃之间，地域差异很大。总的分布趋势是自东南向西北逐渐递减。四季气温的分布趋势大致与年平均气温相似，由东南向西北递减。温带半湿润气候区主要分布在天水市渭河北部地区，年平均气温11℃左右，年降水量500毫米。暖温带湿润区位于天水市渭河以南及陇南嘉陵江以北地区，年平均气温12℃左右，年平均降水量500～800毫米。亚热带气候区分布在陇南最南部，是甘肃境内唯一的亚热带气候，年平均气温14℃，降水量600毫米左右（图4-6-1）。

（二）地貌特征

甘南地区属于我国地势的一级、二级阶梯的山地高原区，其地形、地貌、气候环境复杂多样。西部为广袤无垠的草原（图4-6-2），东部为连绵起伏的丘陵山区（图4-6-3），南部为重峦叠嶂的山地（图4-6-4），地处青藏高原、黄土高原和陇南山地的过渡地带上的甘南地区，青藏高原与黄土高原在这被清晰地划开了各自的边缘。境内主要有岷山、西倾山、积石山三条山脉呈西北—东南向贯穿整个地区，形成全州地貌的主要构架。

甘南高原是"世界屋脊"——青藏高原东部边缘一隅，地势高耸，平均海拔超过3200米，是典型的高原区。这里草滩宽广、水草丰美、牛肥马壮，是甘肃省主要畜牧业基地之一。纵观全州地势，其地貌形态呈现为三类，即高山草原区、高山林业区、丘陵低山区。高山草原区是主要的牧业基地，高山森林区山高坡陡、森林茂密、垂直分布明显，低山丘陵区是半农半牧区。

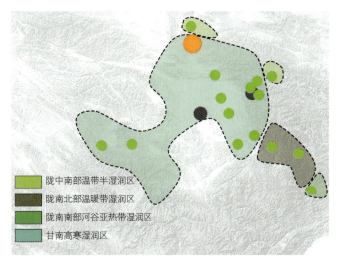

图4-6-1 甘南高原气候类型与传统聚落分布示意图（来源：段嘉元 绘）

（三）水系格局

甘南藏族自治州内诸多河流分属黄河和长江两大水系，并以黄河水系为主溪流密布，主要河流有黄河干流及其支流洮河、大夏河，以及属于长江流域的白龙江，统称三河一江。其中洮河、大夏河又是黄河的一级支流，白龙江属嘉陵江的一级支流。州境所辖的玛曲、碌曲、卓尼、临潭、夏河5县境属黄河流域，主要河流有黄河（首曲）及其支流洮河、大夏河；迭部、舟曲两县全境及碌曲县的郎木寺一带属长江流域，主要河流为白龙江。

图4-6-2 甘南西北部桑科草原（来源：叶莉莎 摄）

图4-6-3 甘南东部丘陵山区（来源：段嘉元 摄）

图4-6-4 甘南南部山地(来源:叶莉莎 摄)

二、聚落选址

甘南高原聚落主要指甘肃省南部的甘南藏族自治州城市聚落群,该地处于青藏高原和黄土高原过渡地带,地势西北部高、东南部低。境内海拔在1100~4900米,大部分地区在3000米以上。甘南地处高原,常年气温较低,年平均气温只有4℃。高原天气多变,经常风雨骤至,昼夜温差大,日照强烈。因为甘南地处青藏高原东北边缘,海拔高、多大山深谷,交通较为困难,很多地方无法居住,人迹罕至。只有开阔的河谷、平坦的山塬才宜于人口集聚,最终得以发展为城镇。如甘南藏族自治州州府——合作市,以及临潭、迭部、夏河、玛曲等县。

明朝后期随着藏传佛教格鲁派在甘肃藏区的传播,甘南地区兴建了大量的格鲁派寺院如拉卜楞寺、合作寺、西仓寺等。这些寺院都拥有众多属寺教民和大量部落土地,以这些寺院及其属寺为中心,周围逐渐形成了新的聚居点。寺院逐渐成为周围聚落经济、文化、宗教和政治的中心,在各方面都对周围聚落有巨大的影响力。这些传统聚落是以宗教建筑为中心,散布于宗教寺院的周围,聚落的主要道路通常朝向寺院。这种以寺院为中心的聚落形式经过几百年的发展,已成为甘南最普遍的聚落形式之一[①]。聚落类型可分为:山原缓坡型、峡谷河岸型、丘陵滩地型。

(一)山原缓坡型

洋布村地处甘肃省甘南藏族自治州迭部县多儿乡最南部,东面与南面分别与舟曲县和四川九寨沟县交接,位于两山之间的平缓地带,地势西高东低,是典型的高原山地地貌。洋布村是一个比较原始古朴的藏寨子,文化积淀悠久,早在三四千年前的新石器时期,就有人类在白龙江沿岸的这块沃土上繁衍生息,各族人民和睦相处,在漫长的历程进程中,共同创造了洋布村悠久而灿烂的历史文明,推动着这里经济、社会的不断发

---

① 张萍. 拉卜楞寺空间形态研究[D]. 西安:西安建筑科技大学,2009.

展,逐步形成了现在的洋布村。洋布村的水磨群是国内规模罕见保存完好至今仍在使用的原生态水磨群(省级文物),不多不少十一座,从一条长长的山谷中依次排出来,古朴又壮观(图4-6-3)。水轮下河水纯净,跳动的每一朵浪花都仿佛是这片土地的心跳,与这里的山水人家经脉相连,节奏相宜,不经意里尽显难以言说的华美,留下了一副令人回味无穷的动人画面。洋布水磨群与洋布的村民生产生活息息相关,根据自古以来的划分,按照村内平均20~25户为一座维护和使用,每年到了收割的季节,挨户使用水磨,储备口粮。

洋布村平面不规则,依山而建,传统建筑分布集中,古民居群落保留较为完整。古村落依山拾级而上,村民沿山放牧,以农业生产为主,世代相袭。村中传统街巷星罗棋布,记载了洋布村的历史,极具研究价值。建筑主要以石木结构为主,村内巷道围墙均为原始石料砌成,古朴而厚重,有美丽的草原万花滩,房子都是木制装饰踏板房,用石头起的围墙,是原生态自然风光村(图4-6-5~图4-6-8)。

(二)峡谷河岸型

木拉村是典型的峡谷河岸型聚落,地处甘南藏族自治州玛曲县木西合镇,居于甘肃青海的交界地带,南临青海省果洛藏族自治州。木拉村属山丘地貌,西北高、东南低,村落选址于黄河河谷。木拉村形成于明代,是一个因寺而建的村落。寺院是一座宁玛派修行禅院,起始于帐篷寺,隶属西康宁玛派噶陀寺院,于1692年由西钦活佛嘉贡仁增加华道吉创建,当时有45名僧侣,1940年形成并正式命名为木拉寺。1987年,按照贡唐大师的建议重新修建寺院,主要包括禅院一间、禅房十二间、藏医医学院一所、大经堂一座,此后以寺为中心逐步发展为了木拉村(图4-6-9)。

木拉寺院在选址、外部环境、内部装饰的营造和建筑的仪式中,处处显示着藏传佛教文化和传统的建筑工

图4-6-5 洋布村聚落选址(来源:段嘉元 摄)

图4-6-6 洋布村水磨群(来源:赵瑞 摄)

艺存在，藏传佛教寺院单体建筑功能类型不同，分为佛殿、经院建筑（图4-6-10）、僧居建筑、佛塔建筑（图4-6-11）、附属建筑等类型，体现了佛教寺院佛、法、僧三宝具备的寺院建筑理念和青藏高原的选址文化与建筑习俗，充分体现了藏族技师们的审美情趣、价值观念、宗教情感和现象空间等因素，对村落选址、格局有重要影响。村庄内部大多数为藏式建筑，除了主要的寺庙建筑以外，大多为平屋顶，其空间平面略为错开造成块体搭接，条翼以厚实的矩形块体为基调，界面略作

图4-6-7 洋布村村落形态（来源：赵瑞 摄）

图4-6-8 洋布村民居建筑（来源：赵瑞 摄）

图4-6-10 木拉寺大经堂（来源：段嘉元 摄）

图4-6-9 木拉村选址（来源：段嘉元 摄）

图4-6-11 玛尼房（来源：段嘉元 摄）

几何处理，高低错落。建筑物活泼而不呆滞，富于跳跃的动感（图4-6-12）。

（三）丘陵滩地型

磨沟村位于甘南藏族自治州临潭县王旗乡，属甘南东部高山丘陵地区，村落被丘陵环抱，南为铁城山，东为山城山，北望洮河，村落集中连片随地势由高至低依次分布，选址于丘陵与河流之间的高阶滩地上，地势低缓、土壤肥沃，宜于农耕（图4-6-13）。磨沟村人类居住历史悠久，在村子西北部300米处发现了面积约80万平方米的磨沟遗址（图4-6-14），经考古鉴定包含仰韶、马家窑、齐家和寺洼文化等史前文明以及部分宋代遗址，其中齐家文化晚期和寺洼文化早期遗存尤为丰富，为研究该时期文明提供了宝贵资料。明朝时在此屯军，并逐渐演变为今日之磨沟村，村庄面积约469亩，户籍人口1035人。聚落形态随山势呈集中连片分布，主街东西走向，街巷平行与主街相连，整体格局整齐有序。磨沟村传统民居多为近代以来修建，虽历史不长，但继承和延续了传统的建筑形态，以平屋顶合院为主，

图4-6-12　民居院落（来源：段嘉元 摄）

院门望山而开（图4-6-15）。

根据甘南高山草原地区地貌形态、成因发育的地区性差异进行区划，地貌类型以山地、丘陵、峡谷为主，并在高寒气候类型下，孕育了美丽的草原。聚落主要分布在水源充足，宜于农牧的地区，根据地貌形成原因及聚落选址特征，甘南高山草原聚落分布类型可划分为：山原缓坡型、峡谷河岸型和丘陵滩地型（表4-6-1）。

甘南高山草原聚落分布类型　　　　　　　表4-6-1

选址类型	选址优势	典型聚落
山原缓坡型	高原—缓坡—高原	八角城村、沃特村、郎木寺镇、坪定村、洋布村
峡谷河岸型	山地—峡谷/河流—山地	夏河县、茨日那村、高吉村、扎尕那村、尼巴村、木拉村
丘陵滩地型	丘陵—滩地—河流—滩地—丘陵	博峪村、磨沟村、西街村、红堡子村、新城镇、罗哇村

图4-6-13 磨沟村选址(来源:段熙元 摄)

图4-6-14 齐家文化遗址（来源：段嘉元 摄）

图4-6-15 民居院落（来源：段嘉元 摄）

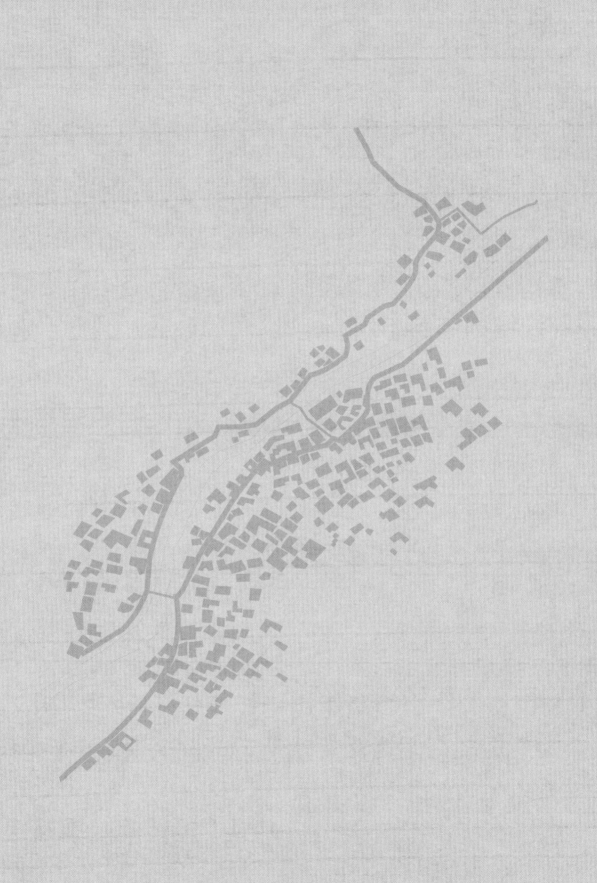

传统聚落是在历史积淀中形成的，保留有相对完整的历史风貌和历史文化特征。按照产业构成、人口规模、集聚密度以及职能的差异，可将传统聚落划分为乡村—乡镇—城市三级序列。其中城市聚落的主要产业构成为非农产业和手工，人口规模更大，人口密度和建筑密度也相对较高，是一定区域范围的政治、经济和文化中心。

根据历史上承载的主要职能，甘肃传统城市聚落可划分为四种类型：政治统治型，是指在地方政权所在地形成的具有重要政治意义的城市，如兰州、天水等；军事防御型，是指因军事防御和屯兵驻扎在边防要塞地区形成的城市，甘肃在历史上一直属于边疆地区，具有重要的军事战略地位，军事防御型城市数量众多，包括武威、张掖、酒泉、嘉峪关、陇西、会宁、庆城、武都、新城等；商贸交通型，是指在重要商业交通线沿线形成和分布的城市，尤其是丝绸之路与茶马古道沿线，如敦煌、临夏、陇城、灵台等；宗教民族型，是指因宗教文化的传播，人口围绕宗教建筑逐渐聚集而形成的聚落，如夏河县就是典型的此类聚落。相对于村、镇聚落而言，传统城市聚落的职能并不是单一的，而是多种职能兼备，例如兰州在历史上即是政治统治中心，也是军事枢纽，同时也是丝绸之路上商业贸易往来的重要节点城市，而河西走廊的诸多城市即是军事防御职能，又承担着重要的商贸交通职能。

传统聚落对现代城市发展具有深远影响，其所保留的传统空间形态、历史街区、历史建筑及民俗文化为现代城市的发展积淀了深厚的历史底蕴。丰富的物质与非物质文化遗存也使得传统城市聚落被评为历史文化名城，引起了人们对传统聚落保护的关注。在传统与现代的对话中，随着人口和社会生产总值的高速增长，城镇化率持续提高，现代城市在不断发展，规模持续扩大，传统聚落陷入了亟待保护的状态。截至2018年末甘肃省常住人口2637.26万人，比2017年末增加11.55万人，人口自然增长率为4.42‰，城镇常住人口1257.71万人；城镇化率为47.69%，比2017年末提高1.3个百分点[①]。甘肃城镇化率快速和人口持续增长，促使了城市的现代化发展，但承载着文人内涵与精神的传统聚落在现代城市的发展中同样具有深远意义。

第一节 陇中黄土高原城镇聚落

一、兰州

（一）自然环境

兰州位于我国陆域版图的几何中心，中国西北部、甘肃省中部，是甘肃省的政治、经济、文化、交通中心。市中心位于北纬36°03′、东经103°40′，北与武威市、白银市接壤，东与定西市接壤，南与临夏回族自治州接壤，总面积13085.6平方公里。

兰州属昆仑—秦岭地槽褶皱系祁连山中间隆起地带，地势西部和南部高，东北低，海拔1500～3000米。地形呈狭长状，东西长1655公里，南北宽530公里，地貌类型属陇中黄土高原丘陵沟壑区，主要由山地、丘陵、台地等构成。黄河是市域内的主要河流，干流自西南流向东北，横穿全境，切穿山岭，形成峡谷与

---

① http://www.gansu.gov.cn/art/2019/3/26/art_22_420911.html.

图5-1-1 兰州城市风貌（来源：刘奔腾 摄）

盆地相间的串珠形河谷。兰州市区主要分布在黄河河谷盆地，是东西狭长的河谷型城市呈西北—东南向带状分布，形成"两山夹一河"的特征。

兰州气候属于温带大陆性季风气候，但由于地处内陆，地域辽阔，具有从季风气候区向非季风气候区，半湿润、半干旱气候区向干旱气候区过渡的特征；同时兰州地形高差大，故又有从水平气候带向高山气候带过渡的特征①。总体气候特征体现为降水偏少，气候干燥；日照充足，昼夜温差大；热量丰富，季节变化显著，市区年平均气温5~9℃（图5-1-1）。

（二）城址变迁

兰州地区有人类活动的时间可追溯至距今一万五千年前的旧石器时代。考古发现的大量早期聚落文化遗存主要为新石器时代晚期，距今5000年左右，在各县区广泛分布，表明该时期有大量原始居民在此聚居，原始聚落初具规模。

古代兰州为军事重镇、丝绸之路上的枢纽城镇，城址自秦至明清经历了多次变化。秦始皇三十三年（公元前214年）开始有行政建置，秦设陇西郡榆中县，在今兰州市区东部的城关区东岗街道一带筑城，《汉书·韩安国传》有"以河为竟（境），累（垒）石为城，树榆为塞"的记载，统辖地区在黄河以南，是重要的边关要塞。秦亡后兰州地区被匈奴占领，至汉武帝元狩二年（公元前121年）在今主城区西部的西固区一带筑城，后改为金城县，有固若金汤之义，具有重要的军事战略地位。隋初废除郡县制改为州县制，隋文帝开皇元年（公元581年）设兰州，在皋兰山下重筑兰州城，据《重修皋兰县志》记载："城在皋兰山北少西，濒河，西魏建，隋唐因之"，至此兰州城址又一次发生变迁东移至今主城区中部。《续资治通鉴长编》也记载，城东西约六百步，南北约三百步，呈长方形②。

宋朝因黄河河道北移，不利于据河防守，因而在原址的基础上扩建北城，以便更好地发挥黄河天堑之势。宋朝以后兰州古城池再未发生较大的位置变迁，主要是以此为基础进行扩建和增筑。明代在宋城基础

---

① 兰州市地方志编纂委员会，兰州市自然志编纂委员会. 兰州市志·自然地理志［M］. 兰州：兰州大学出版社，1998.
② 兰州市地方志编纂委员会. 兰州市志第一卷——建置区划志［M］. 兰州：兰州大学出版社，1999.

上，增筑兰州城，城池东西长一里二百八十步，南北宽一里八十二步，大致呈正方形，开四个城门，由东至北分别为承恩门、崇文门、永宁门、广源门，城门上建有城楼；明宣德、正统时两次增筑外郭，外郭辟九个城门：东为迎恩门、东北为广武门、再东北为天堑门、南为拱兰门、东南为通远门、西南为永康门、再西南为靖安门、西为袖川门，门上皆建有城楼；此后又于明弘治十年（1497年）、明嘉靖二十一年（1542年）、明万历八年（1580年）三次进行增筑和补修，使之坚固[1]。

清代兰州城先后经历六次修葺，至光绪年间基本定型，城池形态一直延续到解放以前，由内城、外郭、护城河三部分组成。内城呈方形，周长六里二百步，敌台上建十楼；外郭呈不规则方形，周长十八里一百二十三步，敌台上建六楼；护城河在城外东、西、南三面[2]。1941年，兰州旧城区，遭到日寇敌机狂轰滥炸，今酒泉路、张掖路、庆阳路、中山路（胜利饭店以东）、秦安路、武都路、静宁路、临夏路、通渭路、双城门外、安定门外等旧市区毁坏严重[3]。中华人民共和国成立后，由于城市建设的需要，城垣和城楼相继被拆除，之后在多版兰州城市总体规划的指导下，最终形成如今兰州组团式城市格局，同时也保留了部分历史街区。

兰州城址变迁呈现出两种不同的时空特征，在宋代以前古城空间格局以城址的迁建为主，秦—汉—隋唐三代城址分别在主城区的东—西—中三个地区。宋代以后城池空间格局的变化主要为规模的扩大和形态的变化，城池规模呈明显的扩张趋势，宋代向北扩后城池濒临黄河，元明清三代城池主要向东、西、南三个方向扩张。明朝时期兰州城市形态由规则向不规则转变，早期形成的方形城池和双十字结构内部街道变化较小，后期向西不规则扩张。清朝在城池西侧增筑举院（现兰州大学第二医院），但因阿干河的用地限制，城市向东和向南扩展的趋势较为明显[4]。

（三）历史文化

兰州地处中国的版图中心和甘肃的核心地带，中心性地理位置使其在历史进程中逐渐发展成为军事、贸易的聚集融合之地，自古就是"联络四域、襟带万里"的交通枢纽和军事要塞，形成了黄河文化、丝路文化和军事文化等历史文化类型，使兰州成为一座历史悠久、历史遗存丰富的城市。同时，作为丝路沿线重要的节点城市，东西频繁的贸易往来使得兰州逐渐成为一个多民族聚居的城市，多民族文化在兰州交融，为城市留下了深刻的民族烙印。在历史的更迭中兰州民族构成逐渐呈现以汉族为主，回族次之，其他少数民族零星分布的特征。城市当中有许多景点是汉族的民俗遗留，如金城观、白云观等；也有许多景点是回族民俗风俗的遗留，如西关的解放门大清真寺、小西湖大清真寺等[5]。厚重的历史文化是兰州现代城市的深厚记忆，也是形成兰州城市特色的精神内涵，兰州也因此成为省级历史文化名城。

二、陇西

（一）自然环境

陇西县位于甘肃省中南部，是古丝绸之路和新亚欧大陆桥的必经之地，距兰州约180公里，距天水约160公里，

---

[1] 兰州市地方志编纂委员会. 兰州市志第六卷——城市规划志［M］. 兰州：兰州大学出版社，2001.
[2] 孙长龙. 兰白地区明清时期城市地理研究［D］. 兰州：西北师范大学，2011.
[3] 孙晓东. 民国时期兰州城市空间变迁与社会发展研究［D］. 西宁：青海师范大学，2013.
[4] 陈谦. 兰州历史城区演变研究［D］. 兰州：兰州理工大学，2017.
[5] 谌凤莲，李力论. 兰州城市意象与夜景观设计的相关性［J］. 中国包装，2017-09-18.

成为连接兰州、天水、陇南、临夏等市州的交通枢纽。市中心大致位于北纬35°0′、东经104°38′，县域位于定西市中部，北与定西市安定区相接，东与通渭县相望，西临渭源县，南靠漳县、武山县，总面积2408平方公里。

陇西县属昆仑秦岭褶皱区的祁连褶皱带，地势总体西高东低，自西北向东南倾斜，海拔1612～2778米。地貌类型在全国地貌区划中属于甘肃黄土高原黄土丘陵沟壑区，主要分为山地、黄土丘陵地、河谷平原三大类型，其中以黄土丘陵所占面积最大。境内主要河流为黄河最大支流渭河，渭河流经黄土沟壑区冲刷形成了一系列河谷平原和阶地，陇西县位于渭河上游，县城是典型的河谷阶地型城市，选址于山谷之间三河环绕，西为头坪山，东为渭河，北为西河，南为南河。

陇西县由于地处中纬内陆，典型的大陆性气候。气候受东亚大气环流和青藏高原外围特殊地形的影响，是农、牧气候过渡地带。县域内部受地形影响又可分为温和半干旱区、温凉半干旱区、温寒半湿润区三个主要气候区，湿润度则随地势增高而增大。气候总体特征表现为：冬春初夏相对少雨，降水量大多集中在7～9月，占年降水量的55%，垂直气候差异较明显，年平均气温6.5～8℃。

（二）城址变迁

陇西古县城自唐太宗贞观十四年（公元640年）开始筑城，后历经宋元明清四个朝代的修葺、扩建和重筑。据乾隆年版《陇西县志·建置志》卷3记载，唐太宗贞观十四年（公元640年），上柱越国公汪达镇守陇右，驻襄武，顺山川地势，以四隅为正，将县城移筑于今县址。宋仁宗皇佑五年（1053年），古渭州归宋后遂在原城址修筑古渭砦；宋哲宗元祐五年（1090年）置陇西县时，以古渭砦为县城。金统治时期，城池规模不大。元世祖中统二年（1261年），都总帅汪世显父子重筑巩昌城，城池向东扩张，规模开始增大。明洪武十二年（1379年），指挥使刘显重修城池，城墙周长九里一百二十步，高三丈一尺，护城河深三丈七尺。开城门四个，东曰阜安，西曰静安，南曰武安，北曰靖安。其上有角楼四，戍楼四，砖堞六尺。明正德初年，增修东、西、北三郭。明嘉靖十二年（1533年），总制唐龙修葺。明隆庆二年（1568年），陇右道李维桢又增筑北郭，开东、西、北三门，建楼其上。清咸丰四年（1854年），知县周必超修葺。清同治五年（1866年），回军攻陷陇西县城，战后仅东、西二门如旧。清光绪二十一年（1895年）重修。

明朝时逐渐形成了大城、北关、东关、西关四城集聚的格局，根据陇西县志的记载和现存城墙遗址的位置可以大致复原明代陇西县城的整体形态，其形状犹如一顶官纱帽[①]，当地也传说陇西县城城址形态寓意一只腾飞的凤凰（图5-1-2）。明朝陇西县城被称为巩昌城，四城中，大城基本呈长方形，修建年代最早，大城左右两侧分别是西关城和东关城，东关城濒临南河，西关靠近西河，皆规模较小且形态不规则，最后修建的是北关城，面积最大为大城的两倍。陇西县在古代属于行政功能型城镇，是该行政区域的政治中心，城内驻有各级地方行政的官署机构，如府衙、州署、县衙等。陇西县在发挥其行政管理功能的同时还是该区域的经济、文化、宗教中心，只是这些功能次于其政治行政功能。清代开始，由于战乱和洪水等原因，城垣逐渐遭到破坏，至20世纪50年代，因城市发展的需要，旧城墙被逐渐拆除，古城昔日之面貌只能从保留的历史遗迹中去找寻。目前城内保存有7处明代城墙残垣[②]及威远楼（图5-1-3）、普陀寺大殿、府隍庙抱厦等零散分布的历史建筑。

---

① 常霞. 浅谈陇西古城微缩模盘的文化意蕴[J]. 丝绸之路，2012（14）：63-64.
② 张红霞. 陇西古城城墙初考[J]. 丝绸之路，2012（10）：26-27.

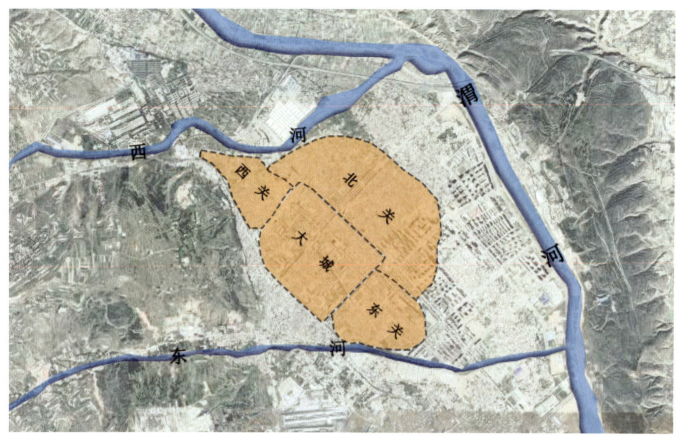

图5-1-2 明代陇西县城形态（来源：叶莉莎 绘）

图5-1-3 陇西县城远楼（来源：甘肃省文物局）

（三）历史文化

陇西因地处陇山以西得名，秦昭王三十五年（公元前272年）始设陇西郡后，陇西之名沿用至今，古有"四塞之国"之称，属于兵家必争之地，汉、隋均在此设立县治。悠久的历史为陇西县积淀了深厚的历史文化，史前时期活动在这片土地上的先民，留下了仰韶、齐家等文化遗址，具有重要考古价值。有"甘肃四大文化"之称的李氏文化，是陇西县最著名的一项历史文化，它与敦煌文化、天水伏羲文化、拉卜楞寺藏传佛教文化齐名。境内有李家龙宫、仁寿山陇西堂、李贺墓等多处李氏文化遗迹，以及代表性民俗文化，如社火、秦腔等，2012~2014年接连成功举办了三届中国·陇西李氏文化旅游节[①]。此外陇西县还被称之为"千年药乡""天下药仓""西部药都""中国黄芪之乡"。因陇西地区的黄土高原和气候环境适宜从事种植业，尤其适合中草药种植。

三、临夏

（一）自然环境

临夏市位于甘肃省中部，是临夏回族自治州州府所在地，距离省会兰州约120公里，属兰州1小时经济圈范畴。市中心大致位于北纬35°36′，东经103°14′，北侧与东乡族自治县相接，南与临夏、和政两县相连，西靠积石山保安族东乡族撒拉族自治县，东邻广河县，区域总面积88.6平方公里。

临夏市地质构造范围属祁连山与秦岭褶皱带之间，地势自西向东北倾斜，呈降低趋势，海拔1882.8~2222.1米，平均海拔1917米。地貌类型以河谷阶地为主，大夏河从西南入境，依南龙山麓蜿蜒流过纵贯全境，从南龙山尾与路盘山之间入境的牛津河、袍罕乡红水沟口入境、横穿市区的红水河，均在市内注入大夏河。全市形成"三河一川"的地貌特征，市区选址于大夏河下游河谷二级阶地上（图5-1-4）。

临夏市属中温带气候区，内陆性气候特征显著，四季分明。由于地处高原，深居内陆，远离海洋，日照比较丰富。气候年差较大，温度非周期性变化显著，降水多集中于夏季，且降水变率大，所以具有明显的大陆性气候特征。同时，由于夏季多偏东南风，温暖多雨，冬季多西北风，寒冷干燥，于是又呈现典型的季风性气候特征。其总的特点为日照较多、热量不富、干湿分明、冷暖悬殊，年平均气温6.8℃。[②]

（二）城址变迁

临夏市在新石器时代已有人类活动，战国时为古羌族活动之地。临夏市自秦建县，多为历代州、郡、路、府治所驻地。秦汉时临夏市属陇西郡袍罕县，西汉初为巩固边疆，推行移民实边政策，迁徙汉族到此地与古羌族共居，城池始建。汉朝袍罕县址位于今临夏市西南20公里的临夏县韩集乡双城村，城址由南北相连的大小二城组成，因此也被称作"双城"。

隋唐时期临夏市属于河州，仍称袍罕县，且为州治所在地，县城在今主城区西侧的折桥镇后古城村，据明嘉靖《河州志》载为唐代旧城。唐贞观后丝绸之路南道路经过河州，大食、波斯等国的贡使、商贾不绝于途，在今天的八坊十三巷一带来往经商、传教和定居，逐步修建清真寺及其教坊，形成了穆斯林聚居区。

北宋初，吐蕃占据了河州，至熙宁六年（1073）收复失地，仍沿用袍罕县名，宋城城址在今临夏县新

---

① 马学成. 陇中黄土丘陵沟壑区县域社会生态系统恢复力时空变化及其影响因素[D]. 兰州：兰州大学，2019.
② 临夏市志编纂委员会. 临夏市志[M]. 兰州：甘肃人民出版社，2011.

图5-1-4 临夏市现状城市风貌（来源：段嘉元 摄）

集乡古城村筑。元代城池大致位于今北山根，据明嘉靖《河州志》载："北古城，州北一里，号曰蕃城，乃元城也。"

明代城址于洪武十年（1377年）在元城的基础上截取一半，向南扩展一里修筑而成，元代的南城门在明代作为钟鼓楼，城址居于今临夏市主城区中心地带，明城城修建完后，于弘治十三年（1500年）重修，于明隆庆年间（1567—1570年）在南城门外建关厢，后历时573年至解放时基本完好，解放后随着城市建设和发展城墙逐渐被拆除，保留较好的传统街巷有八坊十三巷等，东关、西关等旧称仍作为地名沿用（图5-1-5）。

（三）历史文化

临夏市在历史是古丝绸之路南道上茶马互市的重镇，承载着连贯汉、藏、甘、青的重要枢纽作用，有河湟雄镇、"西部旱码头"之称，同时自古以来也是多民族聚居之地。历史上羌、鲜卑、吐谷浑、吐蕃等各古代民族曾驻足本地，和汉族同在这一空间消长融合。元明时期，西域和中亚的色目人迁居市区，信仰伊斯兰教的回族、东乡族逐渐形成和发展，成为本地聚居民族之一。在历史长河中各民族共同开发建设和创造了具有临夏市地方特色的多元文化共存和多样性经济共生的文明。

四、会宁

（一）自然环境

会宁县位于甘肃省中部，白银市南端，是中国优秀红色旅游目的地和国家扶贫开发重点县。县城中心大致位于北纬35°41′，东经105°03′，北与白银市靖远县平川区相邻，南与定西市通渭县相接，西靠定西市安定区

图5-1-5 八坊十三巷风貌现状（来源：段嘉元 摄）

和兰州市榆中县，东接平凉市静宁县和宁夏回族自治州西吉县、海原县，总面积6439平方公里。

会宁县在地质构造上处于祁连褶皱系秦祁中间隆起带的东南端，地势由东南向西北倾斜，总体趋势南高北低，海拔1400～2200米。地处陇中黄土高原，为典型的黄土高原丘陵沟壑地貌，形成了七川、八塬、九道梁的自然区划特征，其中祖厉河、关川河、厉河及土门岘河等主要河流两侧的河谷川地是聚落的主要聚集区。

会宁县属温带季风气候带的西北边缘部，地处内陆加之地形东南高俊，西北开阔，形成了北部半干旱和南部半湿润两个气候区，气候整体干燥，降水少，蒸发强，年平均气温6.4℃。

（二）城址变迁

会宁县在距今4000年左右的新石器时代已有原始人群在此定居繁衍，从县境内发现的牛门洞、窠立台、老人沟等多处新石器时代遗址中可以得到证实。夏商周时期为古羌族所居，秦时属北地郡，汉时属安定郡祖厉县。

东汉至元朝时期，伴随着政权的更迭和行政建制的变化，县治多有迁移，县域内遗留有多处古城址。如东汉安帝永初五年（公元111年）祖厉县治由今靖远县迁至会宁县境内，在今会宁县桃花山乡南十里铺村修筑了一座东西长约260米，南北宽约250米的方形城池，为祖厉县城。南北朝北魏太武帝太延五年（公元439年）祖厉县治迁至今平凉市境内，城池被废弃。唐宋时期会宁县改称为会州，北宋元符二年（1099年）在今郭城驿乡新堡子西建城，称会川城，城垣夯土筑成，有内一外二三道城墙，壕堑三道，现存内城南城墙残长360米，北城墙残长172米，东城墙全长444米，并有瓮城。金代贞祐初年，迁会州州治于此，称新会州。金哀宗天兴三年（1234年）金亡后，金元帅郭虾蟆守孤城抗元三年，城破举家自焚，死节于此。后人念其忠烈，称其城为"郭虾蟆城"。元初，会州州治迁于今翟家所乡张城堡东，建西宁城，城池东中西三城相连，有东西两门，现存残墙底宽17.4米，高17米，东西长1740米，南北宽500米。

明朝改设会州为会宁县，属巩昌卫，县治从西宁城西移至今会宁县会师镇，此后城址及县名延续至今。会宁城始建于明洪武六年（1373年），由巩昌卫千户傅履与知县郭斌主持完成，选址于祖河、厉河汇流处，依山傍水，地处要冲。会宁县城建成后又经历了多次的扩建，明成化四年（1468年）在原有基础上向南北扩展为750米，向东西扩展为500米，并增建南北两门；嘉靖年间增筑西门和外郭；万历元年又建东门及其角楼，再维修增补。明会宁城历经多次修筑增补，城郭、城门、门楼基本建成。城有四门四楼：东曰"东胜"，西曰"西津"，南曰"通宁"，北曰"安静"。清朝，会宁城在两次地震中城墙被损坏，乾隆三十年（1765年）修葺后，城址形态呈正方形，四城门两两对应，城内主街呈十字型。民国开始城池逐渐失修，新中国成立后城郭大部分被拆除，仅余部分城墙，原西津门被保留，后改为会师楼。

（三）历史文化

会宁有光荣的革命传统，是中国工农红军第一、二、四方面军胜利会师的地方。中国工农红军三大主力在会宁胜利会师，是中国革命走向胜利的转折点。红军会师期间，先后在该县休整达一个月之久，遗留20多处战斗遗迹和1000多件革命文物，留下了丰富的红色旅游资源。深厚的红色文化底蕴与丝路文化、黄河文化、农耕文化、教育文化、游牧文化、多民族文化有机融合、互相渗透，彰显出会宁厚重的历史。目前，会宁被列为全国30条红色旅游精品线路、100个红色旅游经典景区和20个重点红色旅游城市之一，成为享誉全国的红色旅游胜地。会师旧址是全国首批百个爱国主义教育示范基地之一，会师楼被评为"大国印记：1949—2009年中国60大地标"之一。1997年，会宁县被甘肃省人民政府命名为省级历史文化名城。为了更好地保护会宁县历史文化遗存，延续历史文脉，会宁紧扣"全国红色旅游名城，国家历史文化名城"主题，积极推进国家级历史文化名城申报和建设。

第二节 陇东黄土高原城镇聚落

一、庆城县

（一）自然环境

庆城县位于甘肃省东部，庆阳市中部，是陕甘宁边区的重要组成部分。县城中心大致位于东经107°53′，北纬36°03′，北与庆阳市环县、华池县相邻，南与庆阳市西峰区相接，西濒蒲河与庆阳市镇原县相望，东临庆阳市合水县，总面积2692.6平方公里。

庆城县地处陕甘宁盆地南部，地势西北高东南低，海拔1018~1623米。地处黄土高原残塬沟壑区，地形地貌复杂，山川塬兼有，梁峁沟交错，形成了西北部黄土丘陵区、中部及东北部残塬河谷区、西北部黄土丘陵区三大自然区划，聚落大多分布在马莲河、蒲河、柔远河、环江等水源充足的河谷地区（图5-2-1）。

图5-2-1 庆城县选址（来源：Google Earth）

庆城县属温带大陆性季风气候，距海遥远加之地形地貌复杂，塬（山）地温和半湿润区、川道温暖半湿润区、山地温凉湿润区三个气候分区，年平均降水量537.5毫米，年平均气温9.4℃。

（二）城址变迁

庆阳古城位于庆城县，历史悠久，被称为"一座活着的千年古城"，相传夏朝末期周人先祖不窋率领族人来此定居，建"不窋城"，县城东山还有"不窋"墓。秦朝以前庆阳县城多被游牧民族占领，秦灭义渠戎以后，县城所在归属秦国。汉朝以后庆阳城多为陇东地区的政治中心，汉郁郅、隋合水、唐弘化、安化县治；隋、宋代庆州州治；金至清代庆阳府治。

庆阳城选址于岗阜，因山势修建，青山围郭，襟带两河（环江、柔远河），雉堞森列，金汤险固，至20世纪30年代，城池由凤城、皇城、田家城三部分组成（图5-2-2）。不窋于夏朝建城，因此庆阳城也称夏城，因其形似凤，又被称为凤城，以唐宋时期城池布局为基础进行判断，凤城位于南嘉会、北德胜、东安远、西平定、东南永春五门之间。周朝时期城池形态进一步完善，形成三城并列的格局，皇城为周朝行宫演变而来，也称北关城位于凤城北侧，皇城北廓又有田家城，传为古校场，也名"驸马城"。明成化初年（1465年），参政朱英主持修建城垣时，又在东南侧永春门外筑南关城，城周长三里，后因水灾被毁。清朝延续了明朝的城池形态，后有损毁，多次修复。明清时期胡同、街巷等与南北大街垂直布置，南北大街成为城市道路系统布局形式的基准，最终形成"鱼骨"状的城市道路系统布局形态（图5-2-3）。

民国9年（1920年），因地震城池损毁严重，虽有修复，但因社会动荡，城池再未恢复原貌。中华人民共和国成立以后古城面貌发生了重要变化，城市形态突破了原有的城墙范围，沿着环江和柔远向上游扩展，规模不断扩大。古城现今街巷格局主要延续了明清时期由街、巷、胡同等不同级别的城市道路组成的"城市骨架"，在主街南北大街上还保留有部分历史建筑。

普照寺位于县城北街，始建于北宋太平兴国时期（约公元980年），最初建有五佛殿、三佛殿、眼光殿、岳王庙、钟楼、砖塔等建筑，面积约4000平方米，从建成起历代都曾集资修缮，民国9年地震后仅存普照寺大

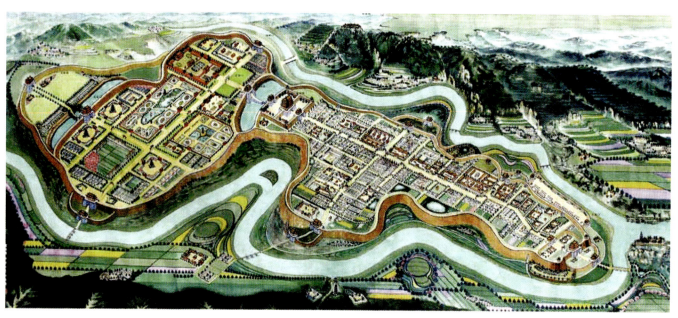

图5-2-2 庆阳古城复原图（来源：庆城县民研所）

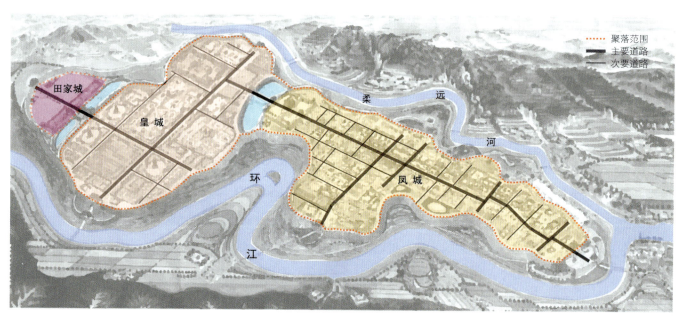

图5-2-3 庆阳古城形态分析（来源：段嘉元 绘）

图5-2-4 普照寺大殿（来源：甘肃省文物局网站）

殿。大殿坐北向南，东西长23.7、南北宽9.5米，面开五间，有11组双抄双下昂斗拱，屋顶歇山顶，屋脊两端有鸱吻装饰（图5-2-4）。明代树牌立坊兴盛，位于庆城县南大街水利局巷的周旧邦木坊，建于明弘治十八年（1505年），木坊坐北向南，四柱三间三楼庑殿顶，东西长14米，南北宽4.2米，高12米，占地面积约70平方米。木坊以四根通顶立柱支撑，原有戗柱不存，平板枋上为九踩斗栱支撑檐部出挑，最外部厢栱位置用装饰性的花板。坊顶铺青瓦，庑殿顶正面出垂脊。檐下正中镶匾，匾面正书"周旧邦"三字（图5-2-5~图5-2-7）。

图5-2-5 周旧邦木坊（来源：甘肃省文物局网站）

图5-2-6 周旧邦木坊额枋（来源：甘肃省文物局网站）

图5-2-7 周旧邦木枋侧视（来源：甘肃省文物局网站）

（三）历史文化

夏朝中前期，庆城地区为"戎狄之地"，居民过着无定居的游牧生活，游牧文明在此形成。夏朝晚期，周祖不窋带领部族来到这里，带来了农耕文明的火种，使得庆城地区成为华夏文明的发祥地之一。夏、商、周三代积淀的农耕文化对春秋战国时期活跃于此的戎狄有着"开智化"意义上的"熏陶"，游牧文化和农耕文化在这里交流、融合，造就了庆城兼具农牧的文化特质。秦朝以后，匈奴、突厥、鲜卑、党项、吐谷浑等少数民族在北方逐渐形成，在和中原王朝的"战和"起关系中，农牧文化此消彼长、进一步融合，直至元朝后期，庆城被完全纳入中央王朝的统治范围，汇聚于此的多民族逐渐融入汉族，农耕文化占据了主导地位。抗战时期，庆城是陕甘宁边区的重要组成部分，是我国"红色文化"发源地之一，现存有三八五旅部旧址、陇东中学旧址及战斗遗址等多处革命遗址。在庆城县悠久的历史潮流中也孕育了庆阳香包、剪纸、雕塑等丰富的民俗文化。

二、灵台

（一）自然环境

灵台县位于甘肃省平凉市东部边缘地区，是古丝绸之路的重要通途。市中心大致位于北纬35°3′，东经107°37′，北邻平凉市泾川县，南靠陕西麟游、千阳、陇县，西与平凉市崇信县毗连，东与陕西省长武、彬县相接，区域总面积2038平方公里。

灵台县属陇东黄土高原沟壑区，地势从西北向东南倾斜，呈降低趋势，海拔890～150米。沟壑纵横的黄土高原地貌在灵台县发育形成了残原区、丘陵山区河川台区三种地貌类型。南河和黑河是灵台县两条最主要的主要河流，均属于泾河流域，两岸的川台地区聚落分布最为密集，灵台县城就选址于南河北岸，荆山南侧的川台地，并有支流天堂河由南向北汇入南河。

灵台县属半干旱、半湿润的大陆性气候，县境内山、川、原海拔高度差异较大，地形复杂，使得区域内气温差异大，降水分多集中于夏秋季节，年平均气温9.4℃，年平均降水量586.3毫米。

（二）城址变迁

根据考古发现，灵台县早期城址是位于百里镇古城村的古密须国遗址，密须古城建在达溪河之阴河岸以上的二层台地和三层台地上，从残存的北城墙遗址可以大体推知当年密须古城郭呈方形，城内面积在220亩左右（约15万平方米）。城内三层台地靠山坡南麓高亢平坦，居高临下，视野开阔，是宫城遗址，具体位置在职中校园唐槐一带，此处以西，现中心小学操场一带，故称花园，此处以东，有地名曰"桃园"，这一带区域为当时皇宫组成部分。宫城之外，郭城之内，靠西城墙偏北有"北将台"，靠东城墙偏南有"南将台"，在"北将台"靠近水边的西河岸上有一处平地名曰"马苑"，这是密须国的军事防御体系和战马驯养基地，说明当年的密须国有强大的军事力量和坚强的军事指挥防御体系。密须古城是一座依山傍水的台城，但在营造上却体现了"因地制宜"的原则，一般帝王之城大都是"前朝后市"，而密须城是"后朝右市"，在城郭内东北角，现邮电所一带，是当年农贸交易市场。另外，密人选择了地势较高、免受水害的洞山作为公墓，如今洞山众多的周墓葬足以证明这一点，这种"公墓归葬"反映了古人爱惜土地的传统。

现在的灵台县城址始于隋大业元年，其名取文王伐密筑台典礼之意，以"灵台"为县名，灵台，素有"陇上明珠"之称。位于县城中心，化馆院内的古灵台是灵台县城的历史见证，台通高36米，基围96米，上建楼亭，内奉文王塑像，外嵌林森等人原题碑石。

（三）历史文化

商周文化是灵台现代文明的源头，据考古发现，灵台境内遍布周文化遗址，出土了大量珍贵的西周文物。灵台灯盏头戏、皇甫谧针灸术被列为甘肃省非物质文化遗产保护项目，白事唢呐曲牌、木偶戏等13个项目被列入市级非物质文化遗产名录，泥塑、麦秆画等95个项目列入县级保护名录。灵台县民风淳朴，自古崇尚礼仪，素有热情好客的传统。民间戏剧有木偶戏，民间工艺品有宫灯、剪纸、根雕、泥塑、刺绣、香包、麦秆画、皮影、灵台碑林、民间社火等。

第三节　陇南山地城镇聚落

一、天水

（一）自然环境

天水市地处甘肃省东南部，甘肃、陕西两省交界处，东经104°35′~106°44′，北纬35°05′~35°10′之间，处于我国地形分级的第二阶梯地带。东倚六盘，南靠秦岭，东北关山和西南的西秦岭山地海拔较高，其他地方海拔较低，有山地、黄土丘陵、河谷等多种地形地貌。渭河由西向东横贯全境，把全市分为渭南、渭北两大部分，渭河以南主要为西秦岭山地，西部也有少量的黄土丘陵分布，渭河以北主要为黄土丘陵所覆盖，受地形影响地质灾害频发。

天水市属于大陆性季风气候，秦岭主脉横贯中部，是我国亚热带和北温带气候的主要分界线，岭南具有亚热带气候性质，岭北属于温带半湿润气候特征。全市年平均气温11℃，降水量年际变化大，多年年均降水为491毫米。日照充足，四季分明。

天水市境内最大的河流为渭河，长约280公里，沿河接纳流域面积1000平方公里的支流有榜沙河、散渡河、葫芦河、藉（藉）河、颍川河、东柯河、牛头河。靠近陇南地区还有嘉陵江支流白家河、花庙河、红崖河等。渭河流域面积广，但近年来由于水土破坏，藉（藉）河等部分支流出现断流现象，仅靠降水补给。

（二）城址变迁

天水建城历史悠久，期间经过多次战争和自然灾害的毁坏和多次重建，中华人民共和国成立前的天水古城基本延续了清代时期"五城相连"的格局。中华人民共和国成立初期，天水古城是城市发展的基础和主要区域，各项城市功能逐渐向古城中积聚。直到现在，古城城墙虽然已经拆除，城市经过多次更迭，但古城范围依旧是天水市城市政治、商贸、服务业集聚的中心，是整个城市的核心区域。目前保存有部分古风貌区和传统社区，其中古城风貌区主要存在于西关片区。

天水城五城并列的格局形成较早，但由于历史上经历多次破坏和重修，城垣初建年代已不可考。民国时期的天水城市和人口主要集中在天水古城内，城墙以外以村庄为主，北道埠还没有发展。民国时期的天水城郭基本保持了清代时期的面貌，由东向西依次为：东关城、大城、中城、西关城（图5-3-1）。东西长约3.38公里，南北宽240~880米，总面积约1.99平方公里，外城门共12个，州衙设在大城中。

天水古城的发展历史较长，聚集了城区绝大多数的人口和公共设施。由于古城被分为具有一定独立性的五个区域，期间由主干道相连，因此古城却没有一条贯穿南北的主要道路；道路系统是明显的"支状"形式，以南北向的主干道串联东西向支路构成道路系统，其中道路的起止、方位与城墙、城门有密切联系，大城已经形成了沿城墙的环状路网；古城行政、商业、服务的中心在大城，两条南北向的主干道起到城市轴线、组织城市建设空间布局的作用（图5-3-2）。

东关城，西邻大城，呈梯形，面积约49.2公顷，有东城门楼一层、二层建筑，上悬"关晚重镇"匾额。东稍门外吊桥上亦设城楼，城楼有城门广武门（东稍门）、阜财门、琪拯门。东门外有校场，即后来步兵学校用地。大城，也称州城，呈正方形，面积45.27公顷，北傍天靖山麓，南以南湖为界，东南有月城，东西北墙设有壕沟，东城门有三层门楼，上悬"望垣巩固"匾额。城门有华清门、环门。中城，东临大城，呈长方形，南北长约880米，东西宽约240米，面积约20.12公顷，有北城门楼，城门有中和门、南祥门，城门外为官

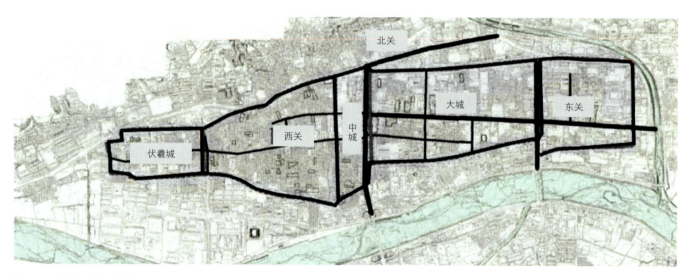

图5-3-1　天水五城并列的格局图（来源：刘奔腾 绘）

图5-3-2　天水市1939年城区略图（来源：《天水市志》）

泉水池。西关城"高不过大城而广之",东临中城,城内主要为居民和商贸区,呈梯形,面积约63.05公顷,城门楼有月城城楼、双桥城门、上刻"羲皇故里",城门有北大庆门、南阜康门、西双城门、小北门、小南门。西关和中城为"天水商务繁盛之处"。伏羲城又名小西关城,东临西关城,是清代烟贩交易所在地,呈倒"凸"形,面积20.19公顷,有西稍门城楼,城门为西稍门。五城之中,大城建设最早,为衙署所在地,又称州城。其次是东西关城和小西关城(即伏羲城),中城建城最迟,北关则始终无完整的城垣。

城内原有的160多条小巷,在改革开放以后的不断城市改造中逐渐消失。至今保留较好的古民居和古街巷主要集中在西关、伏羲城,包括三星巷、育生巷、专园巷、澄源巷、大小巷道、自由路等,街巷中留存有牌坊、门楼、寺庙、祠堂等丰富的历史建筑(图5-3-3),和与之相关的丰富民俗;城内至今还保留着多所明代居民住宅,著名的有胡氏民居(图5-3-4~图5-3-5)、贾家大院、张育生宅、冯国瑞故居、哈锐宅等。

(三)历史文化

天水历史文化底蕴深厚,被誉为八千年文化的汇集地,可追溯至远古时期,更因历史文化遗存丰富,被评为国家级历史文化名城。"三皇五帝"被认为是中华民族的人文始祖,相传三皇之首太昊伏羲氏的诞生地,因此天水也就成了人们参谒朝拜伏羲的圣地。伏羲时代创造的龙文化、太极八卦文化、玉文化、观天文化、姓氏文化、渔猎文化开启了我国民族文化之源。商末至春秋初300多年期间,秦人在天水兴起并建国,伴随这一进程,产生和形成了天水秦文化,是关中的秦文化的源头,它在中华文化发展史上和天水地域文化的形成演

图5-3-3　天水伏羲庙(来源:叶莉莎 摄)

图5-3-4 胡氏民居槐荫院（来源：叶莉莎 摄）

图5-3-5 胡氏民居董家院（来源：叶莉莎 摄）

变中，都具有重要的地位。三国时期，天水居关中上游，扼陇蜀之咽喉，军事地理位置十分重要，成了蜀汉北伐的必争之地、北伐战略的轴心，天水留有诸多遗址，如诸葛军垒、街亭古战场等。以这些遗迹为载体，留有诸多民间传说；又有诸多的文人墨客凭吊古迹，留下了许多诗文佳作，由此就构成了天水三国文化。此外，大地湾文化和麦积山石窟文化也是天水文化的重要组成部分，它们共同构成了天水历史文化资源的核心，是天水地区文化传承和发展旅游产业的良好条件。

二、武都

（一）自然环境

武都区位于甘肃省南部，是陇南市政府所在地，被称为"秦蜀咽喉，陇上要镇"。区中心大致位于北纬33°22′，东经104°57′，北邻陇南市宕昌县、礼县、西和县，南连陕西省宁强县、四川省青川县和本市文县，西接本市宕昌县和甘南藏族自治州舟曲县，东与康县相接，东北与成县隔西汉水相望，区域总面积为4683万平方千米。

武都县地处高中山侵蚀、剥蚀、构造山地。地势西北高，东南低，山顶海拔最高3600米，山岭与河谷相对高差1000~2500米之间。白龙江以北是秦岭山脉向西延伸、以南为岷山山脉向东延伸的交叉性地貌形态。武都县全境属长江流域嘉陵江水系。武都主要河流有白龙江、西汉水、广坪河，均属长江流域嘉陵江水系，武都位于白龙江北岸。

武都属北亚热湿润向暖温半湿润过渡带，为季风气候的一部分。地处大陆中部，往往形成冬季暖，春季冷的特殊情况，但由于境内山高谷深，气候差异悬殊，有"一山有四季，十里不同天"之说，年平均气温14.9℃，降水量400~900毫米。

（二）城址变迁

武都地区历史悠久，有六七千年的人类活动史，古为白马氏羌族居住地，战国时期属秦国陇西郡武都道。北魏太平真君九年（公元448年），置武都镇，始建城，城址位于今白龙江与北峪河交汇以北、旧城山以南，初建时，缘山筑土城，南城门在今钟楼滩村。后为西魏武州、隋武都县、唐阶州治所。元代，州治向西迁移至今角弓镇柳城村，余州学等便民设施。明洪武四年（1371年）阶州被收复后，诏令降州为县，城池跨过北峪河向东南扩展，县令陆宏于万寿山东建千户所城，又名砖城，城周长二里，高二丈四尺，深八尺，开四门。正德十一年（1516年），修建四门城楼：东曰望春，西曰镇羌，南曰望江，北曰望辰。明隆庆年间（1567~1672年），州守谢锐主持复建土城，城周八里，高二丈，池深五尺，成三面环抱之势。明末清初，因战乱城池毁坏严重，清道光、同治年间多次进行修葺。民国2年（1913年）阶州改为武都县，县治仍在州城，但由于军阀割据混乱，城池修缮无人问津。直至中华人民共和国成立以后，特别是20世纪80年代以来，武都城有了较大的发展。现在的武都城是在历史上土城、砖城基础上扩建而成的，但规模远远超过了历史上的镇城、郡城、州城。

（三）历史文化

武都古为氐羌文化、巴蜀文化和秦陇文化的交汇区，境内历史文化类型十分丰富。首先，历史文化遗存也较丰富，有仰韶文化、齐家文化、寺洼文化及春秋战国时期遗址等多种类型。其次，武都民间艺术形式多样，独特有趣，有祭祀舞、民俗舞和民间舞等舞蹈类型；民乐形式也较有特色，劳动人民在闲暇之余喜欢用土琵琶、二胡等乐器弹唱民歌。

图5-3-6 陇城镇村落选址格局（来源：甘肃传统村落调查课题组 绘制）

三、陇城镇

（一）自然环境

1. 地理位置

陇城镇位于秦安县东部，距县城约45公里，东邻张家川回族自治县龙山乡，南接清水县王河乡和松树乡，西靠五营乡，北依张川县梁山乡，地处张家川、清水、秦安三县交界地带，镇政府驻地陇城村，坐落在清水河南岸（图5-3-6）。

2. 气候特征

陇城镇属大陆性温和半湿润气候区，气候温和。陇城镇四季分明，日照充足，年平均气温8.9℃，水资源较为丰富；年平均降水量550毫米，无霜期169天左右。

3. 地质地貌

陇城镇属黄土山梁沟壑区。地处清水河上游，境内流经河流2条（清水河和南小河），清水河从张川县自东至西流入，形成一条较开阔的河谷地，海拔在1500~1900米之间。陇城镇境内有王李沟、山王沟、朱魏沟、凤沟、郑家沟、南七沟、常营沟7条河沟和鞭杆梁、凤台梁、凤尾山、庙山、高咀梁、常营梁、常堡子梁、北山7条山梁。最高的赵山村雷神庙山，海拔1900米，最低的常营村清水河道，海拔1460米。

（二）城址变迁

陇西镇夏商为西戎地，周灭商后，陇城地属秦。战国时期，陇城镇始建城，称龙城，陇城城居选址于两山一水环绕的山间谷地，北为青龙山，南为盘龙山，南北两山对峙，沿清水河形成一条百余里长的大河谷，陇城居于南侧山脉向北延伸的川台上。昭襄王二十八年（公元前279），设陇西郡，陇城地属陇西郡。西汉元鼎三年（公元前114），从陇西郡中分出的天水郡，置街泉县，县治在今陇城镇，称为街泉县。东汉称略阳城；北魏至今称为陇城，两千多年间朝代更迭，而城址始终未变。北宋时期，于陇城北筑陇城寨，据《宋史·兵志》载："……陇城寨，五门，五大部族、三十四小族、三十四姓，总兵马二千五十四。"于陇城城东西1000米处各筑外城。东城名新城，有东西二门，民国以前，凡东入陇城镇者，仅此路一条，故名"闸门"；西城名

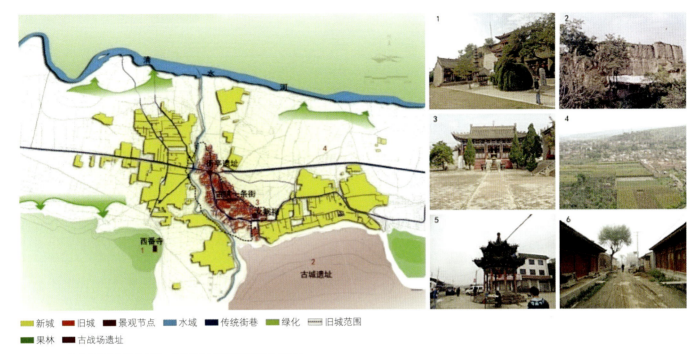

图5-3-7 文化资源分布图（来源：甘肃传统村落调查课题组 绘制）

锁城，城墙南通跑马巷，北至菜子川，中间建有一城门，为西进陇城镇之锁钥，称"西锁"，故陇城作为军事城有"东闸西锁"之说。2008年10月14日，住房城乡建设部、国家文物局公布陇城镇为中国历史文化名镇。

（三）历史文化

陇城镇历史悠久，在距今7800年前，我们的祖先就在陇川繁衍生息、开垦种植，传说人类始祖——女娲就出生在陇城，故陇城素称"娲皇故里"。陇城地处古丝绸之路上，为历代兵家必争之地，三国古战场街亭就在境内，是古代西安经关中，通过关东南大道进入甘肃境内的第一重镇，历来是商贾云集、交通便利的通衢要道和驿站，是古秦安四大集镇之一。

陇城镇历史悠久，以女娲文化、大地湾文化、三国文化、秦汉文化等四大历史文化为主线，构成了陇城丰富的历史文化渊源。现境内有许多文物古迹和古战场遗址（图5-3-7），其中最著名的有：

三国街亭古战场遗址：位于陇城镇，是汉代略阳道街泉县的治所、俗称汉街城，即马谡败绩处。

女娲庙：汉代以前，女娲庙在陇城镇以北2.5公里的龙泉山上。清代乾隆初年，龙泉山崩，女娲庙移建在陇城东门内。

陇城古城遗址：是晋代设置的略阳郡、略阳坡、北魏至唐的陇城县、宋时的陇城寨、明代设置陇城巡检司的治所。

西番寺：秦始皇平定了割据陇城的藩王阿育王后，认为天下统一和太平了，"吾无忧矣！"，为了纪念平定壮举，就在陇城积麦崖（今西番寺处）凿险洞、建庙宇，取名为"无忧寺"。

明清古建筑一条街：陇城自古是丝绸之路上的名镇，为商贸繁昌之地，明清两代，商业发达，商贸来往于陇，谋求生意者多，有专集山西客商的山西会馆。

第四节　河西走廊城镇聚落

一、武威

（一）自然环境

武威地处甘肃省中部，河西走廊东端，是国务院命名的对外开放城市、甘肃省确定的区域中心城市、西部重要的交通隘口城市。城市中心大致位于北纬37°55′，东经102°38′之间，北与内蒙古阿拉善盟相邻，南与青海省海东市和海北州相接，西靠金昌、张掖市，东接白银、兰州市，区域总面积33238平方公里。

武威市在地质构造上属祁连山系榴皱及其过渡带与阿拉善板块缝合线一带，整个地势西南高东北低，以乌鞘岭为界，东西两侧差异很大，海拔1020~4872米。加之地处青藏高原、黄土高原和内蒙古高原的交汇地带，形成了高山、丘陵、盆地、平原并存的地貌类型。

地势由东南向西北倾斜，总体趋势南高北低，海拔1400~2200米。以石羊河水系为主的内陆河是武威地区主要河流，武威城就位于石羊河流域的绿洲平原上。

武威市属温带大陆性干旱气候，由于深居内陆，远离海洋，祁连山高寒半干旱半湿润区、中部冷温带干旱区、北部温带干旱区，气候整体干燥，降水少，蒸发强，年平均气温7.7℃，年平均降水量212.2毫米。

（二）城址变迁

据清乾隆时《五凉考治六德集全志》记载，武威在两汉以前是少数民族西戎部落的驻牧地，后被月氏占据，原始聚落赤乌镇在此形成；秦汉之际，匈奴势力空前强大，汉文帝前元六年（公元前174年）匈奴冒顿单于派右贤王领兵打败月氏，占领了整个河西。[①] 匈奴休屠王统治河西走廊东端，在今四坝乡三岔堡修筑休屠城作为自己的宫殿，在赤乌镇的基础上修筑姑臧。汉武帝元狩二年（公元前121年）春，霍去病击败匈奴，河西走廊纳入西汉版图，后置河西四郡，即武威、酒泉、张掖、敦煌，姑臧城是武威郡治所，汉武帝置武威郡和姑臧县，治所在姑臧，前凉张氏政权将姑臧定为国都并进行了修建，在姑臧旧城内从北向南依次为外、中、紫禁三座小城（俗称三摞城，即外摞、内摞、紫禁城）；修筑灵钧台（今武威雷台）；在旧城外围"又增筑四城厢各千步……并旧城为五，街衢相通，二十二门"[②]（图5-4-1）。

前凉之后，姑臧城又增筑两城成为七城格局，南北长约七里，东西宽约三里，因似鸟似龙，被称为"鸟城""龙城"。据史书记载，前凉的姑臧城有二十二个城门，规模十分宏大。

东晋太元八年（公元384年），西域高僧、佛经翻译家鸠摩罗什被请到凉州，吕光建寺庙供其弘扬佛法，圆寂后修罗什寺塔供奉鸠摩罗什的舍利。五凉时期姑臧城营建格局对后世的王城建设产生了深远的影响。北魏太延五年（公元439年），拓跋焘取凉州克姑臧，由于军事战乱，这一时期对姑臧城的破坏比较严重。

唐在凉州城内增建了"花门楼""尹台寺""灵云南

---

① 历史名城武威http://www.360doc.com/content/12/0910/12/2556131_235334874.shtml。
② （北魏）郦道元《水经注》引（东晋）王隐《晋书》。

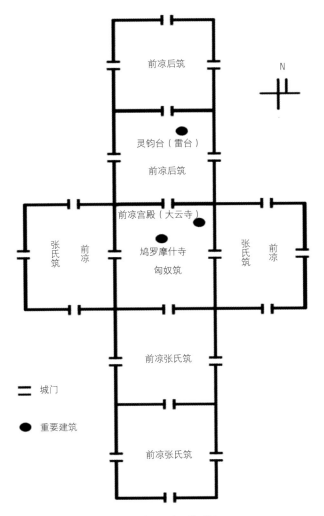

图5-4-1 武威姑臧七城示意图（来源：李沁鞠 绘）

亭""七级浮图""大云寺"等建筑物，[1]七城的规模一直保持到隋唐时期。西夏占领河西之后，将武威作为西夏王朝的陪都并设置西凉府，后来为了加强凉州的防御能力，防止吐蕃的进攻，于北宋熙宁六年（1073年）维修凉州城及周围寨堡[2]。

明初，因防御需要，于洪武十年（1377年），在原城墙上加固补修，重新修筑了凉州城。城墙增高三尺，共五丈一尺高，六尺厚。周边减去三里多，从而变成十一里一百八十步。洪武二十四年（1391年），增加了西门，并修建东、南、北三面的大城楼和四座吊桥，在古城周围挖二丈多深、三丈多宽的城壕。古城四周建箭楼逻铺三十六。在北城门西侧单独建了一座高楼，用做瞭望，在其西侧瓮城深一丈四尺，宽六丈八尺。明万历二年（1574年），采用砖将城墙包住，"东关长一里许，阔百五十步，为门二"。万历四十五年（1617年），开辟了新南门，称"兴贤门"。之后，陆续修建了公署、儒学，在城内外修复和新建了寺庙观阁100多座，较著名的有大云寺、清应寺、罗什寺、金塔寺、海藏寺等。自此，结束了凉州城残破的历史，建成了一座战守有备，固若金汤的"申"字形城市。清乾隆三年（1738年），"补修城垣及箭楼、女墙、角楼"，并补修和新建了儒学、书院、庙宇、寺观，形成四大街、四小街和巷道相连的棋盘式格局（图5-4-2）。清朝后期，由于战乱，武威古城遭到不同程度的破坏，目前保留了部分的城墙遗址和南城门楼（图5-4-3）、鸠摩罗什寺（图5-4-4）等历史建筑。

（三）历史文化

武威市有着深厚的历史文化底蕴，其非物质文化遗产资源十分丰富。全市共有321项非物质文化遗产项目，其中包括国家级非物质文化遗产代表性项目保护名录5项；省级非物质文化遗产代表性项目保护名录27项；市级非物质文化遗产代表性项目保护名录86项。按类别可分为：民间文学、传统音乐、传统舞蹈、传统戏剧、曲艺、传统体育、游艺与杂技、传统美术、传统技艺、传统医药、民俗（表5-4-1）。

---

[1] 武威市城乡建设环境保护委员会，环境保护局. 城乡建设环境保护志[M]. 兰州：兰州大学出版社，2001：27.
[2] 武威市市志编纂委员会. 武威市志[M]. 兰州：兰州大学出版社，1998.

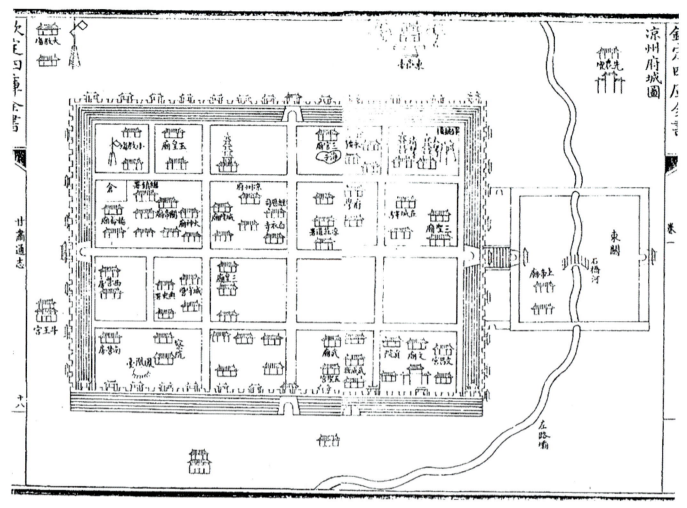

图5-4-2 凉州府城图（来源：《甘肃通志》（卷一））

图5-4-3 武威市南城门楼（来源：叶莉莎 摄）

图5-4-4 武威市鸠摩罗什寺（来源：叶莉莎 摄）

武威市非物质文化遗产一览表　　　　　表5-4-1

序号	遗产类型	数量	代表项目
1	曲艺	9项	凉州孝贤、古浪老调、硕鼠、弹唱、板歌、打绞儿、古浪歌谣
2	传统舞蹈	16项	鼓舞·凉州攻鼓子、凉州狮子、干城滚灯舞、师公子傩舞、西凉乐舞
3	传统音乐	11项	藏族民歌·华锐藏族民歌、宝卷音乐、阴阳调板胡、唢呐艺术
4	传统美术	19项	凉州水陆面、唐卡绘画、民勤刺绣、凉州剪纸、武威重刻剪纸
5	传统戏剧	5项	凉州皮影戏、凉州半台戏、民勤小曲戏、古浪半台戏、民勤皮影戏
6	民间文学	49项	格萨尔、民间故事·苏武传说、甘冬儿和杨达尔、金瓜与银豆
7	传统体育、游艺与杂技	25项	凉州条子、凉州罗汉拳、天祝赛马会、滑稽戏、博弈游戏
8	传统技艺	66项	王氏镰刀制作技艺、西夏泥活字印刷术、凉州三弦制作技艺、柳编
9	传统医药	3项	华锐藏医藏药、王蛤蟆膏药、杨氏正骨
10	民俗	118项	金塔黄河灯会、民勤骆驼客、碱面、华锐藏族婚俗、天祝土族婚俗

二、张掖

（一）自然环境

张掖位于东经97°12′~102°12′，北纬37°28′~40°00′之间，在青藏高原与内蒙古高原的过渡地带。东屏焉支山（古亦称胭脂山、燕支山，今称大黄山），与武威地区和金昌市为邻；西沿走廊，与酒泉地区和嘉峪关市相望；南依祁连山，与青海省的海北藏族自治州门源县和祁连县接壤；北靠龙首山、合黎山，与内蒙古自治区的阿拉善右旗和额济纳旗毗连。东西长约460公里，南北宽约180公里，总面积4.11万平方公里，占全省总面积的9.2%，占河西走廊总面积的14.82%。

辖境自南向北分为祁连山山地、中部走廊平原、合黎山山地三大地形区，地形特点为南北依山，中部绿洲、戈壁，是典型的走廊地形。辖区内河流皆为内陆河，发源于南部祁连山区，属黑河水系，张掖市区选址于水源充沛的黑河绿洲平原。

张掖地处中纬度地带，深居大陆腹地，远离海洋，受青藏高原影响，属温带大陆性气候和祁连山地区属高寒半干旱气候。该地区光能丰富、温差大，夏季短而酷热，冬季长而严寒，干旱少雨且降水分布不均匀点。区内降雨量少，旱灾成为主要自然灾害。

（二）城址变迁

张掖历史悠久，夏商周时期为羌戎居住地，春秋至秦代为乌孙、月氏居住地，西汉初期为匈奴居住地，汉武帝时期击败匈奴，收复河西，于武帝元鼎二年（公元前115年），设酒泉郡，以浑邪王故居觻得城为郡治，城址位于今张掖市甘州区距离市区15公里左右的西城驿，汉元帝建昭三年（公元前36年）为张掖郡治所。据史籍记载"隋大业三年（公元607年），西域诸国多至张掖互市，炀帝乃命吏部侍郎裴矩往张掖管理此事"，由此可以推断在隋大业初年以前张掖郡治已经从觻得城迁至现今城址。张掖城自建成后一直是河西地区较为重要的城镇之一，多作为郡、州、路、府、镇、卫、行省、都司、专署（行署）和县、市的治所。清代乾隆年间编著的《甘州府志》对明清时期张掖古城形态记载较为详细明洪武二十五年（1392年），都督宋昆主持对元代旧城进行扩建，城池向东扩建3里327步，扩建后的张掖城周长12里357步，城垣高3丈2尺，基厚3丈7尺，东、南、西、北各筑城门，初步形成了方城格局。明正德二年（1507年），又在城中央修筑了镇远楼（后称钟鼓楼，居于东、西、南、北四大街之中心，将城池形态划分为"田"字型（图5-4-5）。清代延续了明代的城池格局，并有加筑重修，清乾隆二十九年（1764年），城池重修后，城门上镶刻横额，东门"扬照"、二门"寅宾"；西门"怀新"、二门"广德"；南门"延恩"、二门"时熏"；北城门"镇远"、二门"永康"。城楼上悬挂巨匾，东曰"弱水东流"，南曰"祁连南耸"，西曰"流沙西被"，北曰"长城北环飞"。

民国16年（公元1927年），张掖地区发生地震，城墙多处倒塌，毁坏严重，地方官绅筹资整修，恢复古城原貌。1949年新中国成立后旧城墙逐渐被拆毁，仅残留东北角一小段土墙，鼓楼、西来寺、大佛寺、张掖会馆（图5-4-6～图5-4-9）等部分历史建筑得以保存，并被列为国家级文物保护单位。

（三）历史文化

张掖早在5000年前，就有人类活动的迹象，考古发现在张掖地区有大量齐家文化和四坝文化遗址。张掖历史文化真正的形成是在汉代开辟河西四郡以后，为了巩固边防中央王朝多次移民实边，中原文化涌向河西地

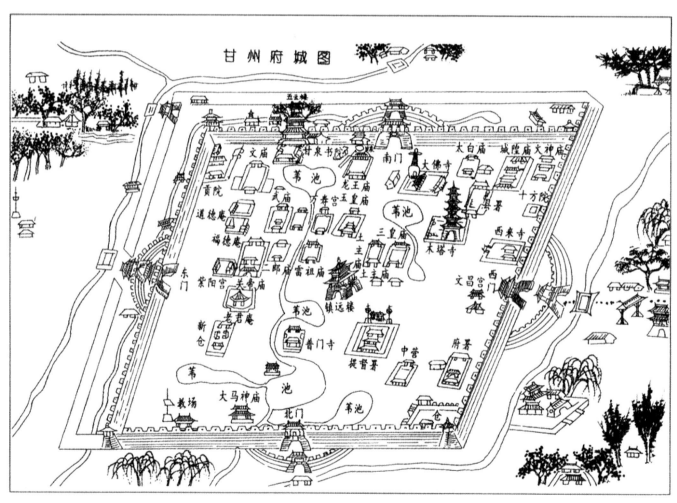

图5-4-5 甘州府城图（来源：《甘州府志》）

图5-4-6 张掖鼓楼（来源：甘肃省文物局网站）

图5-4-7 西来寺山门（来源：甘肃省文物局网站）

图5-4-8 张掖大佛寺牌坊（来源：甘肃省文物局网站）

图5-4-9 张掖山西会馆山门（来源：甘肃省文物局网站）

154

区，与当地游牧文化相交融，促进了河西地区农耕文明的发展。丝绸之路的开通使得张掖地区吸纳了西方文化，也使张掖成为丝路重镇，兼容并蓄的文化特质是张掖历史文化丰富多彩的根本原因。丝路文化、长城文化、移民文化、军事文化，伴随着河西开发的全过程，呈现出鲜明的区域特色。此外张掖民俗文化内容也极其丰富，有秧歌、社火、皮影、戏曲等多种艺术形式。

三、酒泉

（一）自然环境

酒泉市位于甘肃省西北部，河西走廊西端，是古丝绸之路上重要的历史文化名城。城市中心大致位于北纬39°43′，东经98°29′，北界内蒙古和蒙古国，南毗青海省海西蒙古族藏族自治州，西邻新疆哈密市，东接甘肃省张掖市，区域总面积19.2万平方公里。

酒泉市境内地形地貌复杂，地势由西南向东北倾斜，海拔1000～5498米。按其自然特征可划分为北山区、走廊区和祁连山区（包括阿尔金山区）。走廊区内沙漠、戈壁、丘陵、平原错综分布，西部有雅丹地貌。沿黑河和疏勒河流域形成冲洪积扇和冲积平原，适宜农耕，聚落多分布于此，酒泉古城选址于疏勒河支流北大河和茅庵河之间的绿洲平原上。

酒泉市属典型的大陆性气候，以温带干旱气候和高寒半干旱气候为主，加之酒泉市境内山脉、戈壁、沙漠等地形地貌相间，使得区域内风沙多，植被稀疏，日照长，降水少，蒸发量大，旱少雨，冬季严寒，夏季酷热，年平均气温3.9～9.3℃，年平均降水量84毫米。

（二）城址变迁

夏商西周时期酒泉是羌、戎等民族的聚居地，春秋战国时期，乌孙、月氏等民族在此游牧，秦汉时期，匈奴发展壮大，居住于此。西汉元狩二年（公元前121年），收复河西地区后设立了酒泉郡，先后又分设了张掖、敦煌及武威郡，古称河西四郡。汉元帝建昭三年（公元前36年），酒泉郡治由张掖境内的觻得城迁至福禄城（今酒泉市区），开启了酒泉的建城史。酒泉鼓楼位于酒泉市肃州区老城区四大街中心位置。据《西凉旧事》记载，鼓楼原为东晋时酒泉郡福禄县城东门楼，系前凉永乐元年（公元346年）酒泉太守谢艾主持重修的福禄城的东门楼，时称"谯楼"。清同治四年（1865年）遭兵变焚毁，清光绪三十一年（1905年）重修三层木楼。

鼓楼分台基与木楼两部分，通高24.3米。台基呈正方形，内部夯土版筑，外包青砖，高7.4米，底边长26.33米。"十"字形相交的四个砖券洞门从台基四面正中穿过，十字中心为穹隆顶，倒悬伏羲八卦板。四面门楣上部皆嵌有突出壁面的砖雕仿木斗栱彩建门楼，其下各有一幅砖刻神瑞图。台基上建三层四角攒尖顶木楼，抬梁结构。一楼每面三开间，内宽9.6米，边柱12根（皆砌入墙内），上通二楼，构成楼的基架，四角砌墙，四面开门，楼内有4根粗壮的通天柱直贯三楼，楼外围又有20檐柱（每面有6柱）。二楼12柱，略同一楼，每面有12个雕花窗扇（周围共48扇），嵌于柱间构成楼身。其外有回廊栏杆，无檐柱。三楼为单间，单檐四出，四角高挑，四面开窗，窗外有中回廊护栏。楼内四角放置抹角梁，中间有雷公柱，雷公柱周边抹角梁下为八角形藻井。顶部四戗脊会于攒顶，在戗脊两侧做垂脊，脊前施兽。脊上无小兽。瓦面上涂绿色。宝瓶为陶制，两层，上下均为圆形，在宝瓶上安装有避雷针。

酒泉鼓楼使用当地"花板代栱"的檐下做法和"吊花引龙"的翼角做法是河西建筑的典型特征，其工艺水平、建筑风格为研究河西走廊地区古代建筑史及人文环境提供了重要的实物依据（图5-4-10）。

（三）历史文化

汉以前，相继为月氏、匈奴地。汉置禄福县，为汉

图5-4-10 酒泉鼓楼西面（来源：甘肃省文物保护网站）

河西四郡之一的酒泉郡治，三国魏因之。晋改福禄。北魏初置酒泉军，属敦煌镇，复曰福禄。北周因之，属张掖郡。隋改肃州，唐曰酒泉县。五代属回鹘，宋属西夏，皆曰肃州。元置肃州路，明置肃州卫，清置肃州直隶州，领高台县。民国改酒泉县。1985年，撤县设县级市，为酒泉地区行署所在地。2002年9月，酒泉地区撤地设市，原酒泉市改为肃州区。

肃州区分布有魏晋十六国至唐代的大型墓葬群果园—新城墓群和酒泉鼓楼、四坝文化聚落遗址西河滩遗址、酒泉鼓楼等全国重点文物保护单位。肃州区有省级文物保护单位14处，以赵家水磨遗址、下河清墓群和酒泉古城门等为代表，共有遗址、墓葬、建筑和烽燧等各类文物点250余处。馆藏文物方面，酒泉市博物馆及肃州区博物馆共有藏品4200余件，其中一级品约40件。

四、敦煌

（一）自然环境

敦煌市位于甘肃省河西走廊最西端，地处甘肃、青海、新疆三省（区）交会处，党河和疏勒河下游最大的绿洲上，为"丝绸之路"西出玉门关和阳关的主要门户。敦煌东南环山，西北为沙漠戈壁，地势南北高、中间低，自西南向东北倾斜，平均海拔不足1200米，市区海拔为1138米。地处内陆，气候干燥，降雨量少且蒸发量大，昼夜温差大，日照时间长。年平均降水量39.9毫米、蒸发量2486毫米，全年日照时数为3246.7小时。四季分明，春季温暖多风，夏季酷暑炎热，秋季凉爽，冬季寒冷。年平均气温为9.4℃，月平均最高气温为24.9℃（7月），月平均最低气温为-9.3℃（1月），

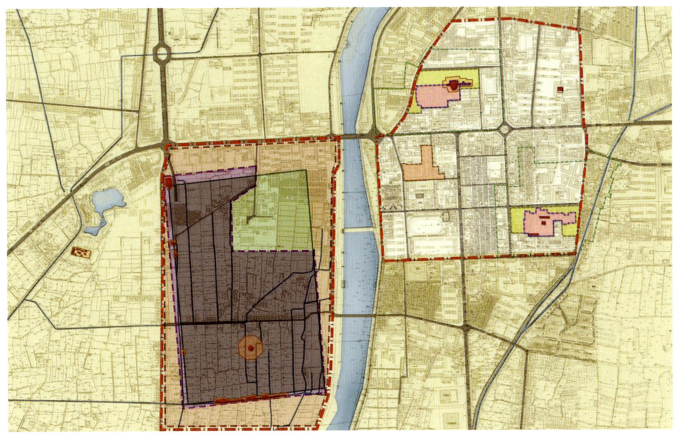

图5-4-11 敦煌古城城垣形态（来源：《敦煌历史文化名城保护规划》）

年平均无霜期142天，属典型的暖温带干旱性气候。干旱的戈壁造就了敦煌荒凉的气息，但党河冲积扇带和疏勒河冲积平原孕育了敦煌生命的希望。一望无际的沙漠和大片绿洲，绿洲区好像一把扇子自西南向东北展开，形成了独特的自然风貌。

（二）城址变迁

敦煌古城位于敦煌市至阳关公路的南侧大漠戈壁，距市中心约25公里，有敦煌郡城和敦煌县城两个城池（图5-4-11）。党河西侧为敦煌郡城，为汉代故城，经西凉、唐代两次加固维修，现仅存南、北、西三面断续残垣。城垣东侧已被水冲坍陷无余，在党河西岸河床上可找到部分基址。据残垣遗迹推测，古城范围南北长约1132米，东西宽约718米。就地取土，层层夯筑，夯层厚12厘米，垣基宽6~8米，残高4米许。四角筑高大的角墩，今仍存高16米许，高出城墙一倍，下部夯筑，上部多土坯垒砌。敦煌县城，主要为明清时期所建，周边城墙基本被拆除，只有部分历史建筑被保留。

（三）历史文化

春秋时，月氏、乌孙驻牧。西汉初为匈奴所占。汉武帝时设敦煌郡，为河西四郡之一。西晋时为沙州州治。公元400~405年，为西凉政权首府。北魏初，置敦煌镇，后置瓜州，均以敦煌为治所。北周改为鸣沙县。隋复置敦煌郡。唐武德初改为西沙州，唐贞观七年（公元633年）改成瓜州，唐建中二年（公元781年）陷于吐蕃。唐大中五年（公元851年），敦煌人张议潮收复瓜、沙二州，自此，敦煌在归义军统治下。宋至清雍正年间一直称沙州。清乾隆二十五年（1760年）改名敦煌县。1987年撤县设县级市，今为酒泉市辖市。

敦煌市拥有世界文化遗产莫高窟、玉门关遗址、悬泉置遗址以及国家级风景名胜区鸣沙山月牙泉。敦煌市还有寿昌城故址、祁家湾遗址及墓葬、佛爷庙—新店台墓群和敦煌南仓等省级文物保护单位10余处，石窟寺、遗址、墓葬、长城和烽燧等各类文物点近300处。馆藏文物方面，敦煌市博物馆共有藏品2300余件，其中一级品90余件。

五、嘉峪关关城

（一）自然环境

嘉峪关关城位于甘肃省河西走廊中西部，嘉峪关市区西南约6公里处，是明代长城沿线九镇所辖千余个关隘中最雄险的一座，古有"西襟锁钥"之称。嘉峪关市主要地貌形态为高山和盆地，北有祁连山、文殊山，北有黑山、后墩山，中间为酒泉盆地西缘。嘉峪关关城选址于文殊山（古称嘉御山）最狭窄、地势最高的山谷中部，城关两翼的城墙横穿沙漠戈壁，向北8公里连黑山悬壁长城，向南7公里，接天下第一墩。嘉峪关市辖区属温带大陆性荒漠气候，日照长而强烈，降水少而蒸发快，多大风而温差大，年平均气温6.7~7.7℃，年平均降水量85.3毫米。

（二）城址变迁

关城平面呈梯形，占地面积达3.3万多平方米，由外城、内城、罗城、瓮城及城楼附属建筑等组成（图5-4-12）。

内城为关城的中心，周长约640米，东城墙长约156米，西城墙长约164米，南北城墙各长160米，面积约2.5万平方米。城墙高约9米，上建高1.7米的垛墙。内城有东西二门，西曰"柔远"，东曰"光化"，其上均建有三层三檐歇山顶式城楼，与关楼位于一条中轴线上。城墙四角建角楼，南北墙正中建敌楼。内城中轴线北侧有清代游击将军府一座，是嘉峪关历任游击将军办公之处。二门外各修筑瓮城一座，门均南开，东曰"朝宗"，西曰"会极"。

内城西有罗城，呈"凸"字形，长约191.3米，通高约10.5米。青砖包砌，高与内城相同。罗城中间突出部分开券门，为关城正门，门额上刻"嘉峪关"三字，门上建关楼。城南、北两角筑有角楼。内城南、北和东侧外围均筑外城，西与罗城相连，南、北与内城平行并形成夹道，可供车马通行。外城高约3.8米，周长约1100米，东北角上建"闸门"，上建一层三间式闸楼。

关城外城四周距墙1米有一道宽2米、深2米的壕沟。关城内外还有官井、营房及文昌阁、关帝庙、戏楼等附属建筑。关城南、北两侧均筑有长城。关城之上的各式建筑与附近的长城、城台、城壕、烽燧等设施构成了严密的军事防御体系，被誉为"天下第一雄关"（图5-4-13）。

嘉峪关关城于1961年被列入国家级文物保护单位，1987年被列为世界文化遗产。

（三）历史文化

纵观嘉峪关历史，丝路文化与长城文化是嘉峪关最具特色的历史文化。丝绸之路是中华民族对外交流的触角，同时也是世界了解中国最广泛的渠道，中华文明五千年，丝绸之路几万里，经济的、文化的、民族的、社会的种种要素在这条漫长的道路上聚集，形成了无限的聚合力。嘉峪关作为长城沿线的重要关隘，是防守西北、保卫酒泉的重要驻兵据点，地处古丝绸之路的咽喉要道上，整个嘉峪关的构造，一般由关口的方形或多边形城墙、城门、城门楼、瓮城组成，有的还有罗城和护城河。至明代，军事防御体系的已日臻完善，嘉峪关可以说是中国古代军事防御体系建筑的百科全书，其建筑构造囊括了历朝历代的精华，是一座保存最为完整的长城建筑博物馆。

图5-4-12 嘉峪关关城整体形态（来源：李晓峰 提供）

图5-4-13 天下第一雄关（来源：李晓峰 提供）

第五节　甘南高原城镇聚落

一、夏河县

(一) 自然环境

夏河县地处青藏高原东缘，位于甘肃省南部甘南藏族自治州的西缘，北接临夏回族自治州，南邻碌曲县，西界青海省，东靠卓尼县，县域面积约8687.73平方公里，[1]古有"东通三陇，南接四力，西连康藏，北近青蒙"之称。夏河县地处青藏高原与黄土高原的过渡带，海拔高且地势落差大。县域内甘加乡有达力加山，最高海拔4636米，最低海拔2200米，为大夏河和临夏交界的土门关一带，整体地势西北高、东南低。过渡性地质地貌特征使得县内风光秀丽，环境优美，既有高原牧场与高山雪峰，又有高原湖泊与河谷流川，如桑科草原、白石崖溶洞、达尔宗圣湖、大夏河森林等皆是自然风光宜人的旅游景点，也使得县境内气候复杂多变，形成了寒冷湿润的高原大陆性气候。此外，大夏河与洮河及其十多条支流纵横分布，共同形成了夏河县密集的水网，在河流贯穿的高山峡谷之间，诸多城镇发育而成，夏河县城就是其中之一，全城被自西南向东北贯穿，并因濒临大夏河而得名（图5-5-1）。

(二) 城址变迁

夏河县在历史上曾是青藏高原通向中原地区的重要门户和"茶马互市"繁荣之地，并且历朝历代都被视为军事要塞。例如，县境内遗留的唐代八角城遗址和宋代桑科古城遗址都是军事防御型的聚落。夏河县城开始形成于清初，1709年因拉卜楞寺的修建，有少部分藏族牧民定居在寺院周围，为寺院应役支差。随着寺院规模的扩大，至20世纪初，寺院周围形成了藏族游牧民定居的村落"十三庄"。至民国23年（1934年），县城规模进一步扩大，在今上塔哇、下塔哇两地形成了部分市场，县城的逐步发展也吸引了回族、汉族的商民来此居住，初步奠定了今天夏河县城藏、回、汉等多民族聚居区的格局，但此时的城镇规模仅仅是一个普通市镇。直至1949年，拉卜楞寺几经扩建，修建经堂、佛殿、囊欠、僧舍以及其他类型的建筑约45万平方米，占地面积达1000余亩。拉卜楞寺庄严巍峨，宏伟壮观，雕梁画栋，金碧辉煌，整体设计及建筑工艺水平极高，建筑以藏式为主，但也有汉式（宫殿式）以及藏汉混合式，吸收了藏汉建筑的优点，显得格外庄重富丽。建筑结构分为石木和土木两类，石木结构为"外石内木"，有"外不见木，内不见石"之说。1952年夏河—临夏公路拓宽通车后，内地来夏河县城定居的各民族工作人员及商人逐年增多。1956年州政府迁至合作镇之后，公路一度衰败，以及"文化大革命"运动，使得城区规模发展停滞不前，甚至出现了衰退。但是1979年以来，县城面貌发生了巨大变化，加之在后来编制的县城总体规划的指导下，逐渐形成如今依寺而建、山河相间的带型空间形态。

(三) 历史文化

夏河县历史悠久，民族特色鲜明，春秋至秦时羌人游牧于此，南北朝时为吐谷浑所据，唐后属吐蕃，明清后逐渐是一个多民族聚居的地区。同时，夏河县作为历史上甘、青、川三省安多藏区的政治、经济、文化及宗教活动中心，形成了丰富独特的历史文化。首先，宗教文化方面，拉卜楞寺是我国藏传佛教六大寺院之一，同时也是夏河县城形成的最初动力，藏传佛教宗教文化意

---

[1] 甘肃省夏河县志编纂委员会. 夏河县志 [M]. 兰州：甘肃文化出版社，1999.

识深刻的影响着夏河县的历史文化特色。其次，民族文化方面，形成了以藏族为主，多民族共融的民族文化特征。最后，民俗文化方面，藏族、回族、汉族在婚丧嫁娶、衣食住行、传统节庆、传统习俗方面各有不同，但也有相似之处。

二、新城镇

（一）自然环境

新城镇位于甘肃省甘南藏族自治州临潭县中部，北通冶力关镇，南邻流顺乡，西距县城35公里，东接本县店子乡，总面积约136.54平方公里[①]。

新城镇地质构造体系属于秦岭褶皱系中段，地势北高南低，起伏不平，海拔在2600~3500米之间。山脉连绵加之洮河支流广泛分布，总体形成了山丘相间、波状起伏、错落连绵的高原丘陵山地地貌景观。新城镇选址于高原丘陵山地之间的盆底滩地，洮河支流旧城沟穿城而过切割形成了"V"形沟谷。

新城镇地处内陆中纬度黄土高原向青藏高原过渡地带，城镇西北部海拔在3000米以上，阻挡了青藏高原冷空气的入侵，使得城镇所在地区，气候温和多雨，年平均降水量520毫米，年平均气温3.5℃，植被良好，生态宜居（图5-5-2）。

（二）城址变迁

新城镇古称洪和城、洮州城，早在新石器时期就有人居住，夏商周时为古雍州辖地，春秋战国时期为羌人所居。早在秦汉时，在今旧城已置洮阳城。北魏太和五年（公元481年）在此筑城，为水池县城，原城已毁。明洪武十二年（1379年），西征候、征西大将军沐英在原城基础上修筑新城，为洮州卫城。洮州卫城坐北面南，依山而建，平面呈不规则长方形，城墙总周长5400余米，总占地面积2.98平方公里。卫城南城墙顺河而建，其他三面顺山而上，城三分之一位于山上，东北高，西南低。四周城墙及南门保存较好，城墙上有马面16个、角墩9个，东、西、北门存瓮城。城东北和西北山头有烽火台。城内街道布局基本尚存。隍庙建筑群坐落在卫城中心偏北的台地上，坐北朝南，中轴对称，东西长51米，南北130米，现存主要建筑4座：大殿、东西庑殿、山门楼台和东西廊房，为清代建筑。1936年8月，红四方面军在朱德、徐向前和李先念指挥下，攻克新城，成立临潭苏维埃政府，在隍庙召开了著名的"洮州会议"。1943年，由卓尼水磨川活佛肋巴佛和王仲甲领导的甘南各族农牧民大起义也爆发于此，威震西北。城内部分民居保存较好，特色鲜明。洮州卫城保存完整，是我国明代卫所制度不可多得的实物标本，所在古洮州是"西控番戎、东蔽湟陇"的战略要地，卫城对研究明清时期洮州地区的政治、经济、文化、军事和民族关系等具有重要价值。

（三）历史文化

新城镇自古是通往边远藏区的通道，称为"汉藏走廊"，也是藏族传统文化和汉文化的交汇处，具有汉、回、藏等民族聚居、杂居的民族特点。也是长征中的中国工农红军在甘南第一个苏维埃政权的诞生地。遗留着许多有价值的历史文物、革命文物和人文景观。洮州卫城位于临潭县新城镇。据《卫城竣工碑》记载，卫城筑于明洪武十二年（1397年），同时隍庙亦告竣。2003年，洮州卫城被甘肃省人民政府公布为省级文物保护单位。2008年被住房和城乡建设部、国家文物局列入第四批中国历史文化名镇，2013年洮州卫城被国务院公布为全国重点文物保护单位。

[①] 临潭县志编纂委员会. 临潭县志[M]. 兰州：甘肃人民出版社，2008年.

图5-5-1 夏河县城镇风貌现状（来源：段嘉元 摄）

图5-5-2 新城镇风貌现状(来源:段嘉元 摄)

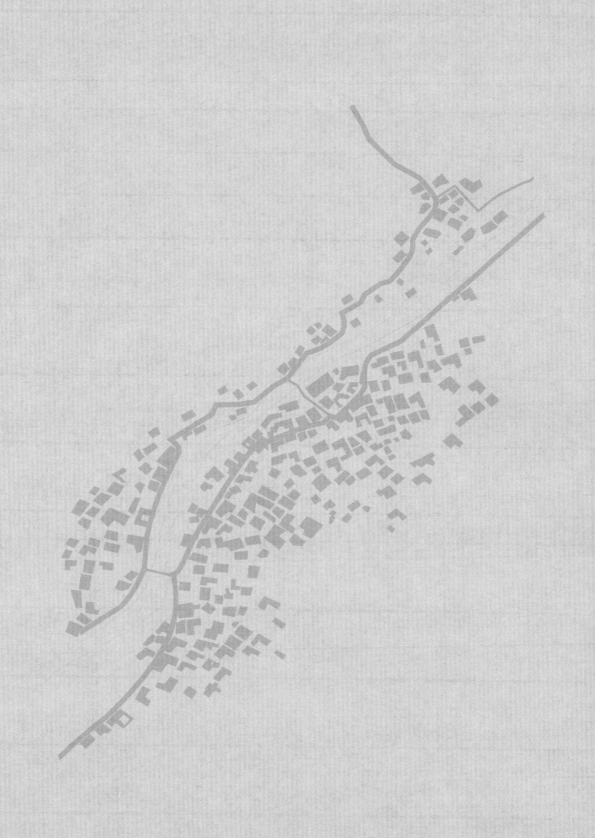

传统村镇聚落包括历史文化名镇名村以及传统村落，这些镇和村拥有较丰富的文化与自然资源且具有重大历史价值或纪念意义，能较完整地反映一些历史时期传统风貌和地方民族特色，具有一定历史、文化、科学、艺术、经济、社会价值，应予以保护。甘肃传统村镇聚落按形成原因可分为农耕型、商贸交通型、民族宗教型、政治军事型四种类型。农耕型是指主要以农耕生活为主，农民生活生产和聚居的场所透露出农耕文化的印记，如东峪村。商贸交通型是指因地理位置优越、商业贸易繁荣而形成的聚落，聚落内居民主要从事手工业、商业贸易等，在渡口、古道交会处、丝绸之路沿线等处城镇、村落多由此发展而来，如平凉市华亭县安口镇高镇村，兰州青城镇等。民族宗教型是指因民族聚集和共同宗教信仰，围绕某宗教建筑而形成的村落，同时兼具满足信徒的各种活动需求，此类型村落多见于甘南、临夏地区。政治军事型是指在地方权利所在地和交通要塞处，形成的有着重要的军事战略地位和政治意义的村落，如文县四大边寨：中寨、哈南寨、阴平寨、屯寨，唐宋以来，官方在此设屯置寨，部兵戍守，为拒吐蕃入关的重要关隘。

第一节　陇中黄土高原乡村聚落

一、连城村

（一）聚落形成机理

1. 自然环境

1）地理位置

连城镇地处甘肃中部、兰州西北、八宝川北端的大通河东岸。东邻本县民乐乡、大有乡，西依天祝藏族自治县东坪乡、赛拉隆乡及青海省乐都县芦花乡、马营乡，南靠本县河桥镇，北接青海省互助县加定乡和天祝藏族自治县赛什斯乡。全镇地势西北高、东南低，西北部属祁连山向东南延伸的石质地带，东南部为黄土高原沟壑区，中部是大通河谷阶地，相对高度150～250米，平均海拔2211米。

2）气候特征

连城属内陆性气侯，温差变化大，年均气温7.4℃，年降水量419毫米，无霜期139天。黄河的二级支流大通河贯穿全境，发源于青海省门源县祁连山南麓的沙果林那穆吉木岭，流经青、甘两省，于青海省民和县享堂镇汇入湟水，年均流量98.9秒每立方米，河流结冰期3个月。区内水源充沛，灌溉条件优越，适于农林业发展，森林面积达37万亩，草山20万亩。位于连城林区腹地的吐鲁沟蜿蜒30余里，山水秀美，林木葱郁，1992年被批准为国家级森林公园，已成为甘肃省著名旅游胜地。

3）地质地貌

连城镇西北为祁连山延向东南的石质山地，东南为黄土高原沟壑区，中部是大通河谷阶地，有川水地、河滩地、坪台地和浅山黄土丘陵地四个台阶地，相对高度150～250米，平均海拔2211米。鲁土司衙门所处坪台地多属于I级自重湿陷性黄土，湿陷性黄土层厚度大于10米，同时衙门临近河滩多为碱土区，基址不仅土壤潮湿，而且盐碱严重，对工程建设的危害性较大。1999～2000年对其残损状况进行调查时，发现这类自然因素对其建筑造成了较大破坏。

2. 历史沿革

连城地区自古以来就因其特殊的地理位置而成为青藏高原文化与中原文化的纽带。在距今五千多年前的新石器时代，大通河两岸就有人类居住，先民们曾创造了灿烂的"马家窑文化"[①]。

综观整个连城地区漫长的历史发展道路，自汉"通西域、攘匈奴"以来，历代中央王朝从未放松过对整个西北地区的统治，施用各种举措，使中央的权利一步步的渗入这些边远少数民族地区，世世代代的移民屯田，激起一次又一次"汉化"的高潮，导致了汉族传统文化在少数民族地区文化价值认同上的主导地位。

自唐"吐蕃化"以来，元、明、清各朝一直沿用的治藏策略，使得藏文化遍布整个西北，自始至终都与汉文化保持了一种或亲密或疏远或频繁或渐淡的文化互动状态，这就是连城地区历史文化发展的两条主脉，一方面积极地吸取汉文化所带去的先进的工、农、手工业技术；另一方面，历代统治者皆依靠宗教维护统治特权，推行藏文化影响人民的思想文化意识。正是这些星星点点的印记构成地方文化多元性、丰富多彩的特性。

总之，几千年来的民族迁徙和往来的相互关系史，为连城地区积淀了十分深厚丰富和复杂的文化背景，各民族在这里交流、传播、融汇与聚合，各宗教思想和宗教文化在这里碰撞、交流、采借与整合，渐趋形成了藏汉文化互动为主线，多元性、多宗教性的区域文化特质。

3. 文化资源

从文化区域的角度分析，连城镇以北是天祝藏族自治县，以南、以东分别是民和回族土族自治县和互助土族自治县，西南是黄南藏族自治州，东南依临夏回族自治州，可见连城镇处于北、西、南三面藏文化包绕格局之下，它自身当属于安多藏区37藏文化体系的亚文化区。同时它又恰好处于河西——以汉民族为主的多民族杂居区和与之呈"T"形相交的河湟——以穆斯林为主的多民族杂居区的交叉节点上，因而连城镇是河曲藏文化区、河湟伊斯兰文化区、河西汉文化区三者交汇的边缘重合地带，不仅多民族在此犬牙交错居住，而且多元文化在此交织共存。正是这种复杂的地理环境促使它长期以来与周边地域民族宗教文化间不断的自然互渗、采借、涵化，促成了本地域文化的包容性、多元性和开放性，逐渐形成目前以汉民族为主体民族[②]，以藏、汉文化平行互动为主线，汉、藏、满、蒙、回、土族等多民族聚居，藏传佛教、儒家思想、伊斯兰教等多文化并存的复杂边缘化的区域文化特征。

（二）聚落总体格局

1. 聚落形态

连城镇地处大通河谷阶地。河谷两岸青山对峙，峰峦叠嶂，古刹深藏：西倚笔架山，三峰突兀形似文案笔架；东傍石屏山，恰如天然屏风。大通河水激流飞溅，浪如雪涌，由西北绕城西而南下。镇西北是誉为"林谷秀色"的吐鲁沟国家森林公园，顺流而下镇东南为"两山突兀摩天起，一水奔腾破石流"的享堂峡。整个连城镇依山傍水，实属山水形胜之地，传统上有连城八景、十二景之说。其中连城镇附近的就有"石屏叠翠"（石屏山）"笔峰晓日"（笔架山）"野寺暮烟"（宣化寺）"孤舟过渡（大通河）""雷坛遗像""庄严色相"（妙因寺）"路堤杨柳"（连城东门外七星柳）。

[①] 赵德才. 古镇连城. 永登县地方史志办公室，内部资料. 2000.
[②] 据1982年的第3次人口普查显示永登县境内人口共计413058人，其中汉族407277人，占总人口的98.6%，回族4363人，满族547人，藏族412人，土族388人，蒙古族28人，还有极少数1949年后外来迁入的东乡、保安、裕固、撒拉等民族。显然，近代的永登县汉族占总人口的绝对数量，同时多民族并存，民族成分复杂。

2. 街巷格局

今天的连城镇系在古镇上翻建，建筑朝向上与古镇的西北—东南走向一致。至于为何采用这种朝向，是顺应山水之势，还是考虑军事防御，或者是在风水上另有意义，由于缺乏相应依据，尚待进一步考证。

除土司衙门、妙因寺建筑组群及显教寺外，古镇旧有格局多被破坏，现仅能根据老人的回忆结合实地勘察大致描述。1958年被破坏前，连城四周建有城墙，北墙在衙门以北，今尚余残迹约364.5米；南墙距衙门照壁南约100米；西墙至现西灯山①处，东墙到现连城镇供销合作社。城墙四角出圆形敌东、西、南三面开门，上有城楼。南城门外筑瓮城，西向开门。北墙内偏东建三官楼，登楼二层可直达城墙顶。城内东、西灯山相对，灯山为二层楼阁式建筑，地方习俗中每遇节庆时在此燃挂灯笼，增加节日气氛。东、西灯山间以街道连接，并从土司衙门照壁后绕行。形成连城的东西向干道。以此街为界，城北部为鲁土司衙门、官园、妙因寺及教场等用地，教场以北建道教建筑五神宫。在官园内北城墙根处还有与官园同时修建的土地庙，仅单座建筑。东西干道以南为民居，又以三条街道划分，其中东西向两条，南北向则仅有一条始于衙门牌坊东侧的街道。因而整个连城形成三横一纵的街道格局。南门瓮城外正对山陕会馆，再南为鲁土司的演兵场，建有演武厅②。

（三）传统建构筑物

连城镇现存的主要建构筑物为鲁土司衙门，鲁土司衙门庭院重重，布局森严，现占地面积约33025平方米，建筑面积近万平方米，俗有"三十六院，七十二道门"之称，由中路衙署、西路妙因寺和东路宅园三部分组成（图6-1-1）。衙门建筑群与城的主轴线基本一致。

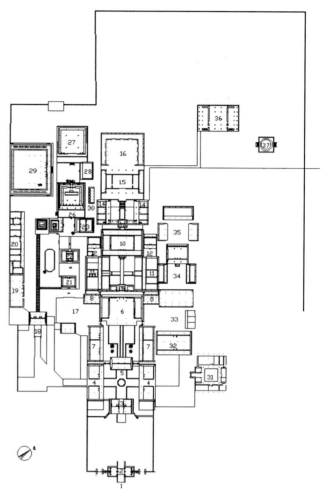

1. 殿堂　2. 牌坊　3. 大门　4. 厢房　5. 提督军门
6. 大堂　7. 大堂厢房　8. 大堂耳房　9. 如意门　10. 嘉喜堂
11. 东西厢房　12. 东西耳房　13. 朝阳门　14. 东西配楼　15. 祖先堂
16. 大库房　17. 中军院　18. 妙因寺山门　19. 伙房　20. 僧房
21. 鹰王殿　22. 科拉殿　23. 古龙宫殿　24. 塔尔殿　25. 白塔
26. 万岁殿　27. 缚尔经堂　28. 禅僧殿　29. 大经堂　30. 转经廊
31. 书房院　32. 二堂　33. 二号院　34. 三号院　35. 伙房院
36. 绿照亭　37. 八卦亭

图6-1-1　鲁土司衙门及妙音寺现状总平面图（来源：天津大学测绘图）

---

① 现西灯山是在原基址上近年重建的。灯山、灯会是八宝川特有的一种节庆习俗，昔日在各大村庄都建有六七米高的三四座灯山，以连城、牛站、鳌塔、窑街为最。节日晚上灯山上数百盏灯摆出"国泰民安""五谷丰登"的字样，灯火辉煌，周围人山人海，闹社火、跳狮子、舞龙灯，热闹非凡，节日气氛浓郁。更具规模的是灯会，也叫"灯坛"，河桥、连城、窑街三地在元宵节期间都办灯坛。灯坛有"全灯""半灯""角灯""散灯"之分，据说是凉州府批的。转自杨培基《八宝川古今》，2003年。
② 程静微. 甘肃永登连城鲁土司衙门及妙因寺建筑研究——兼论河湟地区明清建筑特征及河州砖雕[D]. 天津：天津大学，2005.

1. 中路衙门

中路衙门从南到北依次布置衙署、内宅和家庙，共计七进院落。南端以青砖一字影壁和三间四柱的木制"世笃忠诚"坊为该建筑序列的起点。牌坊东西连缀单间二柱枋，明成化二年（1466年）始建，题额"世笃忠贞"，明末被毁，清初重建改题"世笃忠诚"，乾隆朝又曾修葺。在牌坊和照壁间原建有东、西辕门，辅以拒马叉子连接照壁和牌坊。照壁前还曾有两个高大旗杆，悬"威震番夷"红旗。牌坊以北左右两翼原有东、西吹鼓楼，用于门卫传讯、用膳奏乐和打更。早晚吃饭时，下人先将食物摆在桌面上，然后传呼"用膳"，一声接一声地传至门外，吹鼓楼的下人开始奏乐，吹吹打打，直到用膳结束。现在辕门、东、西吹鼓楼、旗杆均已不存。

衙门大门俗称六扇门，建于清嘉庆年间，两侧带八字影壁。门前两侧原有东西班房已拆毁，一对石狮风化只余基座。入门为第三进院，正前为仪门，两侧辟角门曰"生门""绝门"，左右建厢房各五间，分别是吏户礼房和兵刑工房。仪门又称鸣凤门，原有白底黑字"提督军门"匾额，明万历年间为纪念八世土司鲁光祖曾任南京大教场总理提督而建，嘉庆时重建[①]。此门不常开，只有在新官到任、迎接上级官吏或大堂有重大政务活动审理重大案件时，才大开仪门。平日常人由生门进出，绝门则仅供死刑犯执行前走出衙门。

过仪门入第四进院，即大堂院。正中是鲁土司发布政令、举行重大典礼、公开审理大案的大堂。堂内悬"报国家声"匾，脊枋下题记"大清嘉庆二十三年岁次戊寅己未月辛卯日乙未时重建"。原有木制台墀，上摆案桌、刑签、堂鼓、悬磬等物。堂前东、西厢房分别是文案和案卷之所。

大堂后进如意门北为第五进院，即为内宅。正房为燕喜堂，建于嘉庆年间，曾挂赭底蓝字陕甘总督那彦成所书"燕喜堂"匾额。院内原有两道蜈蚣墙，分别将东、西厢房隔成独立的两小院，西房为议事厅，东房为中军，房前有铁鼎、石盆各一，据说象征"金钟玉鼓"，蜈蚣墙今已不存。燕喜堂中央三间内设棕床、长桌，摆有八扇屏，是鲁土司的会客厅。两侧尽间是土司和土司夫人的日常住所，开八卦太极门，各有一匾上书"廿世巨家""四朝勋旧"。2003年夏季在修缮施工过程中，两尽间内分别发现火炕遗迹，推测这里曾置火炕。现前檐廊东侧下仍可见一米深砖砌方坑，上有木盖，坑内有火口。昔日傍晚下人在此火口烧木柴，火烟通向室内墙体取暖。

燕喜堂后，过朝阳门即进入第六进院，正北升九阶而上是作为鲁土司家庙的二层楼祖先堂。原称效忠楼，应为明洪武十一年（1378年）赐脱欢妻马氏"建楼七楹"之原址[②]。曾挂"效忠以纯"匾额，后又增挂清末本邑贡生蒋毓麟在民国5年（1916年）为鲁泰夫人所题"谯国英风"之匾。脊枋下题记"大清嘉庆六年六月吉日重修"。旧时堂内二层供奉鞑靼三公、关公、旮旯爷等神像，一层供奉历代土司画像。堂前左右各建二层配楼。东楼为书房，西楼为存放祭器之所，每遇节庆时节，鲁土司就请寺里的喇嘛住在这里日夜诵经。

最后一进院落为"凹"字形平面的大库房，东西北三面合围，可能是用于存放军火、枪支武器。院东南辟小门和官园相通。

2. 妙音寺

妙音寺在中路衙署的西侧，为土司家寺。从整体上看，寺院总体格局并未拘囿于一般汉式佛寺的严谨对

---

① 赵鹏翥. 连城鲁土司[M]. 兰州：甘肃人民出版社，1994：68.
② 《鲁氏家谱·世谱·内传》记载道："始祖都督公原配马氏，赠夫人，是曰马太夫人……捷上，朝廷赐太夫人银一千两，金镶宝石首饰一副、彩纻四袭，令官治第连城，建楼七楹，匾曰'效忠'。"

称，布局相对自由，主体建筑造型突出，属于较典型的汉藏结合式布局形态。山门位于西南侧，门内侧立有照壁，壁后沿中轴线向北依次布置鹰王殿、科拉殿、万岁殿三座建筑，东有护法殿，西为塔尔殿（图6-1-1）。

附属建筑还有山门西北并排修建的厨房和数间僧房，直至大经堂处另辟角门供出入，角门后搬迁至现山门西南墙根处。另外，在大经堂的北面原建有鲁迦囊、支迦囊、石迦囊、本康等八十余间，供活佛和喇嘛居住，1958年后所有囊欠、佛塔均被拆除。支迦囊紧邻大经堂，一进三院，正房七间，前置东、西厢房六间和马号三间。支迦囊东是石迦囊，它只有三间，西侧三间是法台房，东三间是僧官房。支迦囊、石迦囊后直到城墙的大片区域是鲁迦囊，鲁迦囊并置东、西二院，西院正房、厢房均七间，院内中央并置三座佛塔，四角建四个本康，东院主要有马号八间以及数间油果房。

3. 东路宅院

宅园中轴线最南端是二堂，是鲁土司小憩、退思、预审案件，紧邻大堂东厢房及处理一般事物之所，中悬明宁夏总兵李如柏所写"忠孝传家"匾额[①]。二堂东南角一组单独的四合院是鲁土司的书房院，少年土司学习之地。二堂后沿中轴线由南向北依次布置二号院、三号院及大、小灶房院。二号院现存正房五间，东厢房三间，原有西厢房三间被拆毁。三号院即寝室院，上房两侧对称建有佣人房数间。上房后即大小灶房院，皆有正房五间，东西厢房各三间，大灶下人吃饭，小灶土司用膳，有专职厨师做餐。最后一进大灶院现已不存。

在整个衙门的东北角是十三世土司鲁凤翥修建的鲁府花园，又称作"官园"，占地15000多平方米。官园东南可能原有直接对外的出入口，乾隆时期官园内有绿照亭、八卦亭、戏楼、土地庙等多座建筑。绿照亭正南面建有戏楼一座，戏楼前是东、西园门房，绿照亭西侧建有牡丹池，每年旧历四月初一至八月十五，鲁土司携眷属住在绿照亭，尽情享乐。昔日这里曾有参天的古树和应时的果木，种植了不计其数的奇花异草，至今仍有明万历年间栽植的三株核桃树和酸青果、暴马丁香以及清嘉庆二十六年（1821年）种植的柏树等，依旧郁郁葱葱，果实累累。旧时绿照亭、八卦亭、戏楼等建筑掩映其中，园中古木辟阴，远处层峦叠翠，间有梵音西来，是一处绝佳的园林胜景。现在园内除绿照亭保存较完整外，八卦亭仅余半米多高的台基，土地庙被迁出城墙外，牡丹池、西门房、戏台均被兽医站拆除，东园门房已成危房。官园虽历经岁月沧桑，残损严重，但从现存遗迹仍可窥见当年胜貌，堪称明、清西北地区罕见的园林珍品。

此外，旧时在牌坊西侧至大堂西耳房之间由南向北还依次建有粮仓、马号、中军院等附属建筑，最南端粮仓院在牌坊西侧临街建造，1949年前曾出卖给赵姓。中部马号院正房、厢房各五间。粮仓院、马号院后皆被连城镇公安派出所拆除，建成派出所新办公楼。中军院后部现仅残留正房和西厢房，破败不堪。

二、青城镇

（一）聚落形成机理

1. 自然环境

青城镇位于甘肃省榆中县最北端，有着"黄河千年古镇"的美誉，曾是丝绸之路上黄河沿岸的重要码头。原城址在唐时修筑，宋仁宗时，狄青在唐代修建的旧城

[①] 筱华，吴莉萍. 河西走廊的古建筑瑰宝：甘肃永登鲁土司衙门[J]. 古建园林技术，2003（01）：43-47.

基础上增筑了新城。因新城形状东西长，南北狭窄，故又称"条城"。后来为了纪念狄青，改名叫作青城①。

青城距省会兰州水路约50公里、陆路约100公里。东边接壤的是上花岔乡，南临哈岘乡，西临皋兰县，北边与白银市水川乡隔河相望。

2. 历史沿革

青城在历史上曾是黄河沿线重要的渡口和码头。早在汉代时，这里为防守要冲，实行屯兵，唐代在此地修筑"龙沟堡"。据《甘肃通志》《兰州府志》《皋兰县志》《榆中县志》记载，青城为宋大将狄青擢秦州刺史巡边时所筑，狄青巡边至定远，"因龙沟堡为龛谷之要隘而增筑旧堡"。现存中城门遗址即旧堡东门，当地人呼以东为"新城"，以西为"旧城"，也称"一条城"。又因为狄青所筑，故称"青城"。现存建筑城隍庙为宋仁宗宝元年间秦州刺史狄青修筑的议事厅，当地俗称为狄青府。

明神宗时，改建成为守备府，是一条城的守备军指挥部。清雍正二年（1724年），守备府改建成为城隍庙。明代，青城镇是明政府防御鞑靼入侵的重要军事防卫地，明代构筑的长城防御体系也经过这里，"长城自金县境者，自西北沿河而东至什川堡，旧址今有一里许，又东至一条城，或断或续，旧址今有二里余，又东至平滩堡，旧址今有一里余，此系明时番郎据松山，因沿河筑墙，自靖虏卫至庄浪卫土门山，长四百里，以御套虏，俗呼为边墙者是也②"。明万历年间，镇守青城的守备将古青城的东门命名为"巩安门"、南门为"威远门"、中门为"镇虏门"。

明末，随着鞑靼势力的北退，青城镇人逐渐移居黄河以北地区，先移居水川、强湾，继而至王岘、武川，还有其他一些地方。随着人口的迁移，条城的范围也不断扩展。史料记载，清末称为"一条城河北"，在民间则统称为"条城"。到了20世纪初，条城的地域范围大约是今榆中的青城镇、白银的水川、强湾、王岘、武川等一些地方，地域有200多平方公里，曾有10万多居民。现在的青城镇从行政区划上讲，以黄河为界，河北一带起先属皋兰，今属白银市。河南古城区及其外延部分，苇茨湾和东滩地区，今属榆中县。

3. 文化资源

青城民俗与非物质文化遗产包括社会生活、生活习俗、生活情趣、文化艺术等各个方面。

青城镇的历史文化与民间风俗丰富而完整，能够充分体现青城的历史文化风貌，但并没有充分利用展示。三项省级非物质文化遗产中，仅有青城水烟制作技艺于罗家大院做出具体展示，高氏祠堂与青城书院也只是展示了部分文化教育领域的信息。除此之外的古镇传统文化如遗珠般散落，难觅踪影。因此，利用现有条件继承发扬青城非物质文化遗产是一项迫在眉睫的工作。

（二）聚落总体格局

1. 聚落形态

青城古镇位于榆中县北部的崇兰山北麓山下，崇兰山如翠屏环拱小镇。青城镇西侧有麋鹿沟，东侧有城岘沟，有易守难攻之势。这种粗犷的自然地理条件，孕育了青城奔放的城镇布局结构，构成宏观上的城镇特征。古镇保持四面设城门，在城墙内，教场街、前牌街等巷道名称，直接反映了作为军事重镇的功能。北部面迎黄河，很早就形成"依河而建，东西延伸"的城镇形态，并一直保持这种格局。

---

① 阿鲁图. 宋史. 列传四十九. 狄青传 [M]. 北京：中华书局，1977：9718-9721.
② （清）郭殿邦. 中国公共图书馆古籍文献珍本汇刊——金县新志 [M]. 北京：中华全国图书馆文献缩微复制中心，1994：647.

2. 街巷格局

镇域内，以青城书院、隍庙、高家祠堂为核心，主街道沿东西走向，次巷道为南北走向，在此基础上划分宅地，民居为点缀，依此脉络形成棋盘状的街道网；在平面布局上，北面有黄河以及小河子景观建设区、九座百年梨园，以及镇域范围内的45处古民居建筑及其他民间公共建筑。山、水、隍庙、戏楼、书院、民居院落、崇高威严的祠堂建筑，构成了古镇的点线美，文物古迹与自然遗产相互依存，自然景观与人文景观交相呼应，荟萃了秦陇传统村落文化与艺术的精华。

（三）传统建构筑物

1. 罗家大院

罗家大院占地面积约406平方米，院落坐北朝南，由罗希周建于民国16年（1927年）。该院落属三堂五厦结构，上下堂屋各三间，东西厦房各五间，上堂屋两侧各有耳房。西厦房后面是花园，上堂屋后面是后道，停放马车和堆放杂物。东厦房后面是走道，与后道相通，走道的东边是罗家的水烟作坊。罗家大院由四道门组成，第一道门是车门，与走道相连，第二道门是通往四合院的砖雕门楼，西门和东门分别是通往花园和水烟作坊的通道。整个罗家大院设计合理，古朴典雅，做工精细，具有山西四合院的建筑风格。中华人民共和国成立后，罗家四合院被收为公有，一直作为政府机构办公所在地。2003年，罗家大院被列为县级文物保护单位。

2. 青城书院

青城书院始建于清道光十一年（1831年），由当时皋、金二县的绅士李恺德、顾名、张锦芳、刘世保、高鸣桂等人倡捐而建。清光绪三十年（1904年）将青城书院改名为"皋榆联立高等学堂"，1931年更名为"皋榆联立青城小学校"，1938年又更名为"榆中县青城小学"。整个书院坐北朝南，面对崇兰山和普济阁，形如长条，分为前院、中院、后院三院，共有房屋33间。中院"至圣堂"以前为高年级学生的讲堂，现里面供有至圣先师——孔老夫子的塑像，后院"集成堂"以前是低年级学生的讲堂，现为青城古今人物展馆。

青城书院的建立，是古条城文化兴盛的集中体现，使青城成为远近闻名的文化圣地，为青城赢得了"风雅青城，仁义之乡"的美誉，使不计其数的仁人志士走出青城，极大地促进了青城与外界的交流和沟通，扩大了青城的知名度，加快了青城文化的兴盛和繁荣。1993年，青城书院被列为县级文物保护单位。

3. 青城隍庙

青城隍庙始建于宋仁宗宝元年间（1038～1039年），初为秦州刺史狄青的议事厅，故称"狄青府"。当时，西夏王赵元昊叛乱，时任秦州刺史的狄青为防止西夏兵入侵，凭借黄河，在原旧城的基础上增筑了新城，并设立了"议事厅"。后来为了纪念狄青，人们便称一条城为青城。

明万历二十五年（1597年），鉴于青城当时在军事上十分重要的战略地理位置，朝廷便在条城实行屯兵，并将议事厅改为了守备府，使其成为青城守备军的指挥部所在地。随着历史的不断发展，在明朝后期，青城的战略位置已不再重要，在青城设立守备府失去了原有的军事意义，于是，明万历年间，朝廷将守备府改移它处。

清雍正二年（1724年），金城的城隍庙维修，各地便开始了竞争请督城隍的活动，经过当时在金城经商的青城人的多番努力，最终挫败了其他县府，为青城请到了督城隍。青城原来有一座城隍庙，在旧城南门处，但是供奉督城隍庙宇太小，加之明代的镇守营署仍然存在，在当时已没有军事意义，于是便将旧城南门处的城隍庙搬迁至狄青议事厅，并将督城隍爷供奉其中，使之成了青城的城隍庙。1992年，青城隍庙被列为县级文物保护单。

4. 高氏祠堂

青城高氏祠堂在清乾隆五十年（1785年）由青城绅士高秉信发起修建。高氏祠堂坐南朝北，由正厅、墓门、福堂三部分组成，正厅保存完整，由山门、前过厅、后过厅组成。整个祠堂占地面积为2000多平方米，建筑面积为400平方米。

高氏祠堂的门庭柱数为九，九为数字中最大。在兰州地区，祠堂用九根柱子的只有高氏祠堂，寓意子孙后代可上得庙堂，位及人臣。也许是冥冥之中早有安排，高氏子孙在清代就有1名进士、2名文举、6名武举、17名贡生。现在高氏子孙中的佼佼者，奋斗在社会主义现代化建设的各条战线上。

明代大移民对青城地方经济的发展具有十分重要的作用，其中以家族群体为主的团体定居青城后，生息繁衍，代代相传，逐渐形成了以宗族为核心的家族文化，对延续本族历史，继承各辈道德传统，增进家族的团结和凝聚力，有不可低估的作用，高氏祠堂便是其中的代表之一。1992年，高氏祠堂被列为县级文物保护单位。2003年，被列为省级文物保护单位。

5. 二龙山戏楼

二龙山戏楼修建于清乾隆十六年（1751年）。修建之初为二龙山建筑群的"神戏楼"，专为神灵演戏。中华人民共和国成立后是青城的主要演艺场所之一，1993年8月，被榆中县人民政府公布为县级文物保护单位。

三、永泰村

永泰村，位于甘肃省景泰县寺滩乡老虎山北麓，西距县城25公里，为省级历史文化名村。村庄位于全国重点文物保护单位永泰城址内，永泰城址是丝绸之路沿线现存最具代表性且保存比较完整的明代军事城堡之一，更是明长城边防体系的重要组成部分。永泰城作为军事重镇始于西汉，名为老虎城，唐初更名为龙沙。现存城堡始建于明万历三十五年（1607年）三月，于明万历三十六年（1608年）六月竣工，由时任兵部副使邢云路监修。清代名将岳钟琪家族也曾久居于此城。永泰城城墙周长1710米，墙基宽6米，高12米，占地面积约318亩。东、西、北三面各有半月形闭月城，城南筑有瓮城，开有内外城门两道，城外有护城河环绕，宽6米，长2003米，另有多处墩台、烽燧、点将台、校场等遗迹。城中的永泰小学建于民国3年（1914年），中西式建筑风格，保存完整，具有极高的历史、科学、社会、艺术价值。

（一）聚落形成肌理

1. 自然环境

1）地理位置

永泰位于甘肃省中部，白银市景泰县西部，位于甘肃省与宁夏回族自治区交界地带，东经103°50′48″，北纬37°8′00″。东部濒临黄河，西部连接武威，南部与白银、兰州相邻，北部紧挨宁夏、内蒙古，是黄土高原与腾格里沙漠的过渡地带，是河西走廊的东端门户。东北距景泰县城20公里，西南距兰州市135公里，地理区位优势明显。

2）气候特征

永泰村属中温带干旱大陆性气候，冬季长而寒冷，夏季短而凉爽，昼夜温差较大，年平均气温4.2~2.7℃，日照时数为2652小时，无霜期120天左右。降水量少，年降水量在190~253毫米之间，降水量分配不均，主要集中在每年的7~9月，占年降水量的90%。永泰村气候变化多样，气象灾害较多，春季多风沙、寒潮，夏季多雷雨、冰雹天气。

3）地质地貌

永泰村地处青藏、内蒙古、黄土高原的交会地带，祁连山脉东段，腾格里沙漠南缘。永泰村位于老虎山之阴的水磨沟口东侧，最高处海拔3251米，最低海拔1276米，平均海拔1610米，其北为一望无际的永泰川、草窝滩等滩川平地，其西是横亘数百里的村庄，其南紧依层峦叠嶂的老虎山。

2. 历史沿革

明朝中后期由于北部防线的后撤，西北边防吃紧，陕西尤其严重的战略问题，为了应对此种局面，明廷设置了三边总督总领陕西四镇事务，但依然不能改变颓势，形成了"时为陕西患者，有三大寇，一河套，一青海，一松山"的严峻形势。明万历年间，始命郑洛经略西北边务，通过"湟中三捷"与"大小松山战役"的获胜，明万历二十七年（1599年）由甘肃地方官员负责修筑武威泗水至靖远索桥段长城，巩固大小松山地区的控制，史称甘肃新边，新边沿长城建造烽燧120余座，重要地点修筑城堡，形成了一道直接连接河西重镇武威与索桥黄河渡口的布局严谨、设施完备的新的长城防御体系。后为增强对外患的防御能力，在松山区域腹地修建包括永泰城在内的诸多城堡，稳定边塞。永泰古城正是在这种背景下修建的，自城建成后，大大加强了松山新边的防御，保障了兰州北部的安定祥和。永泰古城的修建在当时的历史背景下意义重大，具有较强的历史文化价值，值得深入挖掘保护。

3. 文化资源

永泰村历史久远，从西汉至明清，永泰一直作为历代封建王朝抵御外患、平息民族纷争的战略要地之一。西汉汉宣帝推行军民屯田时，创建永泰诸堡，并驻守军队，形成掎角之势以固藩垣，史称老虎城。隋唐时期丝绸之路复通，经济繁荣，随着内地人口迁徙，外商往返，中西文化融合，出现了一段中兴的太平盛世，被视为风水宝地，此时改名为龙沙。宋朝时期，党项族联结契丹向陕西北部、甘肃、宁夏扩充势力，进而打入河西，攻占凉州和甘州等地，永泰城重修城池，强化防御体系。在明万历二十六年（1598年）的时候，为了夯实与鞑靼战争中收复松山的战果，修建了400余里的长城，这段长城起始点为永泰、终点为武威，史称"松山新边"。同时期，三边总督李汶驻守永泰，构筑了许多军事机构和设施。到了清代，永泰由于边疆开拓的原因从边塞转变成了内地，其抵御功能因不被需要而渐渐丧失，成为屯兵开垦的区域，屯军后裔在此定居逐渐形成村落。1993年，甘肃省人民政府将永泰明长城划分为省级文物保护单位，于2006年被国务院列入全国重点文物保护单位。2012年，永泰村被列入第一批中国传统村落名录。永泰村古城是我国西部历史上人类活动的文化遗存，它包括遗迹和遗物两部分，是在一定历史阶段形成的，反映当时社会的政治、经济、军事情况、生产力发展水平、科学技术水平、文化艺术成就、人们的生活习惯、宗教信仰等各个方面。现存的遗迹和遗物，不仅有重要的历史价值、艺术价值和科学价值，而且具有一定的旅游和影视文化价值。

（二）聚落总体格局

1. 聚落形态

永泰古城的选址，充分体现了我国西部边防城堡建设的规划思路、理论、方法和实践，正如《荀子·强国》："其国险塞，形势便，山林川谷美，天材之利多，是形胜也。"从地理格局不难看出，古城完全符合古人的选址意象，背山面水，其龙、砂、水、穴皆考虑周全，其主山为老虎山（寿鹿山）主峰，少祖山为乌鞘岭主峰毛毛山，祖山为祁连山冷龙岭，其龙脉为三大干龙

图6-1-2 永泰城门外涝池现状（来源：叶莉莎 摄）

北干（祁连山脉），水磨沟沙河，正在其左为青龙，寿鹿山余脉向东延续成白虎，面前一马平川，远眺大沙河至黄河，米家山为案山、朝山矣。

从实用功能看，寿鹿山草茂林丰、流泉甘澈、禽飞兽走，历来被誉为陇上胜景，其丰富的山林资源，可保障古城军民采薪取水、狩猎放牧之所需，现保留的大量地名，从一个侧面反映出古城对当地的影响，在永泰城西北七里处的官草沟为草料储存处，城东南十五里的骟马沟是牧马场地，古城西侧亦有煤沟子等地名。寿鹿山矿藏丰富，储藏着丰富的金、银、铜、铁、硫磺等矿物。据传，这里到明洪武年间（1368～1398年）已大量开采，所采之矿在"白银厂"冶炼，《天下郡国利病书》中记载"兰州北二百五十里，松山之南，矿炉二十座"，可见当时采矿、冶炼规模还是比较大，配制火药皆可就地取材。永泰城武器库、火药场、草料场、马场、兵营、练兵场等军事设施一应俱全。

永泰古城的选址充分体现了历代统治者西部边防城堡建设的规划思路、理论、方法和实践。正如《荀子·强国》："其国险塞，形势便，山林川谷美，天材之利多，是形胜也（图6-1-2）"。

2. 街巷格局

永泰古城周长1500多米，高近12米，城基宽约6米，平面呈不规则椭圆，在古城东西两侧有两条天然形成的沟壑，系寿鹿山雨水冲刷而成，呈"八"字形，造城时即依照此营造，并利用沟壑之水绕城挖护城河，正对城门外还有一涝池（图6-1-2）。其次，古代中国城池的大小，朝廷有严格的规格和定制，不能逾越，城堡按等级分为镇城、路城、卫城、所城和堡城。永泰古城规制应为所城，同周长圆形面积最大，并且同方城相比防守无死角，因此明代有许多城堡同永泰古城一样筑为圆形。此造型充分反映了古人顺应自然，道法自然的人文情怀，同时也充分反映了劳动人民因地制宜、因势制宜的朴素几何数理知识。

永泰城作为一座军事防御城堡，城内格局中遵循"城门不相对，道路不直通"的原则，城内巷道交错相通，形成一个个丁字路口，"丁"字形布局有利于防守和巷战，据说这样的布局也象征龟甲之纹理。

（三）传统建构筑物

永泰古城既有特定的防御功能，又满足普通城市

图6-1-3　永泰村戏台（来源：叶莉莎 摄）

的行政、文化、生活的需要，城内除总督府、参将府、兵营、粮仓等，据《皋兰县红水分县采访事略》记载，城中原有三十多处公共建筑，除前文提到的城隍庙、真武楼、文魁阁外，还有玉皇阁、火神庙、三官庙、龙王庙、大佛寺、观音阁、九天圣母庙、戏台（图6-1-3）、义学等，其布局处理，风水也颇多讲究，"预建诸庙，按三吉六秀布置方位"，但目前城内古迹，尽数损毁，现存多为后世补修。

四、平堡村

（一）形成肌理

1. 自然环境

平堡村地处黄河上游、祁连南支东延余山尾、黄土高原西北边缘、乌金峡出口处黄河东岸谷地，距靖远县城西南44公里，距白银市23公里，与四龙度假村和白银市高科技农业示范园隔河相望。平堡村现代农业发达，甜瓜、温室花卉、反季节蔬菜等名扬陇上。村落整体处丘陵上，村域面积约为6.27平方公里，村庄占地面积约4200亩。

2. 历史沿革

平堡村历史悠久、文化灿烂，风貌独特，文物古迹丰富集中，自然景观别具一格，平堡八景、黄河飞虹等美不胜收。村落汇集了星罗棋布的人文景观，宗教寺庙、书院宗祠建筑，更具有独特的地方习俗与文化传统，是一个具有很高历史、文化、艺术和旅游价值的历史古镇。现存文物遗址20余处，已有12处被列为县级文物保护单位。随着乌金峡水电站的建成和白银市黄河风情旅游线的通航，平堡村将具有广阔的发展前景。

平堡，靖远之门户，地控榆银，水通蒙宁，临河踞胜，四面天险，是汉唐丝绸之路上的重镇和"边防要塞"。村落背靠平堡文明的发祥地堡子山，三面环黄河水，形似月牙状。元时期为重要的通衢驿站。明代初叶，为控扼北疆，英宗正统二年（1437年），设靖虏卫军民府,并置下属军政机构"九堡"为所辖,平滩堡是其一,属陕西行都司。始有"平滩堡"建置,驻堡子山"平滩堡城"。

3. 文化资源

舞狮是由金家园子的第二代"金把式"(九云公第十代玄孙仁华公)独创的,大概有200多年的历史,现由其第八代传承人传承。舞狮共由28人组成,其中乐队有16人,舞狮有12人,经典之处是应用拳术中的"迎手棍""敲四门""十二环"。舞师在乐队鼓点的指导下完成全部动作。

平堡小曲与平堡秦腔同时派生,始为陕西艺人传授,有"七十二大调""三十六小调"之说,曲牌繁多,旋律线条简朴流畅,易学易记。平堡小曲,串村演出。剧目多属小段文戏,如《卖水》《华亭》。

(二)总体格局

1. 聚落形态

平滩堡址位于平堡乡平堡村东的堡子山,距乡政府约600米。城堡始建于汉代,堡墙就地取材,黄土夯筑,夯层厚0.13~0.2米,剖面呈梯形。该堡平面呈方形,堡内现为平滩堡中学的果园和附近村民的菜地,南墙外侧毗邻深沟,沟内有通往南坪的便道。依地势判别并据当地群众所言,原南墙偏东处辟门,今已毁之,遗迹不存。南城门外有瓮城城墙残段,西北城墙角墩上建有一钟亭,内曾悬挂"道光六年"铁钟一口,堡内曾有零星散布的明清瓷片、砖瓦碎片,并出土有王莽时期"货币"一枚,据考证应为汉代至清代的关堡,为探讨靖远境内汉代至清代历史及军事边防史提供了线索和证据。

2. 街巷格局

平堡村北邻黄河,南靠堡子山,形成山环水绕之势,整体地势缓和。平堡村受两侧自然条件的制约,使得村落内的用地较为局限,因此在村落布局中也体现了最大程度利用土地的思想,采用集中布置的模式和网格式街巷格局,从平面形态上看,村落内民居并列有序分布,但建筑密度较大,民居建筑为平屋顶(图6-1-4)。

图6-1-4 平堡村村貌(来源:李玉芳 摄)

图6-1-5 城隍庙二堂（来源：刘奔腾 摄）

图6-1-6 贞节牌坊（来源：刘奔腾 摄）

（三）传统建构筑物

1. 城隍庙

城隍庙建筑群金时在堡子山城内，清康熙初年移至平堡街，有山门、屏风门、大堂、二堂、卧房、班房、百子宫等，建筑雄伟（图6-1-5）。

2. 贞节牌坊

村中的贞节牌坊始建于清，原在平堡东街，1958年移作平堡中心小学校门，为县级文物保护单位（图6-1-6）。

3. 蜂窝楼

蜂窝楼结构严谨，造型独特，建筑全用木条卯套而成，因形似蜂窝而取名，玲珑别致，巧夺天工，楼阁大柱全为四方形，属元代建筑，为县级文物保护单位（图6-1-7）。

4. 灯山楼

灯山楼位于平堡中街街中心，始建于清康熙三十年（1691年），阁楼建筑为歇山顶式，砖、木、土混合结构，面东向西，东西向街道从楼下穿过。灯山楼面宽三间，计6.8米，进深5.5米；单面呈长方形，上层略小，主体呈梯形；下层为大街过道，上层为阁楼，为县级文物保护单位（图6-1-8）。

5. 平堡戏楼

平堡戏楼原建于清康熙年间，原戏楼为砖木混合结构。化妆室为硬山顶，后出廊，前台为卷棚顶，与化妆室巧结一体，中间以木装修隔开，南北开边门为上下场口。台面宽7.5米，台口宽5.5米。1979年拆除原戏楼，后由韦继文、王学正等人在原基础上新建一座扩大的、宽敞高大的仿原貌新戏楼。化妆室在戏楼右侧靠后，戏台留通道与化妆室相通。台面宽14米，进深18米，台口宽12米，台口高10米（图6-1-9）。

6. 吴氏民居

吴氏民居位于平堡乡平堡村东街，距乡政府约300

图6-1-7 蜂窝楼（来源：刘奔腾 摄）

图6-1-8 灯山楼（来源：刘奔腾 摄）

图6-1-9 平堡戏楼（来源：刘奔腾 摄）

米，始建于清光绪年间，原为四合院式建筑，占地面积约600平方米，坐东南朝西北，现存南房及大门。大门为双坡散水砖木结构。现存建筑采用传统的砖木结构，廊下两侧墙体采用砖雕装饰，雀替在雕刻手法上使用透雕、雕刻云字纹样进行装饰，除了窗户为房屋主后续改造，拆除了原本的木格窗，换成了采光更好的玻璃窗外，建筑整体保存较为完好，从仅存部分中也可以窥到初建时的简约古朴（图6-1-10）。

7. 白氏民居

白氏民居位于平堡乡平堡村东街，始建于清咸丰年间，相较于吴氏民居，白氏民居建造年代更早、占地面积更大，占地面积约800平方米。民居原为四合院建筑，历经几代人居住建筑早已损毁，现存南房及大门为20世纪70年代重修，坐东南向西北，大门为双坡散水砖木结构，砖封顶。虽然仍采用木构架，但结构组成有很大的简化，保留了两拱的形式，简化了荷叶墩、雀替等装饰构件（图6-1-11）。

图6-1-10 吴氏民居（来源：刘奔腾 摄）

图6-1-11 白氏民居（来源：刘奔腾 摄）

182

第二节　陇东黄土高原乡村聚落

一、罗川村

（一）形成肌理

1. 自然环境

罗川村位于甘肃省正宁县永和镇，距县城约30公里，地处四郎河中游川台区，东北靠永正、山河镇，东南临湫头镇，西北与宫河镇相接，北连榆林子镇，西南和周家镇接壤。辖枣林子、春场、牛家沟、南山、罗丰、小河沟口、小河沟土老、姬家山、城关9个村民小组，有440户、1920口人，总面积约21.3公顷，其中耕地面积4.8公顷。西（安）兰（州）211线穿村而过，交通便捷。全村主产小麦、玉米、糜谷、豆类、蔬菜等，特产为"唐台"晒烟。该村原属罗川乡城关村，2005年7月，因罗川乡撤销，划归永和镇。

2. 历史沿革

罗川村是正宁县的古县城。据历史记载，正宁在历史上曾六易其名：西汉置阳周县，东汉称泥阳（治在今宁县），北魏重置阳周县，隋开皇十八年（公元598年）因"罗水出于川"改为罗川县；唐玄宗将罗川改名为真宁县；清雍正元年（1723年）因避世宗"胤禛"讳，更名为正宁县。此间，正宁县治皆在罗川，1949年8月县治迁往山河。罗川村是一个有悠久历史的村落，人文积淀厚重，历史传统建筑群密集，不可移动文物众多（罗川赵氏石坊、正宁文庙、赵氏祠堂、铁旗杆、明清民居、古城遗址等），自然景色优美。2006年民政局将原罗川乡政府驻地城关村更名为罗川村，同年8月，罗川村被公布为省级历史文化名村。

3. 文化资源

罗川村古迹众多，现有国家级重点文物保护单位明赵氏石牌坊三座，省级文物保护单位承天观碑、清铁旗杆，市级文物保护单位文庙大殿、赵氏祠堂等名胜古迹。北面和东面的城墙保存完好。罗川村还有一批明、清时期民居，共数十间。还有保存完好的明清时期的里巷两处，即书院巷、北华山巷。建筑文庙大成殿保存完整，历经元、明、清三代建筑风格的洗礼，建筑艺术积淀深厚，大殿前后有两棵历经1700多年东汉古柏，至今依旧枝叶繁茂、威武挺拔。

罗川城关地区是地域的文化中心，有赵氏石坊、铁旗杆、文庙大殿、赵氏祠堂等历史建筑，城关居民常以土木建筑为主；城郊乡土建筑分布广泛，除了主流的土木建筑之外，同时包含了大量还在使用中的生土窑洞民居。这里民风淳朴，民俗文化盛行，每年的农历3月28日，泰山庙举行庙会。罗川村以历史传统文化为主轴，领衔唐台生态农业旅游带、四郎河水域休闲带，成为我国传统村落的重要组成元素。

（二）总体格局

1. 聚落形态

罗川村聚族而居，早期祠堂是村落的核心，而建于明天启年间（1621~1627年）的赵氏祠堂则是罗川悠久历史的见证。它坐南面北，面阔三间，明柱砖木结构，斗栱平檐，顶镶脊兽。后随着村落规模的扩大，以及受地形所限，逐渐发展成了带型的聚落形态（图6-2-1）。

图6-2-1 罗川村村貌（来源：甘肃传统村落调查课题组）

2. 街巷格局

罗川村形成了自由延伸的叶脉型街巷格局，此外，还有保存完好的明清时期的里巷两处，即书院巷、北华山巷，均充分反映了传统营造方式和建造技艺。这些明清民居、里巷，对研究明清时期的村落分布、民居建筑均有较高的价值（图6-2-2）。

（三）传统建构筑物

罗川赵氏石坊，位于正宁县罗川镇正街，始建于明万历四十年至四十二年（1612~1614年），共3座，面阔8米，高10米。东西向排列，自东而西为"奉天敕命坊""天官坊""清官坊"。3座石坊结构相同，为四柱三间五楼，庑殿顶，是省内保存较好的石坊建筑，对研究石坊建造史和建造技术有重要价值（图6-2-3~图6-2-5）。

二、政平村

该村截至2010年底，已实现通电、通路、通电视、通电话。村里58户全部饮用井水。村里有58户通电，拥有电视机农户58户；安装固定电话或拥有移动电话的农户数55户，其中拥有移动电话农户数30户；该村到镇道路为土路；进村道路为土路路面；村内主干道均为未硬化的路面；距离最近的车站27公里，距离最近的集贸市场18公里。全村共拥有汽车3辆、农用运输车2辆、摩托车10辆。全村装有太阳能农户2户；建有小水窖59口。耕地有效灌溉面积为195亩，其中有高稳产农田地面积195亩，人均高稳产农田地面积0.87亩。到2010年底，农户住房以土木结构住房为主，其中有2户居住在砖木结构房屋中，有54户居住于土木结构住房，有2户居住在其他结构的房屋中。

该村2010年农村经济总收入181万元，其中种植

图6-2-2 罗川村街景（来源：甘肃传统村落调查课题组）

图6-2-3 赵氏石坊（来源：甘肃省文物局网站）

图6-2-4 天官坊（来源：甘肃省文物局网站）

业收入51万元，占总收入的28.18%；畜牧业收入56万元，占总收入的30.94%（其中，年内出栏肉猪270头、肉牛43头、肉羊186头）；林业收入70万元，占总收入的38.67%；第二、三产业收入4万元，占总收入的2.21%。农民人均纯收入2950元，农民收入以种植业、畜牧业等为主。

该村的主要产业为养殖业，主要销往省内。2010年畜牧业主产业全村销售总收入56万元，占农村经济总收入30.94%。该村发展泡核桃特色产业，计划发展泡核桃产业。

图6-2-5 恩宠坊（来源：甘肃省文物局网站）

（一）形成肌理

1. 自然环境

政平乡位于甘肃省庆阳市宁县早胜镇原西南端，东邻正宁县、南接陕西长武县。跨省公路——早（胜）长（武）公路纵穿全境。全乡辖6个行政村，9785人。土地面积36.28平方公里，耕地面积2.09万亩。

政平村位于宁县南端30公里，陕甘两省交界之处。它东与正宁接壤、南与长武为邻，东南与彬县隔河相望，是泾河、马莲河、无日天沟河三水交汇之地。古有"朝霞射穿晨雾间，万道金光潇洒满川，三江绕尽仙山路，一塔刺破云外天，百鸟啼鸣传两省，雄鸡一唱唤四县，政平香瓜脆又甜，泾马古渡数千年"之美誉。

2. 历史沿革

政平，唐武德二年（公元619年）置为定平县治，唐末开置为衍州治所，后周显德五年（公元958年）废衍州。据史书记载，隋末唐初，陇东一代战乱不息。唐武德元年（公元618年）四月，金城（今兰州）校尉薛举囚禁太守，自号"西秦"，雄据金城，欲与李渊争天下。七月，兵进陇东一带，围泾、宁之间的高土庶城（今政平一带），极大地威胁着新生的唐王朝。于是，唐高祖派秦王李世民率军西征。经过夏、冬两次交战，一举歼灭西秦兵，稳定了全陇形势。因为政平地处要塞，连接泾、宁两州，西控秦陇，东屏关中长安，次年（公元619年）唐置定平县，取安定太平之意。明设政平驿，清为镇，1949年前属中村乡管辖，中华人民共和国成立后在此设立政平乡。

辖区内的政平村曾经是古老的县治、州治、驿站，海拔840米，系全庆阳市海拔最低处。泾河、马莲河在此交汇。县内土壤肥沃，日照充足，已建成全县有名的蔬菜生产基地。烤烟、瓜菜种植、林果栽培和畜禽养殖已成为农民增产增收的主要项目。

3. 文化资源

政平是历代兵家必争之地，唐时曾为衍州治，后为定平县治，设驿站，有"三江口，红花驿"之称。这里山清水秀，峭石林立，翠柏倚岩，瓜果飘香；这里有制作风味小吃的习俗，凉粉、面筋、搅团等粗粮细作，闻名省内外；这里的农家小菜为游客提供休息，住宿方便。

全村有耕地总面积243亩（其中田6亩、地237亩），人均耕地1.08亩，主要种植玉米等作物；拥有林地6625亩，其中经济林果地2250亩，人均经济林果地10亩，主要种植泡核桃等经济林果；荒山荒地113亩，其他面积4100亩。

（二）总体格局

1. 聚落形态

政平村地处马莲河与泾河交汇的河流凸岸，北侧山

图6-2-6 政平村聚落形态（来源：Google Earth）

体的南坡，将村域整体形态限制为一块扇形区域。村域内由于地势不平整，民居建筑无法集中布置，只能选择地势相对平坦的地区，几户或者十几户为一组，形成了组团式的聚落形态（图6-2-6）。

2. 街巷格局

政平村两条主要道路呈十字状相交于村东，其中长宁路依势而上，是连接村子与宁县的主要通道，由于居住片区呈组团分布，次一级道路的布局也相对自由，形成了叶脉形的街巷格局。

（三）传统建构筑物

1. 凝寿寺塔

凝寿寺塔为第五批全国重点文物保护单位。位于"三江口"的政平村还坐落着一座古朴巍峨的佛塔——凝寿寺塔，它是甘肃省唯一的唐代砖体塔。塔平面呈正方形，底径2.11米，共5层，高20米。塔体用黄胶泥粘合，两面开门，相邻两层门向不一。塔形为楼阁式，分7层出檐，每层外檐有两组仿木斗栱承托，斗栱之间雕刻着精巧工美的牡丹、莲花、兰花等花卉图案。从底层开始内设木梯和扶手，依层攀至塔顶。登塔远眺，山川风光尽收眼底。该塔位于庆阳市宁县政平乡政平村泾河北岸，塔无基座，五层楼阁，单壁中空，通高21.2米。第一层边长6米，南面辟一券门，门高2.2米，宽1.58米，塔身上部四周砌一层普柏枋，枋上每面施补间铺作二朵。斗口跳出耍头呈蚂蚱头状，甚短，华栱卷板也有内凹现象，栱眼壁多素面砖，个别刻菊花、牡丹、"卍"字纹饰。斗栱上面叠涩14层砖跳出塔檐，檐上铺仿木方椽、望板和勾头板瓦，其上又反叠涩9层砖。第二层至第五层塔身逐渐收分缩小。第二层、第四层的东西两面，第三层、第五层南北两面交错辟二券门。第二层、第三层、第五层塔身出平座，下施五铺作斗栱，栌斗下砌普柏枋一周。平座上立斗子蜀柱式栏杆，蜀柱断面圆形，柱头刻小斗承托寻杖，寻杖在转角望柱头上十字交呈"绞口造"。斗栱雕法、寻杖形制均保留唐代特征，华板多素面式，只有第五层栏板作勾片式样。塔顶收分成覆斗状，其上竖立石雕相轮七重（图6-2-7~图6-2-9）。

2. 政平书房

政平书房位于宁县政平乡政平村南部堡子山上，清嘉庆年间为贡生张宪私宅。

书房南北长约25米，东西宽约19米。四合院式布局。上房、下房各7间，南北厢房各3间，共20间。全为砖木结构。上房和厢房做工考究，明柱承檐，斗栱翘角。门窗全为大型套花雕刻。上房长约19米，宽约9.6米，阶高约0.9米，走廊设明柱4根，廊宽1米，门窗采用透雕和凸雕技法，有花卉、博古架等。整体建筑布局合理，做工精细，材料质优，保存完整（图6-2-10）。

图6-2-7 凝寿寺塔全貌（来源：甘肃省文物局网站）

图6-2-8 凝寿寺塔二层檐部（来源：甘肃省文物局网站）

图6-2-9 凝寿寺塔局部砖雕（来源：甘肃省文物局网站）

图6-2-10 政平书房（来源：甘肃省文物局网站）

第三节　陇南山地乡村聚落

一、梅江村

(一) 形成肌理

梅江村形成于元代以前,后来朱元璋有一个后人曾被分封为关中王,关中王的后代后来流落到清水,住在了这里,发展演变成现在的村落。几经变迁,建筑在不断地更新,至今只留存有三棵明代中期古槐树和七处明清古民居。现存的建筑和村落格局基本保持清代中期的风貌。2013年9月,梅江古村落被列入全国第二批传统村落名录。

1. 自然环境

梅江村地处天水市清水县贾川乡东北部,距离集镇约4.5公里,东与新坪村接壤,西临马家咀,南接支家河,北接邓家沟。梅江村有三个社,包括梅江峪、支家河和邓家沟。依山而建的梅江村,目之所及,是层层叠叠、紧密相连的泥墙和青瓦,沿着"U"字形的山麓向两边伸延(图6-3-1)。

2. 历史沿革

梅江村形成于元代以前,后来朱元璋有一个后人曾被分封为关中王,关中王的后代后来流落到清水,住在了这里,发展演变成现在的村落。几经变迁,建筑在不断地更新,至今只留存有三棵明代中期古槐树和七处明清古民居。现存的建筑和村落格局基本保持清代中期的风貌。2013年9月,梅江古村落被列入"全国第二批传统村落名录"。贾川乡梅坪山的山口,早年间有一棵榆树开的花酷似梅花,山脚下一条养育了祖祖辈辈当地人的河流谓之曰"江","梅江"因此而得名。有了村落建制后改称为"梅江村"。

3. 文化资源

梅江村传统皮影、戏剧、歌舞、马社火、高跷等表演艺术,村民逢年过节表演节目,在全民健身活动的同时丰富村民的文化生活。

1) 马社火

梅江村的"马社火"是一种古老的汉族民俗文化活动,文化底蕴深厚,已列为清水县第二批非物质文化遗产保护项目。如今传承情况良好,且有固定的传承人,每次表演者达30人以上,全村观看。"马社火"由锣鼓队前列,按历史戏剧故事装扮成各个角色,骑骡马列队成行,于进行间变化动作姿势,叙述故事内容。"马社火"以扮演角色的演员骑在马背上而得名。用作社火的马,除对鞍辔进行装饰外,还要在马头上挂红,有的马额上扎饰"圆镜"。

2) 皮影

梅江村的皮影戏已列为清水县非物质文化遗产保护项目。如今虽有固定的传承人,但却处于无人管理的状态,传承情况一般。皮影戏,又称"影子戏"或"灯影戏",是一种以兽皮或纸板做成的人物剪影,在蜡烛或燃烧的酒精等光源的照射下用隔亮布进行演戏,是中国汉族民间广为流传的傀儡戏之一。表演时,艺人们在白色幕布后面,一边用手操纵戏曲人物,一边用当地流行的曲调唱述故事,同时配以打击乐器和弦乐,有浓厚的乡土气息。皮影戏在梅江的表演已近百年,虽然由于场地等客观原因,每次表演和观看的人数并不多,但多年来一直是村民们喜爱的娱乐项目。

图6-3-1 梅江村全景风貌(来源:段嘉元 摄)

(二)总体格局

1. 聚落形态

梅江村依山而建,所有建筑以带状分布在六个不同高度的台地上,高低错落有致,功能布局严谨而合理,街巷、公共活动中心、庭院等井然有序,三棵古树点缀其中。

村落主入口位于村落最南侧,主要活动中心位于村落北侧。村委会位于较中间的台地,山神庙位于较高台地,其他的居住院落等每个台地分布不一,但总体而言西侧台地较东侧台地少。村内有一条已被硬化的主要道路贯穿着村落南北,其他巷道因为地形和院落规模相态等限制,自由地穿插于整个村落内部,整体呈枝状散开,小路之间均贯通连串,宽度大约在2~4米之间,脉络清晰,主次分明,尺度亲切宜人。

梅江村依山傍水而建,其布局遵循着自然的原理,随着历史的发展,村庄逐渐由起初的一个台地发展为现在的六个台地,乡民们俗称"六个台子",村庄形成不同高差的台地条状伸展的条纹式村庄肌理,村庄周边以山林为主,村庄布局虽分几个台地,但聚合力很强,每个台地上面住着些村民,层层叠叠,错落有致,形成了独特的古村格局。

梅江村保留有大量的传统建筑,许多后来建造的房子也延续了传统院落建造风格,整个村子风貌古朴。梅江村的传统建筑主要为民居合院建筑,公共建筑中有部分为传统建筑风貌,两类建筑的艺术和风格特点相近但又各自不同,居住院落因依台地而建,高低起伏,错落有致,景观效果非常有特色。整体传统建筑的艺术和风格特点主要为庭院宽阔,等级有序,房屋外观简朴,造型纯真,色彩淡雅,内观简洁,梁架工整,装修洗练,雕刻精致。村内道路形式自由,风貌朴实,村内整体建筑依道路方向布置,使整体肌理自然而有序。

2. 街巷格局

梅江村的街巷随地形呈树枝状的自由走向,宽为2~4米不等的土路抑或石板路,使整个巷道看起来古朴而幽静,充满文化的气息。梅江村的院落则如同树叶,整齐有序地分布在巷道的两侧,家家户户比邻而居。

(三)传统建构筑物

1. 古民居

梅江村的古民居重点保护院落有七户,位于梅江村三组,属于清中期古建筑。其中有六座相连,是清代中期一位朱姓进士的故居,被称为"梅江六大院"。梅江村的建筑在很大程度上仍然保持着旧时的乡村面貌,大到整个村子的街巷道路、庭院格局风格,小到每个建筑上的砖木雕饰,所有的文化遗存都独具特色。它们具有传统的天水古民居的格局,大门、大窗、大进深、大屋檐,给人以舒展的感觉。大屋檐下形成的半封闭的空间,既遮阳避雨,又开阔视野,大气的风格充分体现了中国传统建筑"天人合一"的思想(图6-3-2)。

图6-3-2 朱姓进士百年老宅(来源:刘奔腾 摄)

传统民居建筑以院落为核心，房屋紧凑，屋顶形式为单坡和双坡并存。民居的平面布局为东西窄、南北长的长方形庭院，常见的为一进式四合院，由正房、厢房和倒座房围合而成，开间数一般为单数，三间或五间。有的住宅带偏院，或纵横拼接形成多重院落，原来的朱家大院就属于这一类型。梅江地处山地，平地少，土地资源比较贫乏，所以院子相对其他地方四合院较窄，可节省土地。

2. 朱家大院——书院

梅江村三组的朱家大院，是保存完好的六座明清院落，也是省级文物保护单位。这六座传统院落在村庄台地上自北向南一字排开，依次为边院、中院、老院、上中院、当中院和佛堂院。六座院落均是典型的四合院格局。现存明清古民居23间，占地300多平方米。房间为悬梁土木结构，粗柱宽廊，直棂隔窗，雕刻精美，整体古朴又不失雅致。书房、客厅均为花石铺地，端庄大方，气度不凡。老宅内至今保留有一些古书画、古旧家具，没有大户人家的阔绰，有的却是一种清雅和守中。清风撩起素帘，满屋的书香四处弥漫。

3. 古槐

一直以来，有六棵明代中期古槐静静屹立于村中守护着村庄。古槐，根似盘龙，坚实深扎于厚土之中，树干高约数丈，庄严稳重地支撑着巨大的树冠。在村与山的缓坡上，那枝繁叶茂、葱茏劲秀的古树，巍峨挺拔，枝柯交错，浓绿如云。

寒来暑往，岁序更迭，前些年有三株古槐过于苍老终究还是倒下了。古槐记载着梅江村人们的一举一动，一笑一颦。村民们没有把这枯树劈柴烧掉，而是把倾颓的老树留了下来，装饰着村落古朴的风景。古槐是村庄最重要的生灵，其所守护的这片黄土地，就是梅江村人的精神家园（图6-3-3、图6-3-4）。

二、胡家大庄村

胡家大庄村格局由原两纵五横扩建为六纵六横，明代祖先建庄时，一次性设计为宽8米、4米的巷道，布局整齐、道路宽阔、四通八达，水路布局合理，传统建筑分殿宇、民居、牌坊、村堡、窨井、窑洞、古河道、红二十五军渡渭河时的遗址遗物、汉墓群。现有村堡

图6-3-3　现存的古槐（来源：甘肃传统村落调查课题组）

图6-3-4 枯萎的古槐（来源：甘肃传统村落调查课题组）

一处，建筑面积约5800平方米，占地面积约11250平方米，建于崇祯年间。古窑洞39处，建筑面积约560平方米，建于乾隆年间。清池观古建筑群始建于清乾隆六年（1741年）。古民居218处，分别建于明崇祯、清乾隆、清同治年间。该村于2014年被公布为中国第六批历史文化名村。

（一）形成肌理

魏晋初期，因与羌人作战建胡家大庄村，后因水患搬迁至现址，大部分人迁于现址总门北侧，逐步发展到东至小什字，西至西门，形成了两纵两横的村落布局。村落内部整洁明亮，绿树遍布，人文景观与自然景观均非常优良；街道立面统一而富有韵味；周边景色优美，绿林遍野，古遗址众多。村落整体呈现出宽敞明亮的格局，传统建筑分布较集中，体现了当地的文化特色。村落整体风貌保存良好，村民们对传统民居的保护也很积极。

1. 自然环境

1）地理位置

胡家大庄村位于甘肃省天水市新阳镇境内，地处新阳镇西北部，村址位于渭河河谷地带，属中国西北黄土高原南塬。其位于牛乳山、安林山、凤凰山的群山包围之中。周边山水环境与传统的村庄选址理想风水模式有机契合，传统的理想风水模式承载三山一水一村的空间格局。

2）气候特征

胡家大庄村所属新阳镇是由渭河冲击、侵蚀而形成的河谷盆地，其河北属于黄土高原南缘，河南属于西秦岭北支系山脉。新阳镇川区海拔1100米左右，南北山区海拔高度在1300～1800米之间。新阳镇气候温暖，四季分明，雨量适当，属于暖温带气候。

2. 历史沿革

明洪武年间，一支胡氏族亲队伍浩浩荡荡从安徽绩溪经山西洪同大槐树来到甘肃天水新阳。初来新阳，族亲们在渭河滩龙王庙一带建庄造宅，开荒造田，营造了胡家第一处庄园。明朝中期，因连年水患，族人再次搬到现居住地——胡家大庄。

从先秦起，当地便是政治、经济、军事要地，在先秦属邦戎地，西汉时为上邽辖地，东汉时和羌人地接壤，东汉后期为汉政权与羌人作战之要地。至东汉末、魏晋初期，因与羌人作战需要，设立新阳县，县政府建

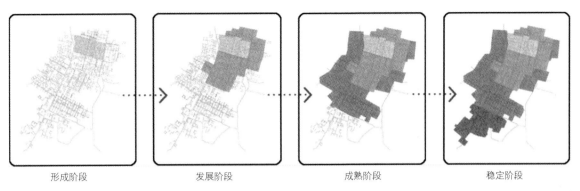

| 形成阶段 | 发展阶段 | 成熟阶段 | 稳定阶段 |

图6-3-5 村落格局演变图（来源：段嘉元 绘）

在现胡家大庄所在地。

至北宋建隆二年（公元961年），尚书左丞高防在本村，在原魏晋古新阳县城遗址设立定西寨，长年驻扎1500余名马步兵和弓箭手。定西寨的主要职能是和吐蕃争夺渭河上游的控制权。

3. 文化资源

胡家大庄村的非物质文化遗产也丰富多彩，村里有民俗礼仪全集、戏曲戏剧、曲谱曲牌、传统秦腔表演艺术和歌舞表演。此外，还有一个由30多人组成的鼓乐队，这支鼓乐队每年都会为伏羲庙祭祀人文始祖和卦台山祭祀大典仪式进行音乐伴奏。

鼓乐队相传于清乾隆四十年（1775年）左右形成，起初叫作秧歌、社火，在平地演出，后来逢年过节，在搭建的临时舞台上表演。在村口处，一座民间的戏台与清池观相对而建，人们在劳动之余也可以举行一些娱乐活动，大家齐聚一堂，相互交流，享受浓浓的生活氛围。

（二）总体格局

1. 聚落形态

胡家大庄始建于明崇祯八年（1635年），在清乾隆年间形成了有总门、东门、西门、北门和具有排水系统及防御功能的堡寨式村庄。胡家大庄虽历经了几百年的岁月沧桑，却保持着传统村落的风貌，并把胡氏祖先早年的规划设计延续和逐渐扩展成了现在的六纵六横的村庄格局。天水市麦积区新阳镇胡家大庄村以胡氏家族为主，清乾隆年间形成了四纵四横、具有优良排水系统和防御功能的堡寨式村庄。

胡氏从山西出来时，在龙王庙一带修庄建宅，开荒造田，营造了胡家第一处庄园。因屡遭水患，村人难以安居，经三个房头主事人商议，决定村庄大搬迁。除少数户去了温集庙背后定居外，大多数户迁于现址总门北侧，建庄落户，逐渐发展到东至小什字，西至西门，形成了两纵四横村落形态。后来逐渐拓展为以总门、西门为入口的村堡式胡家庄。后由于其他姓氏通过成亲、投靠、雇工、当佃户等形式迁来胡家大庄村，逐步形成了现有的居住模式。胡家大庄村居民的建筑布局类似于古代西安的九宫格布局，基本以矩形排列，按总门、西门、头门、七门进行布局（图6-3-5）。

2. 街巷格局

胡家大庄建设时分别一次性规划为8米、4米宽巷道，布局整齐、道路宽阔。街道尺度在当时的条件下十分恰当，在小什字到总门的横向街道里，传统街巷的亲近宜人尺度尤为明显。街道两旁的建筑高度保留了原有建筑的高度，少部分的街巷里两旁有绿化，其他的绿化仍然是在传统的院子里布置。胡家大庄的南东西向主要街道都铺成了石板路，总门东西向为水泥路，少数地段是土路，道路的通达性良好。通往县城和麦积区的主干道规划在了胡家大庄的北面，避开了对村庄内部的干扰。

（三）传统建构筑物

1. 清池观

天水新阳胡家大庄清池观位于胡家大庄东面台地边缘。翠柏掩映的清池观前立有一块石碑，上面镌刻着"光前裕后"四个大字。据资料记载，清池观修建于清乾隆六年（1741年），于清同治七年（1868年）遭回族动乱而焚毁。后人在废墟上重新修建清池观大殿，以及三霄殿、财神庙、大王庙、文昌庙、钟鼓楼等，由于历史原因人文破坏，现在清池观里面仅存最早的建筑也就是民国时期修建的山门了。随着社会的发展，富裕起来的村民又陆续重建清池观大殿、三霄殿、财神庙、文昌庙、钟鼓楼等，已经具有一定的规模。这里的雕梁画栋精美，一草一木似乎都散发着历史的馨香。1989年，清池观被定为县级文物保护单位（图6-3-6、图6-3-7）。

2. 古民居

现代建筑和古民居和谐交融，形成了胡家大庄独特的村落风貌。如今，上百处古民居，保存完好的有20多处，分别建造于明、清及民国时期。每家的风格都不一样。胡家大庄的民居，是典型的北方庭院。天方地阔，郑重其事，院里院外都呈现着开朗透亮的气派。其中，较有代表性的是清乾隆年间的四柱、四门、八窗的厦房和清同治时期的四合院（图6-3-8）。

不管是古民居还是新院落，门首悬挂匾额在每户人家必不可少，"耕读第""三欣居""祥和瑞""雅安居"……一块块匾额既是家族文化的体现，也寄托了当地人对美好生活的向往。

在村民马贵梅家的院子里，悬挂在厦房门首上的"太史第"匾额，至今被保护得完好无损。和马贵梅家一样，村里的很多村民对他们祖先留下的传统建筑都非常珍惜，从来都不舍得随意拆毁，虽然有一些古民居因年久失修或因暴雨、地震已成危房，但居住者修缮时仍会按照原貌修复（图6-3-9）。

图6-3-6　清池观家神庙（来源：甘肃传统村落调查课题组）

图6-3-7　清池观大殿（来源：甘肃传统村落调查课题组）

图6-3-8 完全木结构的清代民居（来源：叶莉莎 摄）

（a）古民居门首匾额　　　　　　　　　　（b）新院落门首匾额

图6-3-9 胡家大庄村民居门首匾额（来源：叶莉莎 摄）

三、街亭村

街亭地处西秦岭北麓，西接古郡，北环渭水，处于麦积山风景区核心位置，距天水市区约40公里。街亭也是先秦发祥地之一，街亭一带出土的秦人墓葬数量众多，文物丰富。街亭村主街道为明清建筑风格，建筑整体布局呈正方形，以十字街为中心按"五行"设计，有东西南北四条街道，街口原建有四座城门楼，楼上塑有金木水火土神像，现存东西两座城楼，东西长400余米，南北长300余米，占地面积15.6公顷。村内现存山陕会馆、文昌阁等不可移动文物，是一处保存较为完整的明清古民居建筑群。街亭村于2014年被公布为中国第六批历史文化名村。

（一）形成机理

1. 自然环境

街亭村位于天水市麦积区麦积镇，地处西秦岭北麓观龙山下，东柯河尽头的南北支流交汇的三角洲上，群峰环拱，景色绮丽。该村周边旅游资源丰富，背依西秦岭，麦积山、仙人崖、石门环列其后；其左有温家峡，右有黄家峡（即冯国瑞先生题字并作志的石莲谷）；观龙山绵延而来雄踞村后，南北二河于村前交汇，形成二水环村，两山夹河的独特地貌。街亭村占地面积7000多亩，海拔高度在1300～1800米之间，属北温带气候，四季分明，日照充足，雨量适中。

2. 历史沿革

街亭村历史悠久，文化积淀深厚。据史料记载，在唐代就有集镇形成，往来商贾云集于此，为村镇的形成奠定了基础。宋元时期，游牧民族的统治范围村镇无突破性发展，街巷主要格局形成于明、清两代，民国得以延续。现有户籍人口3592人，常住人口3907人，村域面积约10平方公里，村庄占地面积450亩，主要居住民族为汉族，以苹果和劳务输出为经济来源，并在2014年3月被评为第六批中国历史文化名村。

3. 文化资源

1）木偶戏

1945年，街亭村庆祝抗日战争胜利，成立太平春社民俗曲艺表演团，次年又专门成立木偶剧团。经过三代人的传承与发展，现已发展为具有一定规模的专业表演剧团，总人数50人左右，经常在外演出，目前代表传承人是村民王维民，属于省级非物质文化遗产。

2）麦积高抬

麦积高抬是街亭村每逢春节、庙会由村里人自发组织表演的社火类民俗节目，主要传承人为张居义、王守业。

3）街亭长腿子

街亭长腿子是通过传统民间技艺而得来的，最初只有几个人表演这项技艺。由于街子古镇是一个民俗文化大镇，长腿子技艺通过在春节期间的"上九""十五"庙会上表演，吸引了很多年轻人，调动了群众的好奇心，以致有了今天广泛的传承。"长腿子"的表演十分精彩，表演时吸引了周边相邻的伯阳、元龙、甘泉等七八个乡镇约五六万人前来观看，规模居陇右之首。

（二）总体格局

1. 聚落形态

街亭村两侧有河流并在村前交汇，村落背靠观龙山，"十"字形主街道贯穿其中。据史料记载，街亭村在唐代就有集镇形成，街巷主要格局形成于明、清两代，民国得以延续。明清时期的村落呈正方形，东西南北四个街口建有四座雄伟壮观的城门楼，楼内塑有金木水火四大神像，楼下城门供行人车马通行。十字街中心建有土地祠，村落以观龙山下东城门为中轴线，"五行"布置，取阴阳平衡、人与自然和谐绵延昌盛之意。用"十"字形主街将村落分割，整体布局井然有序，四方互通，体现了中国传统的城市设计理念（图6-3-10、图6-3-11）。

2. 街巷格局

街亭村东西街长400余米，南北街长300余米，街宽9~13米，街面原铺有青石板，后以水泥覆盖。街道两侧建有土木结构的商栈店铺、民居，主要为明清至民国时期建筑，有许多小街巷通向纵深的居民院落。现村内大街小巷相互贯穿，民居错落、店铺栉比，明清乃至民国时期已形成的古建筑保存基本完好。村内南北城门已被损毁，具体地点已无法查证，根据历史资料以及当地居民口述，原有南城门位置处于现南河以南，村落原有范围已遭到破坏，现状范围比原有范围要略小一些（图6-3-12）。

（三）传统建构筑物

1. 城门

古镇原有城门四座，均在主街尽头，南北城门因河流冲毁无存，现存东西城门。东城门为二层悬山顶土木结构，因门位居观龙山下，门前套有照壁，故呈一出二进形式。门楣上书"瞻麓门"三字，字体洒脱流利。门洞所砌条形青砖均系明代遗物，有清康熙、乾隆、道光年间维修时所题梁记。西城门亦为二层悬山顶土木结构，前墙面嵌有清乾隆三十七年（1772年）"仁明傅佳太爷截止木税德政碑"一块。二层内龛有观音塑像，外龛供诗圣杜甫塑像，故西城门又称"观音阁""子美阁"（图6-3-13）。

2. 山陕会馆

山陕会馆建于康熙甲申年（1704年），清乾隆三十四年（1769年）由山陕商人重修，关帝大殿前建有卷棚、钟、鼓、戏楼，廊房六间。清道光十三年（1833年）山陕商人又出资重修，格局为两院。前墙在20世纪70年代被生产队前移，改变了原来的风貌（图6-3-14）。

3. 崇福寺

崇福寺为县级文物保护单位，位于麦积镇街亭村东观龙山，地处南北两河相汇的高台上。据寺内出土的建庙砖刻"大唐弘道元年（公元683年）秋月吉日建"可知，该寺建于唐初，2011年7月新建崇福寺山门（图6-3-15、图6-3-16）。

四、朱家沟村

（一）形成肌理

1. 自然环境

朱家沟村位于陇南市康县中南部地区的岸门口镇，距县城约8公里，处于两道山梁之间的山谷地带。村庄三面环山，地势狭长，呈东西走向。村内环境优美，古朴灵秀。村落村域面积约为0.13平方公里，村庄占地面积大约127.2亩。

2. 历史沿革

1949年以前，康县中南部常遭土匪抢劫，岸门口被康县五大家族之一的朱氏家族所盘踞，现存"朱家大院"民居即为朱氏家族所留。民国33年（1944年）5月至1957年，县治由云台迁至岸门口。该村落由此也见证了红色康县的历史。目前，户籍人口约为181人，常住人口约为70人，主要居住民族为汉族，主要经济来

图6-3-10 街亭村聚落选址（来源：段嘉元 摄）

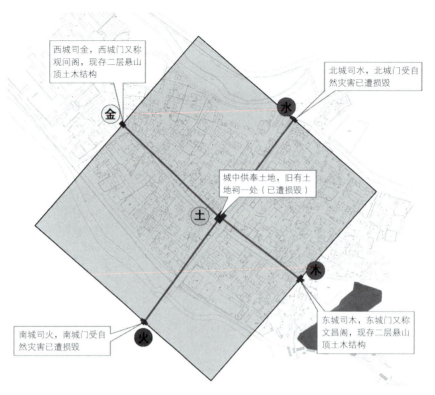

图6-3-11 街亭村村落格局（来源：麦积镇政府 提供）

图6-3-12 街亭村街巷（来源：段嘉元 摄）

图6-3-13 子美阁（来源：甘肃传统村落调查课题组）

图6-3-14 山陕会馆（来源：甘肃传统村落调查课题组）

图6-3-15 崇福寺（来源：段嘉元 摄）

图6-3-16 崇福寺整体院落（来源：段嘉元 摄）

源为农业和劳务输出。2017年朱家沟村被列入省级历史文化名村。

3. 文化资源

1）毛山歌演绎

康县毛山歌，是一种具有地域特点的原生态民间演唱形式。"毛"即粗糙的意思，没有固定不变的唱词与曲谱，都是通过口传心授的方式代代相传。它内容健康、思想性很强，是广大群众在生产生活中触景生情、即兴演唱的歌曲形式。其唱词内容丰富、通俗易懂，真切地反映出当地人民的生活、生产状态。演唱者常常喜欢将不同的歌词放到这两首曲调当中，再加上一些衬词，就开始即兴演唱，见山唱山、见水唱水，只要唱词句式的字数一致，都可以拿来用这两首曲调演唱。也就是说，唱词大多都不固定，一个人一个唱法，但整体曲调一致。

2）饮食文化"十大碗"

"十大碗"说到底其实是康县墓葬文化的延伸，其席面较为讲究，摆席放菜以"1、2、3、4"的方式呈三角状态，农村人习惯叫它一面旗的摆法。吃"十大碗"必须具备一定的条件，首先是白事，喜事是九碗，然后要有出嫁在外的女儿。放在第一碗的坨子肉，是老人去世之后出嫁的女儿给自己逝去的老人和答谢亲朋好友所准备的菜，也叫祭菜，这样就形成了"十大碗"。

不管红白喜事，其常规是"九碗三行子"：以正方形的方式摆放在桌子中心，以"上渣下丸，左酥右甜，腰豆腐，中烩菜"为格调。以上席为主、以上不动筷子下不乱动筷子的文明方式，先吃中间的菜，然后以上方为顺序，依次调整中间、旁边的菜，按比风俗礼仪进行用餐。

3）朱家族规——土葬文化

朱家墓地有五类人不能入：（1）无后者不能入祖坟；（2）异姓之人不能入祖坟；（3）作奸犯科之人不可入祖坟；（4）得天花、麻风病等传染病者不能入祖坟；（5）不是全尸，身首异处的不能入祖坟。所以，在朱家沟，家里只有女儿没有儿子的家庭，需招上门女婿，又叫"引儿子"，即女婿进了家门后，要当自己儿子一样对待，且必须改名换姓，这样既可以解决父母入祖坟，又能让女婿百年以后同样入祖坟。

如女儿的名字是彦字辈，叫朱彦红，女婿姓周，如果进了朱家门，就叫朱彦周。那么，从户口本上反映，朱彦红和朱彦周是夫妻俩，感觉像亲兄妹，近亲结婚，其实就是朱彦周入赘朱彦红家，成为上门女婿。所以，在朱家祖坟的墓志上，可以看出，每一个墓穴，都是朱家族人的，没有异姓墓穴。这种土葬祖坟文化，在整个康中、康南是普遍存在的，所以在阳坝、康县文化所宣传的男到女家，招上门女婿，实际上是对引儿子，改名换姓，顶门立户，去世之后可以顺利入祖坟的文化传承。

（二）总体格局

1. 聚落形态

据朱氏后人朱彦杰所说，村落背靠牛头山，前对燕子河，有"象鼻吸水"之势，按家族需要来说，在土匪横行之时，背靠大山，前距河流，是天然的易守难攻之地，是保护财产之地。

2. 街巷格局

朱家沟村传统街巷位于村内水沟两侧。村庄内至今还是一条凹凸不平的土路，门前是天然石阶，房屋地基基本由石砌而成。村里老人回忆的岸门口古街上是一派繁荣景象，打钟梁上每天晨钟响起，街面上就开始熙熙攘攘，戏楼坝天天有各会馆点包的堂会，关帝庙附近云集很多外地客商，茶楼牌社、酒楼烟馆、样样俱全。朱家梁上暮鼓声传来，家家闭门打烊，夜半更夫"天干物燥，小心火烛"的提醒声和那更夫的梆子敲打声，至今好像还旋绕在那棵千年麻柳的树梢之间。

（三）传统建构筑物

1. 朱家大院

朱家大院始建于清朝道光二十八年（1821年），占地面积约400平方米，属复式四合院土木石结构。房屋主体完好，共有20间，分上下两层，长50米、宽18米、高10米。院内两副牌匾均完好，牌匾内容体现大院文化传承，部分窗花在"文化大革命"时期被损坏。该建筑石刻、木刻艺术较高，建筑风格具有时代气息。（原大院有三进院落，"5·12"地震损坏两进院落，主家灾后拆除并修建了砖混房屋。）内院正门走向为坤山艮向。据后人回忆，大院修造那年是风水大利之年，寓意人财旺盛。

朱家大院坐东朝西，房屋为两层土木结构，穿斗式转角楼，系一门一进四合院古建筑。正房五间，面阔三间，正中一间有六扇两开木门，上方有透雕窗花，南北两头两间均为土墙。正房门头匾额和厢房部分有木雕图案，正房月台立面有石刻图案，两边均有石条台阶，拱鼓垂带。倒房三开间一楼正中一间为大门过厅，门头有匾额"玉树生香"。该院大门损毁后已进行过维修，总体保存完整。木雕窗花、栏板崇尚汉风，多用凤纹雕饰。保存石刻一块，雕刻图案内容为婚嫁场景，碑题"道光二十八年立"。该四合院为康县传统古建筑之一，现由朱氏后裔居住和保护管理（图6-3-17、图6-3-18）。

图6-3-17 朱家大院（来源：孟祥武 提供）

五、东峪村

（一）形成肌理

1. 自然环境

东峪村位于陇南市宕昌县狮子乡东南部，处于岷峨山南，境内沟壑纵横，地势北高南低，海拔2083～2169米。村落北临青崖沟，西接大许沟村，东接冉家，南到王家山村。村域面积约为2.2平方公里，村庄占地面积44亩。

2. 历史沿革

东峪村形成较早，依据村内现存古建筑年代推测，形成于明朝以前，现户籍人口约为311人，常住人口约为280人，主要是汉族聚居在此，以中药材、蚕豆种植为主要经济来源。

3. 文化资源

1）排灯表演

村子里以前有社火表演，春节期间，夜晚降临，来自四面八方的乡邻，纷纷走出家门，高举着精心制作的排灯。夜幕下连绵不断行走的乡民和他们高举的排灯宛如一条火龙，在寂静的乡野上留下一条夺目的光影，简单朴实的排灯营造的氛围之热烈，场面之震撼，以及其内容具有的文化内涵，给人们留下深刻印象。

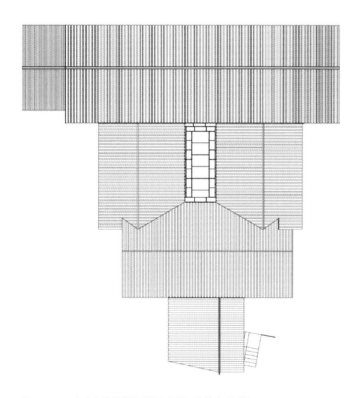

图6-3-18 朱家大院屋顶平面图（来源：孟祥武 提供）

2. 武举人民居

该民居是清朝年代建筑，占地面积约70平方米，民居结构框架主要以土木结构为主。房屋主体较好，分上下两层，面宽11米、进深6米、高8米，建筑屋顶形式为双坡屋顶，墙体为夯土。

（二）总体格局

1. 聚落形态

由三个小的聚落组成，各聚落内部布局紧凑，小巷纵横交错，将各民居紧紧地联系在一起。因山势地形限制，村落整体狭长，沿角狮路和东峪河顺势而建，两侧层峦叠嶂，踏板房掩映其中，东峪河缓缓而过，宁静而

图6-3-19 天池坪龙王庙（来源：甘肃传统村落调查课题组）

又安详。村落整体布局紧凑，呈"两山夹一沟"形式，即后坝山、南山和东峪河。

2. 街巷格局

村落内没有公共活动中心，唯一的重要公共建筑是村落内的庙宇，即古佛寺、备爷庙。每逢节庆，村民会自发聚集在此处烧香祭拜。

（三）传统建构筑物

1. 龙王庙

天池坪龙王庙是村里一个历史非常悠久的古迹，周围三四个村子共同祭祀。据传庙宇始建于明代万历年间，飞檐画阁，极具气势。原殿已在"文化大革命"期间被毁，连带许多珍贵的文物至今不知去向，现在的庙宇是20世纪80年代修建的。庙的四周有成千上万株古杉木，参天蔽日，非常壮观。大殿前左右两边各有一棵香木树，三四个人都合抱不过来，它们有几百年、上千年的历史，因为年代久远，树身已被蛀虫侵蚀，非常可惜（图6-3-19）。

正殿供奉的是赤砂龙王，听老人们说是三国时期忠君爱国、英武勇猛的一代名将赵子龙。关于他的故事村子里的老人们都能滔滔不绝地说不完，还有许多关于神灵感应的故事，更是津津乐道。

2. 踏板房

村落内建筑依山就势，传统建筑为踏板房，土木结构，具有木板压卵石屋顶、夯土墙体，檐廊式结构与传统木门窗。建筑格局基本为三间单层和三间双层檐廊式结构。一楼居中房间为客厅，两侧为居室；由一楼檐廊下的木质楼梯通向二楼，二楼檐廊外侧装有菱形花格栏杆，房间格局与一楼相同。

现存48户踏板房保存良好，有为数不多的几户已经无人居住，处于闲置和即将拆除的状态。踏板房的主要缺点为：高度低（约2.3米）、开间小（约2.7米）；屋顶木板易腐蚀且漏雨；门窗小、采光差；无厨房和烟囱，屋内生火做饭烟熏火燎，筑内梁柱、顶棚、墙壁和家具均被熏成黑色（图6-3-20）。

图6-3-20 踏板房（来源：甘肃传统村落调查课题组）

第四节 河西走廊乡村聚落

一、硖口村

（一）形成肌理

1. 自然环境

张掖市山丹县老军乡硖口村位于焉支山北麓，距县城40公里，南接绣花庙，北连新河驿，村域面积48平方公里，村庄占地85亩，硖口村户籍人口667人，常住人口285人，汉明长城与G30高速公路、312国道平行排列，横亘于东西两侧，交通十分便利，是古代丝绸之路的重要驿站，地处河西走廊的蜂腰地段。

2. 历史沿革

距今2000多年前，硖口一带就有先民在此繁衍生息，并以兵防要地被封建王朝所重视。丝绸之路开通以来，这里成为东西来往的必经通道，其地理位置和战略地位日渐重要。自两汉以来，历代封建王朝在此屯兵防守，此地明朝以前有无城堡已无法考证，宋代这里一直是西夏国属地，石硖口筑城现有文献可考，始于明代。《甘镇志兵防堡寨》中，山丹卫所辖堡寨中就有石硖口堡，并注："石硖口堡……与山丹卫并志。"山丹卫置于明洪武二十三年（1390年）九月，距今已有615年的历史。

3. 文化资源

1）九曲黄河灯阵

九曲黄河灯阵是山丹县民间社火的一种独有形式，已有上百年的历史，每年各村社火队在正月十五都要在灯阵内进行社火交流，表演形式复杂、风格独特、阵容宏大，具有浓厚的地方特色，深受群众喜爱。

2）硖口宝卷

硖口宝卷是河西宝卷的重要组成部分，在硖口境内流传的约有五种，均为毛笔手抄本。宝卷是在唐代敦煌变文、俗讲以及宋代说经的基础上发展而成的一种民间吟唱的俗文学。宝卷受到话本、小说、戏曲等的影响，其内容包含儒、释、道的三教合一及各种秘密宗教，并有大量非宗教的历史人物、民间神话、传说和戏曲故事。其结构为散韵相间，说唱地点包括庙会、娱乐场所，甚至家庭院落。在电视文化出现以前，文化落后、交通闭塞的农村是宝卷流行的主要场所。

3）洗毡

硖口村村民马祥福有一手洗毡技艺，靠此手艺养家糊口，在老军、陈户有一定的声望，所洗的毡有毛毡、毡帽、毡袄、毡鞋等，深受广大农牧民的喜爱，人称毡匠，现主要以洗毛毡为主。洗毡距今已有几百年的历史，它是解决劳动人民生活生产所产生的一种技艺。在改革开放前，人民生活水平普遍低下，尤其是农村放牧人，一年四季在荒山野岭，刮风下雨只能依靠毛毡挡风遮雨，在河西一带放牧人都有毡袄、毡帽等物品。

（二）总体格局

1. 聚落形态

硖口村东西长400多米，南北宽300多米，呈长方形，加西边关城（外城），总面积约19万平方米。整个城垣开东西两门，仅一条东西走向的街道纵贯全城，与东西二门相连，成为全城的中轴线，将城内的民舍、衙府、寺庙、店铺、营房等建筑物一分为二，井然有序，布局严谨（图6-4-1）。

图6-4-1 硖口村全貌（来源：甘肃传统村落调查课题组）

图6-4-2 汉明长城城墙遗址（来源：赵瑞 摄）

图6-4-3 汉明长城烽燧遗址（来源：赵瑞 摄）

2. 街巷格局

硖口村是老军乡境内保存相对较好的传统村落，汉明长城穿境而过，城内古建筑保存完整。硬化通村道路2.3公里，砂化景点道路10公里；每户通电，无有线电视，采用户户通电视信号接收器，不收费；村内没有卫生设施；家家户户已通自来水，但无排水设施，无集中供暖。

（三）传统建构筑物

1. 汉明长城

长城在山丹县境内绵延近200公里，壕式汉长城和土筑夯打的明长城，虽建于不同年代，但走向、长度却完全相同。汉长城在北侧，明长城在其里，两者相距10～80米之间，平行延伸。像这样不同历史年代修筑而同时并行并至今留存较为完整的长城段在国内绝无仅有，为国家重点文物保护单位，被专家誉为"露天长城博物馆"（图6-4-2）。

从进入石硖口谷顺谷东山脚有开挖的汉壕沟，壕垒现存烽燧10座（图6-4-3）。据《甘州府志》记载，境内明长城有五处留有暗门，除此其他地方均无豁口，暗门上建过城楼。南来北往的商客或行人通过时需经守兵稽查方能出入，山丹境内长城的修筑，是先民们为了这一带的边防安全、经济建设、交通畅通经过艰辛劳动创造的，是山丹先民创造的灿烂文化遗产，是古山丹人民智慧的结晶。

2. 锁控金川石刻

距硖口古城东约一华里的石硖谷中，明嘉靖三十二年（1553年）四月，鄢陵进士陈棐以奉敕"恤全陕前左给事中"身份观察河西兵防，途经石硖谷，见此处两山对峙，地势险要，有一夫当关，万夫莫开之势，欣然奋笔在硖谷北壁上题下"锁控金川"四个大字，以示此地险要。后镌刻于高3米、宽2米的垂直石崖上，镌字面积是1.68平方米。四个字各0.40平方米，成为胜迹。在"锁控金川"西边两山相峙处的羊鹿门石壁上还有镌刻的"天现鹿羊"大字和当年匈奴、羌人用腰刀镌刻在石壁上栩栩如生的岩画形态（图6-4-4）。

图6-4-4 锁控金川石刻（来源：刘奔腾 摄）

3. 过街楼

城内有一座过街楼，始建于明代，坐落于南北中心街道偏南。路两旁筑石条，砖石砌面的黄土夯筑墩台，间距4米。两台阶架过梁，铺木板，上建木结构小楼。过街楼悬一大匾，楷书"威镇乾坤"四个大字，古朴苍劲，端庄秀逸（图6-4-5）。

图6-4-5 过街楼（来源：甘肃传统村落调查课题组）

二、天城村

（一）形成机理

1. 自然环境

天城村下辖11个生产合作社，现有446户人家，户籍人口1730人，常住人口1587人，村域面积约为334平方公里，村庄占地面积1023亩，其中耕地面积6012亩，南滩草场50千亩，是高台县发展畜牧业的重要基地，以养羊和棉花种植为主要经济来源。

天城村属北温带干旱气候，夏季炎热而短促，冬季寒冷而漫长，雨热同季。在生长季中太阳辐射强，日照时数多，蒸发强烈，昼夜温差大，降水变率和年际变化大。

2. 历史沿革

早在5000年前的原始社会时期，天城村一带是一片汪洋大海，又称"石海"。镇夷石峡被凿通后，积水下流，逐步形成黑河通道，后黑河两岸杂草丛生，出现高低不平的绿洲区域，初为羌人部落的游牧之地；春秋战国和秦时，有乌孙人和月氏人在这里逐水草而居；西汉初年，匈奴南下，占据河西走廊；汉武帝时，河西全部纳入汉王朝，天城已是汉族移民的居住所在地。

天城村在历史上地处边防要地，为防御外患，居民筑堡集中而居。据记载，天城最早的城堡为汉代所筑的石海城（今侯庄二社处），后被河水冲垮而在今侯庄三社处新筑城堡，因山形环绕而取名天城（俗称旧城）。明洪武二十九年（1396年）在天城堡内设哨马营，由于城堡狭小，在原址处重筑，取镇压夷人之意，更名"镇夷城"，在城内设有4大街8小巷。

3. 文化资源

1）天城社火

天城村的社火秧歌是由"地蹦子"与"凤翔秧歌"组合而成的一种地方表演艺术。地蹦子在河西一代流传甚广，由15人组成，即4个男鼓子、4个女鼓子、4个棒槌和尚，以及膏药匠、傻公子、大肚子丑婆娘。在表演时，除了地蹦子的跑大场和说唱、对白之外，将凤翔艺人的秧歌舞和当地小调结合起来，女的身背腰鼓，男的手拿霸王鞭，相互轮流，单舞单唱或是双人联唱各种曲调，同时配合舞龙、赶旱船、踩高跷、竹驴竹马、大头和尚等，表演技巧繁多、内容丰富。

2）灯杆迷宫（黄河大阵）

传说中的三霄娘娘和姜子牙斗法后，用自己的金蛟铜和混元金斗在宫门前摆下了"黄河大阵"，让弟子们前来观阵、破阵而取乐。传入地方后取名"灯杆迷宫"，老百姓俗称"黄黄灯"。黄黄灯是用360个灯杆和绳索连接起来的，前有彩门一座，置有出入两门，阵中心立一个高大的帷杆，帷杆上挂红缎子一块，游人进入中心后，用红缎擦脸擦手，说是以后手脸永不皱裂。破阵者进入彩门后，在灯杆和绳索中穿插而行，如果把路线走错了，就永远也走不出来，只能是爬着出来，叫作钻狗洞。每个灯杆上面都有一个用蜡烛点燃的花灯，花灯上面画有各式各样的图案。灯杆迷宫传入天城后，常在春节期间和正月十五开场游展，场子设在"东岳庙"门前，据说东岳天子和三霄娘娘曾有一段相会。后来天城人又将其设在大众广场，游人来往不绝，非常热闹。现保留的灯杆和彩门已残缺不全，但黄河阵的摆设图案还保存着。

3）天城宝卷

宝卷是一种流行于民间的说唱文学，它由历史人物、民间神话、传说和戏曲故事等演变而来，多带有迷信色彩，但它的内容主要是教化人心。念卷者说唱念结合，委婉动听、曲调优美，很受人们喜爱。每逢农闲时或节日，爱好者相约而聚，自乐助兴，多在家庭院落请识字人念卷，冬季请来亲朋好友坐在热炕上，一面品茶、一面听卷。天城土生土长的60岁左右的农民没有不熟悉宝卷的，有的诵念和抄写过卷本，有的会咏唱宝卷曲调。20世纪40年代前后至中华人民共和国成立初期，这里的宝卷成为家喻户晓的卷籍，"文化大革命"中一度遭毁。20世纪80年代以来，随着"左"倾禁锢的解除，天城宝卷又不断被发掘出来。

4）打铁

原李氏铁匠铺已有几百年的历史，可追溯到大明洪武年间。李氏先祖乃陕西人士，手艺高超，凡锻工活计，样样都会，无所不能，可以打刀锻剑，制作农具家具，更甚者还能打造出火枪火炮。世代相传，且传内不传外，几世生意兴隆，名传四方。明洪武年间，镇夷堡设置千户所，镇守边关，隶属陕西行都司管辖。因李氏铁匠铺技艺高超，名望显赫，奉命将其纳入兵营，随军带到镇夷，为部队打造兵器，代代相传，至大清末年已知铁匠师傅李世泰已经是李氏十几代子孙，他继承祖业继续打铁为生，其技术不亚其父，也能打造火枪，并有绝妙之法不至于爆裂，当时可算是高明了。

20世纪50年代，李世泰老师傅年老去世，其子李加成已经出师，他又继承父业，继续以打铁为生，他的拿手绝活是打造出的刃口锋利无比，受人青睐。因时代的变迁，加之国家禁止私造武器弹药，从他开始，就把造枪手艺彻底丢了。合作化时期成立农具厂，他自然也就是锻工组的领头人了，队上又派年轻力壮的小伙子秦俊给他当搭档、拉风箱、抡大锤，慢慢地也就成了李加成的外姓徒弟。大包干以后，李加成师傅因病去世，秦俊就在家搞起了个体经营，并把自己的儿子秦建军也培养成为铁匠，本地通电后，又增添了电焊机、切割机、电砂轮、电风机等先进设备，除打造和修补农具、家具外，还根据农民的需要搞一些小的发明制造，以减轻农民体力劳动，提高了劳动效率，深受群众欢迎。至此，李氏铁匠铺也就彻底变成秦氏铁匠铺了。

（二）总体格局

1. 聚落形态

镇夷城建于明天顺八年（1464年），设在黑河之北，临边山湾冲地，呈方形，开南门，总面积28万平方米，周长四里三分。

城围建筑结构为城高9米、宽6米。南门外龙虎楼，门前置吊桥。内瓮城至中门用青砖砌成，门扇用铁皮包裹，门额上刻"天城锁钥"四字。第三道城门直通城内，上建日月楼。四角城墩呈圆形，上建岗哨楼，四面城墙分段筑墩12个，北城墙中墩建玉皇楼，楼两侧墩建高炮台，内置大神炮，是防御进攻的主要设施。东城墙中墩建牛王楼、西城墙中墩建观音楼、南城墙东侧建魁星楼、西侧置镇水猿，猿手指向黑河，以示不让河水直线冲城，向南绕道而行。其他各墩高于城墙，是指挥军士对抗攻城的主要场所。现仅有东北城墙保存一角，长约600米，1978年被列为县级文物保护单位。

2. 街巷格局

天城村街巷是村庄肌理的重要构成要素和空间序列的重要载体。天城村的街巷空间仍然保持着清末民国时期的特征：街街呈十字相交，街巷呈十字相交，巷巷呈十字相交。堡内居住建筑均向街巷开正门。居住建筑均呈三合院形式，堂屋居中，旁为两厢，前院后棚（前为居住，后为养殖）。

（三）传统建构筑物

1. 正义峡

正义峡俗称天城石峡，地处张掖、酒泉和内蒙古额济纳旗交界之地，是黑河西流的唯一通道，地理位置险如一副锁钥的门户，周围连绵的群山，如一道阻隔漠外的天然屏障，故有"天城锁钥"之称。正义峡历来为兵家所看重，凭借险要地势，阻止和镇压外夷入侵，故取名"镇夷"，后更名为"正义"，"正义峡"也由此得名。正义峡山高水急、波涛汹涌，黑河水切断似地把合黎山分为两半。两边险峻山崖、奇峰怪石、千姿万态，形成一处天然奇观。石峡中段稍开阔，河边土壤多沙，奇花野草丛生，鸟兽出没异常，还长着一大片胡杨林，是天然的草场和乐园。

明万历年间，阎相师先祖阎维，湖北襄阳人，以岁贡来镇夷千户所掌印，遂世居天城。清乾隆年间，阎相师行武西征时战绩显赫，由参将晋升为甘肃提督，后加封为太子太保。在父亲和家人的协同帮助下，他先后建造了"晚翠山房""摩云亭""古茅庵"等建筑。"晚翠山房"结构精巧、奇特优美，如入武陵桃源；"摩云亭"建在一块伸向黑河的龟石上，如架空在河上的飞船，云天明月、清光照人；"古茅庵"建在今西岭半崖间。清同治年间，社会动荡，国民军首领白彦虎率部前来攻打镇夷城，因防守严密，攻城失败，遂潜入石峡，烧毁了所有建筑。

1943年，在正义峡建成了黑河史上第一座水文观测站，它担负着黑河水的流量、流速、水位、水温、降水、蒸发、泥沙流失等监控过程，掌握着黑河沿岸百万亩农田用水的状况。经过多年的变革发展，现已成为一道风景线。中华人民共和国成立后，正义峡得到了人民政府的重视，阎相师御赐墓碑被列为省级保护文物（图6-4-6）。

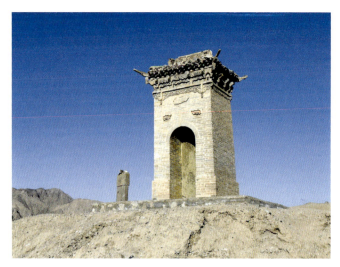

图6-4-6 阎相师御赐墓碑（来源：甘肃传统村落调查课题组）

图6-4-7 天城村长城（来源：当地政府 提供）

图6-4-8 天城村烽燧（来源：当地政府 提供）

2. 长城

明代为防御被推翻的元朝残余势力及北方其他少数民族扰乱边疆，先后用100多年的时间连接了西起嘉峪关，东到山海关的万里长城。天城和酒泉交界处的边墙就是长城西端的一部分，天城段长约60里，明嘉靖二十七年（1548）修筑，现天城东侧一段保存较好，长约500米（图6-4-7）。

3. 烽燧

天城境内的烽燧星罗棋布，有长城沿线的，有连接直达高台、酒泉的，也有乡间专供瞭望的，这些烽燧修筑于汉代和明代。烽燧在天城有五种类型：沿边墩21座、口外墩11座、东路墩7座、西路墩7座、南路墩2座。现保存完好的有9座，都坐落在高山上，正义峡旅游区有4座，其中一座为汉代所建，1962年被列为省级文物保护单位。这些烽燧已成为天城旅游的一大亮点（图6-4-8）。

4. 对口院

天城民居自古至今基本保持着四合院（俗称对口院子）的格局。古代有钱人家的四合院比较讲究，是一种带前插（俗称雨廊）名曰四廊齐的房子，结构复杂、装饰豪华、雕梁画栋。四合院内堂屋、倒座、左右厢房各三间，伙房粮房多在四角处安排，四面房子都带有前插，下雨时廊下行走不粘泥，因此得名（图6-4-9）。

5. 香山寺

香山寺建于大明成化年间，位于正义峡口的西山上，高约300米，当地人称西山寺。寺庙顺山应势而建，自上而下建有玉皇图、无量佛殿、观音堂、财神阁、领馆庙、达摩殿、弥勒殿、菩萨楼、地藏楼、洛神庵、僧房、斋房、戏台等建筑，气势宏伟，布局合理，是高台境内的宗教圣地（图6-4-10）。

图6-4-9 对口院（来源：刘奔腾 摄）

图6-4-10 西山寺遗址（来源：甘肃传统村落调研课题组）

第五节 甘南高原乡村聚落

一、尼巴村

（一）形成肌理

"尼巴"为藏语译音，意为"阳坡"。尼巴村坐北朝南，依山而建，清澈的车巴河穿村逶迤而过，寨前几行陈列有致的玛尼旗在朔风中飘扬。远望尼巴村，村寨的房屋建筑形式类同，错落有致，鳞次栉比，从低到高，层层叠加，户户相连，组合成一个严密壮观的防御整体。一看那坚固的结构和雄傲的阵势，就明白是战乱年代防盗防匪、抵御入侵的需要。特别是在蓝天白云下，尼巴村家家户户房顶上搭晒青稞的架杆密如蛛网，纵横交错，更给山寨增添了既神圣又神秘的色彩。

1. 自然环境

尼巴村距卓尼县人民政府驻地约80公里，距麻路镇30公里，海拔2930米，与迭部县、碌曲县和四川省若尔盖县接壤，江迭路从村口通过。村域属高原型大陆气候，寒冷湿润、四季不明、光能不足、日照短、热量贫乏、温差小、降水充沛、不均匀。村子地高林多，湿度大，年日照总量约2184小时，年平均气温5.9℃，为高山丘陵地区，地质结构复杂，地下矿藏较为丰富。

2. 历史沿革

村落的形成最早可追溯至唐代。吐蕃赞普后裔戍边的将士在战争结束以后，一部分成为庶民，逐步与山外的牧民融合，先牧后农，定居于此，逐渐形成了现在的尼巴藏寨。在一户藏族村民家中，就收藏了其祖先留下的西藏玛尼石，印证了这种说法。

3. 文化资源

尼巴藏寨最远的历史据说可追溯至两百年前，当地牧民由当时的戍边将士定居演变而来。进入21世纪以来，这个百年村寨最鲜明的变化是由于文化知识的普及，一部分人已经走出传统牧业生活，越来越多的村民从事起交通运输和商贸活动。尼巴村的新一代，正以各种新颖的方式，紧跟着时尚，实现着各自的人生价值。这里有很多年轻人走进大城市的艺术院团、藏吧、文化广场，或一展歌喉，或带着城里的人跳起藏族舞。更为重要的是，这个村寨一直很重视文化教育，有着很好的文化传承，每年都能培养出10多名大学生。近些年，对文化的学习，对外面世界的了解，也让这个百年村庄观念长新。这里的藏胞，一方面以淳朴自然的生活方式传承着民族的文化；另一方面通过电视、手机、网络融入时代的步伐。

在当地，村落的形成还有"三兄弟漂木选寨"的传说，此传说现在仍然被人们口口相传。传说中三兄弟里的老大名叫玉龙拉绸，老二名叫苏奴闹日，三弟名叫旦交华吾。三兄弟为了选好寨址，每人分别在车巴河中放一截木头顺水漂流。结果老大的木头漂到现在的尼巴寨章杰桥下停泊，从此形成了尼巴寨；老二的木头漂到现在的郭卓沟口，他就在郭卓沟里安家；三弟的木头一直漂到洮河后在卡车沟口停泊，形成了现在的卡车沟的大力村。弟兄三人在车巴沟最高的华儿干山脚下造立山神，为子孙祈福。老大玉龙拉绸献了一部经书，祝福后代充满智慧；老二苏奴闹日献上了一盏酥油灯，祝福子孙代代富裕；老三旦交华吾献上了一把斧头，祝福后代顽强勇敢……从此，以三兄弟为先人的这群完全游牧的藏族民众，逐渐转变成为半牧半农生产生活方式的尼巴寨人。

（二）总体格局

1. 聚落形态

尼巴村形状呈"一"字形，沿车巴河南北两侧分布。内部主街东西走向，宽阔通畅，小街巷相对较窄。民居最早建造于车巴河南岸陡峭的山坡上，依山势布局，错落有致，形成了自由、有机的聚落形态。20世纪80年代后，由于车巴河北岸地势平坦、开阔，且交通便利，居民渐渐于此建造房屋，逐渐形成了沿河发展、隔河相望的两个带状聚落形态（图6-5-1）。

村寨里随处可见曲曲折折、层层而上的栈道。这些栈道一边依山固定，另一边依靠无数的圆木支撑，不仅解决了人、畜在山坡上的交通问题，而且扩大了藏寨的有效生活面积。不大的村寨中住所十分稠密，家家围墙相连。民居采用传统土木结构，即内不见土、外不见木。外部土墙起到保温和维护的作用，内部木结构为木墙、木天花、木地板，房间内部装饰尽显藏族风格。

2. 街巷格局

村落里民居建筑均为土木结构，大多民居有上百年历史。村落顺应山势，从低到高，错落有致，鳞次栉比，户户相连，古色古香。村落里还有曲曲折折、层层而上、互通有无的栈道与民居错落呼应，形成了独特的村落风貌（图6-5-2）。每当清晨，村落薄雾笼罩，轻烟萦绕，山光水色，清静幽雅，好似梦中仙境。

（三）传统建构筑物

尼巴村保留有的传统建筑包括阳坡木栈道、百年藏寨、阳坡东端风玛尼坊、玛尼房、白塔及转经房等。目前，村落整体风貌较为协调古朴，部分新建民居仍采用传统材料与工艺。

1. 玛尼房

尼巴村玛尼房原为外夯土，内木构建筑，近年屋顶和西立面以红砖整修，失去部分传统风貌。其形体为局部二层，一层整体为念玛尼处，可容纳千人，尼巴村及附近的石巴村、格拉村村民在这里为节日祈福，为亡人超度。

沿玛尼房外墙的转经廊，是尼巴村宗教功能最强的空间之一，已有百年历史。在尼巴村常举办的玛尼会结束之后，村民走出玛尼房，以顺时针方向鱼贯而入，并

图6-5-1　尼巴村全貌（来源：段嘉元 摄）

以顺时针方向转动经轮。玛尼房外转经廊由108个经筒组成，经筒皆为黄铜质地，内置经书，铁轴自中心贯穿固定，下部连接"十"字形木把手以便转动。每当转经仪式开始，人们表情虔诚、口中念经，依次从车巴河和玛尼房间之间的转经廊通过。对岸就是"阳坡"，周围即煨桑缭绕，延续百年。

2. 白塔

尼巴村中心处白塔是全村宗教信仰的中心，是村落的核心公共空间、景观中心以及最重要的地标。依藏传佛教传统，白塔内置佛像及经文，且白塔样式形态优美，比例协调。

因塔的特殊位置，在玛尼会结束后，村里的老人（限男性）常围在白塔旁边晒太阳、聊天，白塔已成为尼巴村村民生活的一部分。尼巴村白塔的修建体现了藏族传统村落以藏传佛教的佛像或佛经白塔作为村落中心的聚落形态。

3. 阳坡木栈道与百年藏寨

尼巴村北坡山上，百年藏寨的修建过程是漫长的。在以防御和居住为目的阳坡聚落逐渐形成的过程中，楔入缓坡的圆木栈道巧妙地起到了通行和联结各户的作用。依随山势，木栈道呈现若干个"之"字形组合。圆木一端楔入山体，一端落在下面的支架上，再以斜撑的方式加固支架。栈道上以草泥抹面，更与山脉浑然一体。

木栈道既是阳坡老寨古老的道路体系延续，也是藏寨起伏错落的结构体系之脉络，不仅是一种衔接，亦是一种对地形的解释。木栈道看似古朴粗泛，实则形成稳定的受力系统，是百年藏寨的建构奇迹。

近年来，随着高密度新建材（水泥、红砖等）的加

图6-5-2 尼巴村传统街巷（来源：段嘉元 摄）

入，木栈道原稳定的受力体系受到挑战。部分路段有倾斜和塌漏，需维修及评估以维持其体系的稳定。由木栈道组织构建的藏寨体系呈"外夯土，内木构"的形制，俗称"外不见木，内不见土"。早期藏房为防御及御寒，立面少有开窗，只开1~3个天窗作为自然通风和烟道出口。整个体系浑然天成，除出入口处作防风隔间外，少有空间穿插，这是早期牧民对"内部空间"的理解，很好地延续了游牧时期人们使用帐篷的生活经历。

4. 阳坡东端风玛尼坊

早期风力玛尼伫立于村落历史建筑较集中的阳坡的东西两头，判断为原村落入口标志。其东侧风玛尼历史已超百年。风力叶片风格古朴，形似木瓢，为手工凿刻所制，目测3~4级风即可驱动。另有似牌坊形式简易门檐配套，为其遮风挡雨。

5. 玛尼石子堆

依藏传佛教传统形制，积"玛尼堆"是重要的宗教信仰方式之一，而"玛尼堆"需要大量质地适宜的易雕刻石材和较成熟的工匠。因此，在地处安多藏区的尼巴村，这种"玛尼堆"巧妙地演化为"玛尼石子堆"。人们每经过一座"玛尼石子堆"时，一般要往石头堆上添一块小石头或一颗石子，作为一次祈祷。丢一颗石子或添一块小石头，等于念了一遍经文，逐渐地"玛尼石子堆"不断增高。尼巴村玛尼石堆除上端树立一形状特异的片形青石外，其余均为村民特意选择的圆形白石。

二、扎尕那村

（一）形成肌理

1. 自然环境

扎尕那村位于甘肃省甘南藏族自治州迭部县益哇乡，从迭部县城到扎尕那大约30公里，柏油公路通到村子里。迭部县海拔2600米，扎尕那村海拔3000~3300米，周围最高山峰海拔4500米。"扎尕那"是藏语，意为"石匣子"。江迭路从村口而过，扎尕那村东连电尕镇，西南与四川若尔盖县接壤，北与卓尼县隔山相邻。

2. 历史沿革

元代以前，西藏原住民迁徙繁衍至此，形成今日的扎尕那村。村域面积约为0.1平方公里，村庄占地面积80亩，户籍人口约为700人，常住人口约为700人。主要是藏族聚居在此。村民主要以牧业、旅游业为经济来源。

3. 文化资源

在村落中的传统节日，婚丧嫁娶时以及房屋落地时等接待礼仪中会有民俗仪式。其是一种说唱形式的民俗表现，主要内容多为历史经典、传说故事和家族沿袭等。该项说唱形式口口相传，并无专人掌握，但地方男女老少多少都有记忆。活动时由参与的群众自发交替进行。

（二）总体格局

1. 聚落形态

扎尕那村寨三面秀峰环拱，苍松翠柏，郁郁葱葱，犹如高峻浑厚、坚不可摧的城墙，把扎尕那四村一寺围在城中。

东哇村和拉桑寺院正好坐落在石城中央。城内左上角还有一道出城进山的北门，即由石山断裂形成的陡坡状石质狭道，为南北走向，长百余米，宽仅数米。石峡两面是垂直挺拔的岩壁，一泓溪水悬泻而下，声响如雷。此道为洮迭古道必经之险关。石城正南方，是一道石山对峙的"城门"，是扎尕那四村出入及洮迭古道必经此门。城门外是一条南北走向的十里峡谷,恰似城外长廊,长廊南端高竖着两道百米高的对称岩壁,犹如两堵巨型门墩,形成一座宏伟的石城"前门"。

2. 街巷格局

扎尕那村聚落形状呈"一"字形,内部主街东西走向,宽阔通畅,小街巷相对窄小,民居顺小巷而建,建筑布局整齐有序。村落藏式榻板木屋鳞次栉比,层叠而上,玛尼经幡迎风飘扬。

(三)传统建构筑物

村落内传统建筑为拉桑寺,其始建于明代,建筑面积为14000平方米,寺院中的大经堂属于历史建筑(图6-5-3)。

图6-5-3 拉桑寺转经廊(来源:刘奔腾 摄)

三、红堡子村

(一)形成肌理

红堡子村因堡得名,该堡因用当地红色黏土修筑,故俗称"红堡子",为明洪武二十二年(1389年)刘顺所筑,堡子呈正方形,边长约为90米,堡墙为黏土夯筑,截面呈梯形,底宽约为7米,顶宽约2.9米,高10米,该堡址对研究古代军事防御体系具有较高的历史价值。

1. 自然环境

1)地理位置

红堡子村位于临潭县流顺乡,地理坐标为东经103°10′~103°52′,北纬34°30′~35°05′,省道306与之相邻。红堡子村总土地面积约2250亩。

2)气候特征

红堡子村光热资源充足,太阳辐射强,降水量多,昼夜温差大。春季回暖慢、秋季降温快,有冬干秋湿的高原气候特色。村域平均海拔2896米,年均降雨量502毫米,年平均气温4℃,全年无霜期56天。

3)地质地貌

红堡子村位于高山丘陵地区,地形西高东低,平均海拔2825米。地质构造复杂,地貌形态多样。属于河谷平原地貌,这种地貌分布于祖厉河及其支流祖河、厉河、关川河,为宽窄、长短、高低各异的三级河谷阶地,呈树枝状嵌入梁峁丘陵之间。阶地多由冲积、洪积物组成,黄土层厚,土质较好。

2. 历史沿革

红堡子村始建于明代,东墙中间有马面,为明洪武二十二年(1389年)刘顺驻防洮州所筑。历史上临潭地处"西控番戎,东蔽湟陇""南接生番,北抵石岭"的军事要冲。

3. 文化资源

堡子村特色文化是从所处的地域环境和民居风情凝

练出来的，既具有中华民族传统文化的共性，又具有特殊性，结合了汉族和藏族的多元优秀文化，有着不可替代的文化价值。红堡子村再现了屯堡人独特的生活方式、价值观念和思维方式，从中可挖掘其历史文化价值演变轨迹。有祈求田园丰收的四月八姑姑庵会、五月五龙神会、五月十五上寨庙、搬场节、社火闹正月、元宵迎灯会等文化活动。

（二）总体格局

1. 聚落形态

红堡子古城呈长方形，村落整体呈"一"字形布局，沿河分布。流顺乡红堡子村依山傍水，东临洮河支流，处于河谷地带，地域内土壤肥沃，水源充足，利于耕作，适宜人居住（图6-5-4）。

红堡子村选址充分体现古人的哲学思想，坐北朝南，建筑平面规整对称，周围山体环抱，左有牛头山，山下有流顺河，右有虎头山，西南有猪尾山和虎头山相望，北面有象山，形成停风聚气的格局。每个院落都形成一个农耕田园文化的缩影，高墙严门，墙内人居紧凑，墙外树木菜地环绕，如此规整的空间形态体现中国传统文化的内涵，尊崇规制，讲究严谨的布局模式，同时也反映出家族观念和文化礼制。

2. 街巷格局

红堡子村保留有一定数量的古建筑，保存情况较为完整，许多后来建造的房子也延续了传统建筑风貌和院落格局，整个村子风貌古朴。红堡子村的古建筑主要有两类：一是民居四合院建筑群；二是民间传统公共建筑。民居建筑的艺术和风格特点是：庭院较为宽阔、等级有序；房屋外观简朴、造型纯正；内观简洁、梁架工整、雕刻精致，如刘氏院落（古时将军府）。

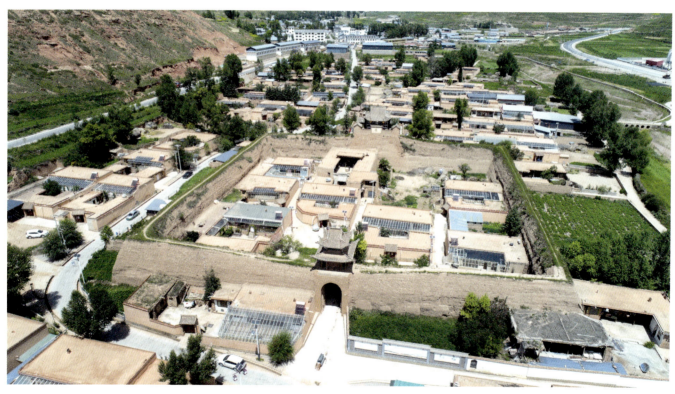

图6-5-4　红堡子村貌现状（来源：段嘉元 摄）

（三）传统建构筑物

1. 夯土建筑

红堡子村建筑风格地域特色显著，具有藏汉混合式特征，村落格局、建筑布置、房间平面为明显的汉族建筑模式。天井、花窗等木质构件造型硕大，纹饰质朴，庄重感十足，厚重的夯土外墙等具有西部藏族建筑的特点。整体外观有藏族建筑的"外不见木、内不见土"的风格，建筑色调以当地的红土夯筑所形成的土红色为主，色彩古朴庄重。农田、水系、建筑完全融为一体，彼此映衬，形成一幅西北夯土民居聚落的传统画卷。

2. 灯山楼

灯山楼位于红堡子村中段，始建于明朝，建筑面积为50平方米，属于省级文物保护单位。是全村最大的公共活动空间。此外，小巷是居民们重要的活动空间（图6-5-5）。

四、茨日那村

（一）形成肌理

1. 自然环境

旺藏乡茨日那村依山傍水，背靠群山，北临白龙江，处于河谷地带。地域内土壤肥沃，水源充足，利于耕作，适宜人居住。西面为远近闻名的旺藏寺，对村落早期形成有重要影响。

2. 历史沿革

明代时围绕旺藏寺形成今日的茨日那村。村域面积约为0.95平方公里，村庄占地面积450亩，户籍人口约为249人，常住人口约为249人，主要是藏族聚居在此。

图6-5-5 红堡子（来源：段嘉元 摄）

1935年9月13—15日，中国工农红军长征途经此地时，毛泽东主席曾居住在该村一幢木楼上，并在这里向红四团下达了"以三天的行程夺取腊子口"的命令。毛泽东主席于15日拂晓离开了这座木屋，为能赶上红四团，决定改走捷径，带领参谋及警卫人员20人，从茨日那村前这座木架仙人桥上渡过白龙江，跋涉翻越3400多米高的压浪尼巴和高日卡两座大山，直奔若尕沟崔古仓村，与大部队会合，向腊子口挺进。

3. 文化资源

"尕巴"舞是迭部藏族先民们祈求平安健康、欢庆五谷丰登而祭祀神灵的一种特有的民间舞蹈。欢庆活动根据秋收的完成情况，一般都在农历十月中旬至十一月下旬间先后进行，那时正逢藏家牛羊肥壮、颗粒归仓、五谷丰登的季节。同时还有个庆丰收的传统饮食节日，藏语称"道吾"。为了庆祝收获，供奉山神，祈祷来年的收成及全村的平安，欢庆活动表演一般持续2~3天结束。

"尕巴"舞展示了林区藏族人民对幸福生活的美好向往和追求，表现了从远古图腾时代起，由整个林区藏族人民和民间艺人的不断创造、演变而成的美好舞蹈形象，是迭部藏族人民历史、生活、性格以及审美观的凝练再现，对藏族舞蹈艺术的形成和发展产生了重要影响，有很高的研究价值。但由于现代传媒的普及，"尕巴"舞生存的空间日趋狭窄，导致这一民间藏族歌舞将面临失传的危机。

（二）总体格局

1. 聚落形态

茨日那村北邻白龙江和313省道，南靠群山，民居沿山势自然分布，错落有致。茨日那村建筑整体为泥木结构，外不见木，内不见土，保存情况较为完整，许多后来建造的房子也延续了传统建筑建造风格，整个村子风貌古朴。房屋外观简朴，造型纯正；内观简洁，梁架工整。院落相对封闭，一墙一门。民居依山势而建，高低起伏，错落有致。

2. 街巷格局

村落依山傍水，与白龙江相望，环境优美。民居连片分布，都为素土夯实平屋顶。屋顶层高各不相同，之间有垂直交通相连，错落有致，与背后群山呼应。村落入口处的小广场是重要的公共空间，也是村落与外界联系的交通节点。村内公共基础设施有待进一步提高。村内道路已建成，路面由传统石或砖石铺筑。村内巷道自然布局，沿地势起伏，与民居的分布有机结合，也是村内重要的公共空间。

（三）传统建构筑物

1. 旺藏寺

旺藏寺始建于清代，建筑面积为5400平方米，现今保存完整（图6-5-6）。

2. 毛泽东故居

毛泽东故居始建于1927年，建筑面积为343平方米，是毛泽东长征途中居住的民居，属于国家级文物保护单位，现今保存完好。毛泽东故居入口采用夯土筑墙，大部分建筑已有上百年历史，小部分建筑近20年进行了改造翻新。建筑是传统土木结构，室内的传统木柜嵌入墙内，以节省空间（图6-5-7、图6-5-8）。

图6-5-6 旺藏寺（来源：李玉芳 摄）

图6-5-7 毛泽东故居（来源：叶莉莎 摄）

图6-5-8 毛泽东故居院落（来源：叶莉莎 摄）

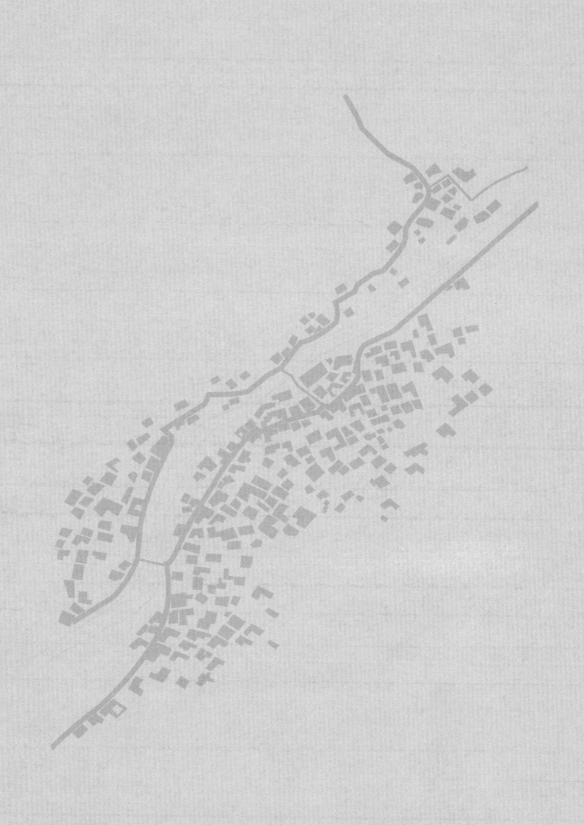

第一节　陇中黄土高原聚落民居

陇中地区是指位于甘肃中部的黄土高原地区，范围大约以陇山以西、北秦岭以北、乌鞘岭以东为界。该地黄土层深厚，大部分地区的黄土层厚度可达数十米，局部地区最厚可达200多米。此外，本区属半湿润与半干旱为主的温带季风气候，除东部地区外，年降水量大致自南向北逐渐减少。因此，在漫长的自然雨水冲刷作用下，黄土地貌梁、峁成为该地的主要地貌形态。这一独特的地貌也就成为陇中黄土高原聚落的风貌基底和营造动因。

一、造型与构成

（一）堡寨民居

北宋年间，朝廷政府为加强对西夏国的边患防范，在广袤的西北地区发动军民广泛修筑防御性聚落建筑——堡寨，陇中地区位于两国交战的前沿地带，寨堡修筑数量更是多于其他地方。随着元代大一统的局面形成，陇中地区纳入了中央政府的统治范围，堡寨这一聚落建筑形式也就逐渐式微。但是明朝嘉靖后期，明朝势力的衰弱，整个西北地区没落成为贫穷之地。曾经掌握天下命脉的陕甘一带社会动荡，在官方又开始倡导修建堡寨这种军事性防御性聚落建筑。清末至民国年间，陇中地区受社会动荡不安的影响，民间为求一方安宁，受在前朝修筑军事堡寨的启发下开始自发地修筑了大量堡寨式民居。根据史料记载，陇中地区堡寨的修筑主要集中在陕甘交通要道上，如平凉的静宁县和庄浪县、定西的陇西县和通渭县、白银的会宁县、靖远县和景泰县，以及兰州的榆中县、皋兰县等。

堡寨民居从修建目的上可分为三个类型。其一是为屯田或展开军事活动而修筑；其二是村庄内村民自发修筑的用于集体防御目的；其三是官僚、富商、地主修筑的庄堡式庄园。堡寨建筑墙体高大，多采用夯土筑堡墙。虽然土坯的制作技术很简单，但工程量很大、成本较高，土坯筑墙者一般用于砌筑房屋墙体。各朝各代堡内房屋建筑布局不尽相同，但均以四合院为主。有一进、两进和多进的院落，院落之间用过厅连接。单进院落通常只有一个出入口，且大多在南侧，院落内部正房大多坐北朝南，以三开间为主，主要由家中长者居住使用。东西两侧各有一座厢房，也以三开间居多，主要由家中少者居住使用。入口两侧为厨房、旱厕及牲口棚等建筑，其与主院落之间有时有隔断，相互干扰较少，且近出口，使用颇为方便。陇中区的堡寨大都以村庄为中心，选址于山梁、河崖、台塬之地，从外观看体量巨大、气势非凡，是陇中地区典型的民居聚落形态。

（二）夯土围墙四合院

在堡寨防御功能的影响之下，陇中还产生院落形制和大小不一的版筑土墙庄院，其中夯土围墙呈方形的俗称"庄窠"。从目前调查看，现存此类聚落主要分布在兰州地区。院落布局别具一格，建筑艺术广泛吸收了中原地区的建筑文化，又因临近河湟地区深受河州建筑艺术的影响。相对堡寨而言，这类合院占地面积小，通风采光较差。建筑结构较为坚固，地基由石块砌成，建筑由承重的木框结构和起围合作用的木板和夯土墙构成，房屋有较为宽敞的前廊。

合院形制由房屋自身的后檐墙体围闭而成，房屋朝向院内，均为单坡屋面，排水聚合在院内。民居建筑大多分前院和左、右院，前院多为商业活动区或者生活区，因为部分院落前院直接临街做商铺，此时前院主要从事商品生产加工，辅助有生活功能。左、右院主要为生活区，用于居民生活和圈养牲畜，各院落之间大多有独立的出入口。院子四面均为房屋，堂屋为三间房，侧房均为三间房屋，当地人称为三堂三厦，在当地曾有五堂三厦、七堂五厦等。部分院子是两进院落，分为前院和后院，前落为主要院落，后落为马车进出存放院落和牲畜饲养院落，一般情况两院各自有独立开门，在东侧或者西侧有门相通。

（三）高房子

在白银市会宁县和定西市通渭县、安定区一带，传统聚落中的民居建筑以夯土版筑高墙庄院为主，称为"庄"。民居院落中多有"高房子"建筑，这种土木结构的简单楼式建筑，一般位于入门内的左侧。庄的大小以弓（4~5米）计算，有12弓、16弓、20弓、21弓等标准，最常见的是16弓（约250平方米）。平面讲究正方形，忌讳前后延伸，有时还在围墙上修筑女儿墙，这种院落形制被称为"团庄"。庄内的房屋布局沿袭传统四合院形式，有厅房（主房或客房）、对厅、厢房及高房等，堂屋的台阶最高，对厅、厦房次之，过厅厨房最低，院内四角分别置厕所、磨坊。牲口圈置于院外，与菜园、果园、打麦场等其他生产设施相连通，并修筑低矮的围墙圈起来，称之为"外落城"。高房的底部多有土坯箍窑，窑面上垫平后建高房，下层用于储藏农具杂物或用作牲口圈，上层住人，楼梯设在院内。高房子内四面均建房屋，主房为堂室，即其他地方的"上堂屋"，堂室的前面为宽阔的庭院。高房子具有很强的防御性，站于高房子上，能够眺望周围的情况。

陇中南部地区的堂室与其他地方的上堂屋之间存在区别。该地的堂在前，室在后；在堂、室之间设有前墙隔开，墙外属堂的空间，墙内属室的空间。隔墙的左右各设窗（牖），中间设户（室门），即所谓的"升堂入室"；堂的左、右、后均围以砖或土坯墙，左墙称为"左序"，右墙称为"右序"。堂中前方，一般置两个大明柱（楹）；室的平面为长方形，中前方，一般置两个大明柱（楹）；室的平面为长方形，左右长而前后窄，面积较大，寝室住人，庙室祭祖或供宴会起居之用。

（四）土木房

此外，受陇中经济和自然条件的影响，该地传统聚落存在更多的平房。根据屋顶使用材料的不同，大体可分为土木平房、土木茅草房和土木瓦房三种。土木平房也成为土房。由于屋顶难于排水，这种土平房集中分布在降水稀少的兰州、白银地区。虽定西和临夏地区也散有分布，但不如兰州、白银地区普遍。顾名思义，土木平房就是用木材搭起平顶屋架，屋顶铺上毛茨和木条、树枝、麦草，然后漫上草泥、白土或炕土。墙壁用土坯砌成或湿土夯成，墙当柱子，在土墙上架梁，普通房屋里面只用一道梁。不用砖瓦，门窗极为简单。这种房子起架低矮，多以三间两𤍠子为一边，俗称"一面子"。旧时一般百姓家庭多数住这种房子。

在定西南部、临夏北部雨水较多的贫苦山区地带，一般农户则用木材搭起屋架，用藁草、麦秸作为房顶材料，建造成土木茅草房，俗称草窝铺。虽然土木茅草房屋顶解决了排水问题，但由于该地土质较为松散、缺少黏土，只能用篱笆为墙壁，防寒条件很差，所以条件较好的多采用土木瓦房。土木瓦房的形制和其他房屋基本一样，只是屋顶用青瓦覆盖。瓦房根据材料和构造的不同可以分成阴阳瓦和仰撒瓦。所谓仰撒瓦，即用青瓦直接仰天覆盖屋顶。而阴阳瓦则是在两绺仰撒瓦缝隙处再加筒瓦扣住，以此达到更好的防水目的。虽造价较高，但屋顶经年耐用。

二、材料与结构

民居建筑结构类型的选择与当地的自然资源、经济发展、民风民俗以及传统习惯有着紧密的联系。陇中黄土丘陵沟壑区大部分地区以农为主。但地处寒旱地区，降雨量少而农作物产量低，历史上长期处于经济技术落后的状态。一般情况下，陇中黄土地区聚落建筑多采用生土木结构、砖木结构、砖混结构等集中建造体系。

（一）夯土墙木屋盖结构

陇中地区黄土层厚、取材方便，当地人们有用夯土版筑、椽筑的技术传统。建筑台基部分高150~400毫米不等，通常为块石铺筑，少量用砖石铺砌。根据房屋地位而不同，上房长辈居住台，基通常最高；下房由晚辈居住，台基随着降低。台基之上正面的墙基部分砌筑2~3皮青砖，避免屋檐滴水飞溅破坏墙体。黄土颗粒遇水凝聚力强，利用夯土技术建造的夯土墙作为主要承重墙。将半干半湿的黏土放在由木椽制成的模具之间，逐层分段夯实而成。每次夯实后的厚度为约30厘米、宽度60厘米。为了方便施工，在夯土技术的基础上逐渐发展了土坯砖筑墙的技术。土坯砖被陇中人俗称为"土墼子"。用木材支模形成400毫米×250毫米×55毫米的砖模，选择土质均匀、水分适宜、搅拌充分的土壤倒入砖模中，利用圆形石质"杵子"打夯，脱模后晾晒成统一尺寸的生土块体。采用模数化的生产、晾晒、施工能有效提高效率、降低成本，因此，土坯砖在陇中地区传统民居建筑中广泛应用。在实际运用中，通常采用椽筑墙与土坯砖相结合的形式砌筑屋身墙体。即建筑墙体采用夯土椽筑技术砌筑至1.5~2米高，然后采用土坯砖砌筑上部墙体。一是解决墙体太高打夯操作受限的难题，二是解决了山墙面坡屋顶起坡的位置为斜面，难于夯土椽筑的困难。待墙体砌筑完毕后，墙体表面采用麦草黏土泥浆抹面。

木屋架系统在陇中地区传统民居建筑中广泛应用。屋顶形式多为单坡硬山顶，梁架系统则为简化的抬梁式木屋架。屋面构造层自下而上一般为檩条、椽子、草席、草泥、青瓦。建筑形式多为"一明两暗"式，中间的一间相当于"厅堂"，常靠墙设有供桌、太师椅等。一侧间为土炕，另一侧间放置沙发、电视等相当于起居室。由于房间面宽较大，在面宽1/3及2/3处进深方向以排山梁架为主。排山梁架在中柱的位置用替木支撑，截面做成圆形，在端部与柱交接的部分砍削成长方形。檩之上架松木椽，直径6~8厘米，间距15~18厘米均匀排列，长度根据房间进深及坡度确定，若为单坡则分两段排列，中檩处为交接处。椽子在前檐挑出1~1.2米，形成檐下遮阳挡雨的缓冲空间。这一屋盖形式当地俗称"前平后坡"。椽子之上铺用芦苇编织的草席，既可作为维护结构，又有一定的透气性，其上铺5厘米厚黄土层，起到保温隔热作用，其上采用仰瓦形式铺设小青瓦这种做法比起降雨量较多的南方地区合瓦屋面可节约近一半的瓦件。屋面使用多年后，可对旧构进行翻修。木材的使用年限较长，翻新时候原有梁、檩等构建可重复利用。由于坡屋顶坡度较缓，一般利用瓦件自重外加黏土来固定。室内一般不做吊顶，或只是用布料做简易吊顶，防止草席碎屑或土渣掉下。

（二）砖混墙木屋盖结构

砖混墙木屋盖结构的墙体按砌筑形式可分为"下砖上土坯""前砖后土坯"和木结构形式。"下砖上土坯"即墙体下部为黏土实心红砖或青砖砌筑的1米左右高的砖墙，上部墙体用土坯砌筑，外表草泥抹灰。屋盖重量由黏土砖及土坯砖混合墙体承担。下层黏土砖墙承载土坯墙体负荷并将其传给台基，提高了墙体的稳定性及耐久性，且下部砖墙在防潮、防水方面具有良好的特性，提高房屋整体的耐久性。"前砖后土坯"是指房屋前檐下的墙体采用砖砌，后墙及两侧山墙均用土坯砖砌筑，并且砖砌的同时开始重视墙面的艺术效果，将红砖切削成不同形状，打磨平整后进行几何图案拼贴，体现正立面的视觉效果砖墙。木结构是在原有"土坯墙—木结构"基础上，延续原有木结构的结构体系，墙体采用实心黏土砖砌筑，墙体既是围护结构又是承重结构，墙体表面开窗较小。

屋架主要由梁、檩、椽子及屋面覆盖层组成。檩及椽子构造处理与20世纪80年代之前相同，椽子之上不再采用芦苇草席，改用木板，宽约15～20厘米的木板覆盖于椽子之上，形成基础的覆盖层，其上依旧铺一层黄土，外表铺设小青瓦。由于当地夏季日照丰富，干燥高温天气极不舒适，因此屋架在前檐处挑出1～1.2米，作为遮阳构件。屋檐的出挑宽度一般与台基距外墙的宽度一致，即可保证在下雨时，檐下空间作为缓冲活动区。而在夏季炎热时，檐下空间可作为民居建筑南向的气候缓冲区。屋檐的出挑可以有效的防止夯土墙面被雨水打湿，保持墙体的耐久性，而夯土时期的墙体由于承重受限，一般开窗较小，下雨天室内昏暗，在屋檐的保护下，雨天可利用其开窗。同时，出挑的屋檐在炎热季节可以防止太阳直射，形成檐下灰空间，由于夏季太阳高度角较小，出挑部分可以有效避免夏季太阳辐射通过南向窗户直接进入室内，造成室内温度的升高。檐下空间在使用功能上可以作为生活空间的一部分，作为半室外空间供居民在檐下做家务、晾晒衣物、与家庭成员沟通聊天。

三、构造与装饰

（一）砖雕

陇中地区的砖雕经过明、清、民国的发展，已形成了自己的独特的风格。砖雕主要运用在墀头、门头、影壁、墙面、屋脊等部位的装饰，其中尤其以临夏地区的砖雕最具特色，临夏砖雕是从汉代建筑上的雕刻和画像砖演变而来的。据考证，北宋时期，这里就用砖雕做建筑装饰。南宋时期，临夏砖雕已形成工艺精湛、技法多样、构图严谨、造型生动的建筑艺术。元、明时期，砖雕已被广泛应用于各种建筑之中，明清时期达到兴盛。至民国时期砖雕已具有相当规模，并有大量的砖瓦窑，制砖业的繁荣为当时砖雕装饰艺术的繁荣提供了物质保障。临夏砖雕造型手法主要有捏雕和刻雕。捏雕，当地俗称"涅活"，就是用泥巴涅塑出各种造型，入窑烧成，民居建筑中的脊兽、套兽、宝瓶，多用此法。刻雕即是用绵砖雕刻，民居建筑中的墙饰、台阶等多用此法装饰，也就是当地民间俗称的"刻活"。临夏砖雕雕刻技法有浅浮雕、高浮雕、镂空雕、阴线刻、凹面线刻等。

（二）木雕

陇中地区民居建筑以砖木结构和土木结构为主，因此建筑装饰除了大量的砖雕之外，木雕装饰也较为丰富，主要用在斗栱、额枋、雀替、门窗及帘架及室内家具和器物的装饰。其中木雕装饰的主题基本由龙、凤、麒麟、狮、虎、鹿、马、牛、羊、兔、松、鼠、象、仙鹤、喜鹊、蝙蝠、鸭、鸳鸯等祥禽瑞兽；梅、兰、竹、菊、葡萄、牡丹等植物；以及瓶、壶、盆景、如意、琴棋书画、文房四宝等器物。雕刻手法有阴线雕、浮雕、镂空雕。

（三）彩绘

陇中传统民居除了木雕砖雕等装饰外，在建筑的梁柱、天花等木构架上大量进行彩绘装饰。陇中地区彩绘是在吸收和玺彩画、旋子彩画、苏式彩画和京式彩画的基础上发展起来的，构图饱满、设色素雅。陇中以旋子彩画为基本格局，以苏式彩画和京式彩画为主要表现形式，突破清式彩画的藩篱，用色热烈大方、富丽堂皇，题材新颖别致。在不同构造部位，彩画题材也有差异，小藻头多用菱画、牡丹、莲花，框头多用旋子或苏式彩画中的软卡子或硬卡子，枋心和檩心多用山水、人物、化卉、博古等。彩画绘制材料多用沥粉和贴金。按照不同的规格，可分为青桩、五彩、中五彩、小五彩，以及雄黄玉等五种手法。

（四）石雕

梁思成先生说："艺术之始，雕塑为先，盖在先民穴居野处之时，必先凿石为器，以谋生存，其后既有居室，乃作绘事，故雕塑之术，实始于石器时代，艺术之最古者也。"[①] 受黄土高原的地址条件限制，陇中传统民居中石雕装饰相对较少，主要运用在门狮、抱鼓石、须弥座、柱础、铺地等部位。雕刻的题材也相对单一，有狮子和八卦图以及抽象纹样。

第二节　陇东黄土高原聚落民居

窑洞式民居是一种很古老的居住方式，即是在黄土断崖地区挖掘横向洞穴作为居室，构成了黄土高原最具特色的地域人居环境景观。陇东地区黄土地貌呈盆地状展开，由于新构造运动的不断抬升和流经其间的河流的不断下切，再加上黄土比较松软，从而使黄土高原形成现存的沟壑、梁峁、河谷平川兼有的地貌。人类的发展史，是一个不断地认识自然、利用自然和改造自然的过程，西北窑洞民居的产生和发展，同样与客观存在的自然条件息息相关。今天的西北古老窑洞，绝大多数建于明、清时代，因为当时连年的战争和滥砍滥伐使林木越来越稀少，平民百姓无处伐木又无力烧砖瓦，而黄土沟崖与原土地则提供了建窑条件，于是窑洞便因时因地大量发展起来（图7-2-1）。

一、造型与构成

（一）靠崖窑

靠崖式窑洞的室外空间一般是经人工削坡后再开挖窑洞所形成的一面、两面或三面靠崖的开敞式院落，庭院的中轴线一般正对主要窑洞的洞口，庭院内种植有树木花草等，还设有石桌石凳等环境设施。室外气温较高时，人们一般会在院内吃饭、聊天，儿童在院内晒太阳、玩耍等。靠崖窑多选择修建在靠北山、避风向阳的山坡平台处，且黄土层很厚，系朝山崖掘进而成。靠崖窑的建造工艺相对简单，以庆阳、平凉等地区最为常见，并且至今仍在普遍使用中。半明半暗是崖窑的主要居住形式。主要修筑在庆阳地区广袤的董志塬、草胜塬等地，减少了对大片土地的浪费，由于塬边的崖壁不高，多为缓坡状，窑洞挖成后，往往是三面高，正面低。靠崖窑的崖面都很平直，在崖面上挖3~5孔窑洞，数量为奇数；有时仅为一孔。一般的窑洞高3~4米，长5~10米，宽3~4米；窑腿必须距离平行，以增加支撑窑顶的稳固性；窑肩用土坯或砖砌成，安置门窗；窑洞内安置火炕。在这一排窑洞中，崖面中间为主

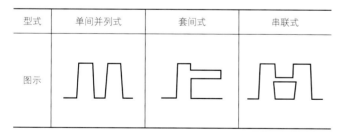

图7-2-1　窑洞的组合形式（来源：刘奔腾 绘）

[①] 梁思成. 梁思成文集·第3卷[M]. 北京：中国建筑工业出版社，1985：373.

窑，供祭祖、待客、长辈居住，东侧为厨房，其余各窑洞均为晚辈居住或作为仓库等。除最为常见的单间并列式外，窑洞的组合形式还可以套间式、串联式等。

（二）地坑窑

地坑式窑洞的室外空间一般是一下沉的坑形院落，在地坑的南向一般挖有一条坡道通向地表面，作为下沉院落的出入口。院内一般种植灌木，也有少数种植高大乔木的，地面用土夯实，也有用砖和水泥抹光的。另外院内同样设有石桌、石凳等环境设施。总之，地坑式窑洞的外部空间为一四面围合的空间，开敞性较差，但界限明显，空间很具体。由于其低于地表面，故特别适用于西北多风沙地区，在沙尘天气中居室不易暴露于风沙中，所受影响较小，故又被称为"西北的地下四合院"。

在陇东地区地坑窑的修建历史悠久，距今已有4000多年，《诗经·绵》中的"陶穴"就是修建下沉式的地坑窑。在那些没有条件修建靠崖窑的地区，人们利用黄土构造特征在地上成坑挖地，然后在坑内四面挖窑，形成四壁闭合的下沉式窑洞院。建筑与大地融为一体，从地面上看几乎看不到痕迹。四面窑洞以下沉式呈向心式排列，门、院落、院墙和房子的布置主次分明。院落正立面一般开3或5孔主窑，通常保持单数。整体布局成四合院式，大型的地坑院可以几个相连，成为几进院落。入口挖成隧道式或开敞式阶梯，通向地面。院内设渗水井。窑顶是自然地面，人和车马可通行。地坑窑在陇东地区分布较为广泛，尤其庆阳、平凉地区黄土高原地势平坦，地坑窑所占比例较大。

（三）锢窑

锢窑也称"独立式窑洞""覆土窑""掩土窑洞"等，也有"砖窑""石窑""薄壳窑"等名称，属于地坑院向地面房屋过渡的建筑。锢窑是在没有适宜开挖窑洞的地方，在地面之上仿照窑洞空间形态建造形成。因此，锢窑一般不挖掘地坑或窑洞，而是用砖石块、土坯和麦草黄泥浆砌成墙基，窑顶的外表面用覆土掩盖，属土窑洞的改良建筑。按照建造主要材料类型，锢窑可分为土坯窑和砖石窑。土坯窑的下半部分一般由夯土或者土坯砌筑的墙体。有的土坯窑屋顶盖青瓦，外形很像是瓦房，所以有的地方称之为"房窑"。砖石窑是用砖和石材砌筑建造的，拱顶常用覆土夯实。虽然多座锢窑已经可围合成一个四合院，周边再用夯土夯筑围墙。但由于其建筑形态和建造过程的特殊性，锢窑仍属窑洞类建筑。承袭了窑洞的特点，有较好的保温性，冬暖夏凉。此类窑洞一般就地取材，利用当地黄土、砖石、木材砌筑墙体和覆盖窑顶。

锢窑从外观看来是尖拱形，门洞处高高的高窗，在冬天的时候可以使阳光进一步深入到窑洞的内侧。外墙装饰相较其他类型窑洞较丰富，内部空间也为拱形，加大了内部的竖向空间，开敞舒适。但是，锢窑的抗震性能很差，所以大多数已经不复存在，但在甘肃贫困山区，如今还有部分人生活在锢窑中。如庆阳地区广袤的董志塬、草胜塬等地，以及白银景泰县、会宁县，定西通渭县、陇西县等，至今仍普遍使用中。

二、材料与结构

史料记载，陇东地区早在20万年之前，就有人类在这一地区生存繁衍。周代重视农业，《汉书·地理志》记载："其民有先王遗风，好稼墙，务本业，故《豳诗》言农桑衣食之本甚备。"《甘肃省通志》记录："好稼墙务本业，有先王遗风。"这些都是记录陇东地区居民的功绩。原始人所住地穴都是自然形成的，没有阳光，潮湿阴暗，时刻受到野兽侵袭，生存艰难，在周代的先祖不窋执政时，曾令鞠陶负责挖窑洞。自从有了窑洞的庇护，人们就不再受到野兽侵袭，生命安全得到了保障，人们便可以定居下来，安心农业生产。

我国历史上战乱不断，加之人们的乱垦滥伐和过度放牧，黄土高原的自然植被受到严重破坏，木材在这里成为稀缺资源。建造使用窑洞，可以不用或者很少使用木材，弥补了陇东地区木材稀缺的这一缺点。深厚的黄土层为陇东当地居民提供了取之不尽、用之不竭的黄土资源，人们在黄土塬上可以挖坑削壁，也可以直接利用沟壑坡崖削成直壁，再利用直壁开挖横洞，建造窑洞；也可以利用黄土制作土坯，砌筑墙体，建造房屋。黄土高原的特有地貌为其特定的建筑形式奠定了基础。黄土窑洞自身保温隔热性能良好，冬暖夏凉的特点显著，这既适应了气候的多变，又可以节约能源。窑洞内修筑土炕，只需要少量柴火，就同时解决了做饭、取暖、热炕等生活需求。

窑洞无需开挖地基、砌筑基础，也不需要墙体和屋盖等结构，只要选择适宜的坡段或者断崖，人工开挖成型就可。开挖一孔窑洞的造价一般是建造一间平房的五分之一，甚至更少。如果年久失修，窑面损坏，只需要重新削切窑面，而且窑洞使用周期长，甚至可以供几代人使用居住，这些都使窑洞具有不可替代的经济性。所以这就是黄土窑洞在陇东地区得到了世代的传承而没有被摒弃的主要原因。

三、构造与装饰

陇东窑洞有正偏之分，功能有别，所以室内格局也不尽相同。现以窑洞厨房和寝房为例予以说明。厨房的格局很简单，厨房右侧大多设有土炕，灶台与土炕相通，中间有一高台；厨房左侧放置酱罐、水缸等。寝房右侧亦为土炕，但不设灶台，直接在炕下开设灶洞，炕后多摆设一些家具，寝房左侧也摆有家具。左右山墙上多贴挂字画。窑洞背墙前多设有中堂。

陇东窑洞民居的室内格局别具一格，特征分明。第一，室内格局设计注意因地制宜。由于窑洞空间狭长，空间内的全部陈设均顺势纵向排布，在视觉上给人以修长、贯通之感。此外，由于窑洞较高，采用悬挂中堂形式的绘画也迎合了空间的挺拔感。第二，室内格局安排注意以人为本。例如，在厨房中高台的作用就不可觑视。一方面可将油盐酱醋置于高台、设于高处，以节省一定空间；另一方面可以阻挡小孩淘气从炕爬落在灶台上。此外，在寝房中直接在炕下开设灶洞，提高火炕温度也是出于人性化的考虑。第三，室内格局注意装饰与文化，这一点可从窑洞内壁所挂字画看出。陇东百姓崇文重教，陇东地区亦是著名的书画之乡，窑洞所挂字画多为当地名家所作，主题多寓意吉祥或反映民间传说，如"富贵牡丹""梅兰竹菊""麻姑献寿""八仙过海"等，极具文儒和神话气质，满足了人们的精神向往。另外，传统土窑四壁、地面多为生土抹平，而新式的窑洞墙壁多以白灰刷新，地面也多用红砖砌衬，使窑洞更加明亮清洁且防潮防鼠。值得一提的是不管厨房、寝房，窑洞室内都为弧形穹顶，空间左右对称，体现出一种"中矩"之美。窑洞室内的这种"中矩"之美与窑洞院落的"中规"之美与相融，恰恰迎合了"天圆地方"的自然观。

第三节　陇南山地丘陵聚落民居

"陇南"一词用于具体的行政区域名城，首先出现于清末，其范围大致包括古代的秦州、阶州等地。陇南地区地处甘肃、四川和陕西三省交会处，也是温带向亚热带过渡的地区。境内高山、深谷、河谷、盆地错落相间，河流纵横交错，植被丰富多样。独特的气候条件和地理特征，以及多元的民族文化构成，决定了该地传统聚落的独特的风貌和价值。

一、造型与构成

（一）木板屋

"板屋"，又作"版屋"，是以木材为主的住宅建筑形式。在甘肃文县，人们将这种土墙板屋称为"木楞子"，也有称"杉板房""榻板房""衫板棚""棚棚房""板板房"者[1]。这些传统民居是典型的"土墙板屋"，院落不完全封闭，由几栋2~3层的单体建筑围和组成，民居主体承重结构为穿斗式木构架，围护结构由夯土墙、竹编土墙、杉木板组成，屋顶已不是原始意义上的"塌板"，为青瓦两坡屋面，内部空间有1~2片隔墙或无隔墙，多为统一开敞的大空间，无明确的功能分区。整栋民居下重上轻，各层清晰明确，屋顶结构轻薄。对于土木结构的民居是白马河流域传统民居的基本结构类型，现存的传统民居也几乎全为土木结构形式。近几年，几个典型村寨的传统民居多已翻修和改建，现存土木结构的传统民居形成三种基本组合形式，第一种为保留下来的独栋形式，呈"一"字形；第二种为原始保留下来的或经过拆建的"L"形，第三种为保留较为完整的组合型合院形式，呈"U"形。

（二）山区合院

合院式民居有着类似北方四合院的建筑形制，其主要房屋均为二层楼阁式硬山结构。陇南地区合院式建筑院落坐北朝南，"一颗印"式布局形制，建筑均为两层四面连通的木楼，称"转角楼"。陇南合院式建筑目前保存较为完整的数量已经不多，现大多分布于陇南地区的宕昌、康县、两当县、徽县，其他地方零星留存部分"一颗印"式民居建筑。

院落朝向以坐北朝南为主，"一颗印"式布局形制。平面布局紧凑简洁，呈方形，由正房、厢房和倒座组成，瓦顶土墙。合院有不同的形式，可分为四合院、三合院和二合院，院落布局均为中轴对称。屋顶分为单坡和双坡屋顶两种，主要房屋均为二层阁楼式，木楼四面连通，称"转角楼"。正房和倒座均位于中轴线上，左右分设东西厢房。正房坐北朝南位于中轴线北端，高大壮观，是等级地位最为高贵的地方，倒座则位于正房对面、中轴线南端。陇南地区受商业文化的影响，民居宅院多为临街布局形式，由临街铺面、左右厢房和正房围合成一个合院，院中设有狭长的天井，组成第一进院，然后以中门为界，左右厢房，正房及边门组成第二进院。

（三）院坝房

秦巴山区院坝房民居是陇南地区的汉族民居，目前主要分布在康县、两当县等汉族聚居的地区。院坝式民居常为一进院落，主要是单栋建筑，面阔三间或五间，大部分建筑为两层，只有明间开门，两侧不开门。主体结构包括屋顶，由屋脊、边脊、屋檐板、屋脊

---

[1] 侯秋凤，唐晓军. 甘肃古民居建筑文化研究[J]. 丝绸之路，2013（06）：100–105.

两边的装饰构成，屋顶由青瓦、水泥垫层、防水油毡、木板层组成。墙体为清水砖墙或土墙，基础为石或砖墙基。房架结构为木柱子构架、人字梁，两侧砖山墙、马头墙。门窗大多为木窗套、门框，门窗都有花纹装饰。大多数房屋有檐廊，适合陇南多雨的气候。受川西文化和丝绸之路文化的影响，其建筑风格也基本融合了这两种文化，具有独特的陇南传统建筑特点。

（四）碉楼

陇南的藏族羌族聚落，还有一种"内不见土，外不见木"、石木结合的羌藏族碉楼。碉房平面呈方形，沿街墙体下部为石块叠砌，上部夯土版筑，逐渐收分，为平屋顶；内院为天井式木楼，一般为两层，低层圈养牲畜，二层一圈回廊贯通，为堂屋和卧室，屋顶可做晒台，上下有木楼梯连接，坡度较陡。当地也称这种碉房形式为转角楼。宕昌境内的碉楼以家碉为主，可以住人、存货、圈畜，实用性较强。

二、材料与结构

（一）民居材料

陇南地区雨水充沛、四季分明，丰富的森林资源是木材成为主要用材的先决条件。当地聚落民居主要选用性能较好的杉木、松木和柏木，松木质细、强度大且富有弹性、透气性强，杉木质软细、易加工、耐腐力强。主体结构所用木材一般为整根树干，选用笔直粗壮的树干，小木构件在榫接部位不能有木瘤、腐朽、劈裂等缺陷。这些木材一般要在准备建房之前备好，有干料和湿料之分，湿料在砍伐之后进行粗细两次加工，用作大木构件的柱子，干料一般提前三个月砍伐备好并进行一系列的木加工程序，用作枋、梁、墙板等组装构件。

原状土由粒径不同的黏粒、粉粒、细砂、砂砾、石子和石块组成，除了有机土质，一般都可以成为建筑土料，一般由工匠根据经验来判别。土料易获取和加工，用作营建民居的土料有纯红土、岩沙土和河沙土以及制作的三合土等不同的种类。三合土将黏土、细砂和熟石灰配比完成并经过夯实后用作地面基础和夯土墙。居里的夯土墙是并不是单纯的泥土、砂石等材料的混合物，其材料配比和制作工艺都很有讲究，民居调研中的夯土墙种类丰富，其骨料既有碎石、卵石等石材，也有藤条、碎草等植物秸秆，夯筑的程序也很多样。

民居用到石材种类主要有山体开采的片石、块石、板石、条石和砂页岩以及山脚河流处的光滑漂石、卵石，片石用以铺设路面和地基，板石用以垒砌台阶或墙体，漂石用于干砌墙基，院落矮墙由这几种石材组合垒砌。在开采石材前需要石料的挑选，工匠们往往采用一定的方法来判别石材是否有裂缝或隐线。开采过程中即被加工成片石、块石、条石等不同的形态，以便运回，运回之后还要进行细加工。

此外，陇南南部地区产箭竹，可用作竹编土墙的骨架或苫背。通常选用较为优良的长竹条，将其编织成片状，以备不同部位的使用。竹和藤条也会用做夯土墙的骨料，起到拉结的作用。

（二）民居结构

受地形影响，陇南传统民居广泛采用穿斗木构架。大木构架体系为西南地区普遍采用的穿斗式木构架体系，这种轻盈且整体性强的木构体系很好地适应着这种森林茂密的高山峡谷地域。《中国建筑史》提到"穿斗式由柱距较密、柱径较细的落地柱与短柱直接承檩，柱间不施梁而用若干穿枋联系，并以挑枋承托出檐"，穿斗式木构架的特点是立柱之间用穿透柱身的穿枋连接，穿枋通常只起到联系柱子的作用，不直接承受屋顶的荷载，柱顶放檩，檩上直接承受屋面的荷载。穿枋可超出柱身而变为挑枋承受挑檐的重量。其上做有瓜柱的穿枋则需要担当梁的角色，应具有一定的抗弯性能，并将瓜柱上所承受的荷载分担到两侧的柱子上。柱脚处用纵横向的地脚梁连接。穿斗式房屋的平面布局通常为三间五架，五间七架或五间九架等，最大的正房或可到七间十一架。多为独立柱基础，础石又有不露明和露明两种形式。不露明的在确定的位置挖出一定深度的槽，底部夯实并垫上顶部平整的块石作为柱础石，最后埋深；露明的础石在地面上作为整个立柱的一部分，没有装饰，但能更好地防潮。

陇南夯土墙也采用板筑法。在夯筑夯土墙之前有一大工序——夯土墙基础处理。白马民居的墙基多采用毛石基础，一般选用高宽20～30厘米，长约30～40厘米的优良毛石或卵石采用坐浆法由下至上依次铺砌，顶层一般不找平，直接夯筑夯土墙。夯筑夯土墙的第一道工序要将土料准备好，在筛选过的砂土料中拌合碎石、藤草等，掺加一定比例的水，拌合均匀。土料准备的同时一般会把木板架设合适，之后边加土料边夯实。夯筑的每块模板水平、垂直依次向上夯筑，分层交错，并及时修补错缝，提高整体性。夯筑过程中白马人会在每10厘米左右的高度铺设一层卵石或片石。夯筑完成并拆除模板后，等待墙面晾干，后用草泥或石灰抹面进行平整处理。也有房屋明间则采用木板墙，木墙上一般开两扇木门，其余各间均为夯土墙体，窗扇用木格栅。屋顶为双坡屋顶，梁架上搭檩条，檩条上搭椽，椽上直接覆盖瓦，为明瓦明椽，或椽上覆草编织物，织物上抹泥覆瓦。

碉楼的建筑材料有石、泥、木、麻等，打好地基后，用泥土、石头和木材配比的黄泥胶砌筑外墙，然后再用木材搭建房架和做榻板，榻板一般用松木锯成小木段而成，直接铺在屋顶上后，用石头压住榻板。一幢房子至少要上千个榻板，工程量非常巨大，榻板的木瓦有金黄、灰白、黑色等不同的颜色，远远望去非常别致，组成一道非常美丽的景观。

三、构造与装饰

陇南地区合院式民居外观统一，显得宏伟壮观，细部格外精致。装饰物件多为木雕和石雕。陇南地区林木资源充足，取材方便，各房屋的立面均安置雕刻细腻，花纹繁缛的门窗。木槅扇门雕饰细腻，题材多样，内容丰富。正房前台基卜有石雕作为装饰。屋面形式较为一致，屋脊有吻兽。

穿斗式板屋民居外观装饰朴素，屋脊上会装饰用瓦制得的脊饰，有的门扇或窗扇上会有精美的窗格和雕刻。室内装饰简单朴素，家具都为简单的木质家具。

陇南境内的碉楼外形较朴素，白墙红檐，灰色墙线。

第四节　河西走廊聚落民居

河西走廊北与蒙古高原接壤，南倚青藏高原，东连黄土高原，西通塔里木盆地。因冰山融雪形成的溪流穿过，走廊内形成了局部性绿洲，为农耕提供了可能性。河西走廊是中原通向中亚、西亚的必经之路，更是东西方文化交流史上的一条黄金通道。在中华民族的历史进程中，河西走廊关乎一个国家的政治经略、经贸促进、文化交融。因其丝绸之路上咽喉要道的特殊地理位置，成为多民族聚集的地区。汉、蒙、藏、裕固、哈萨克、回、满等民族的文化在这里碰撞、交融、沉淀，形成独特的聚落建筑风貌。

一、造型与构成

（一）民居造型

河西走廊传统民居的院落布局既要在夏季防止热风和风沙的侵袭，又要在冬季防止西北风的侵扰。传统生土民居院落形式为四合院，呈现外封闭、内开敞的布局，院落由高大的夯土墙围封或土坯砌筑而成。左右邻居共用一道院墙，几户院落形成一排，前后排院落间形成小巷道。整个村落布局紧凑密集，便于相互遮挡以防止冷风、热风与风沙的袭击，同时高大院墙的相互遮挡减少了夏季民居吸收太阳辐射热的面积，利于民居夏季降温避暑。统计发现河西走廊地区传统生土民居院落朝向为东向占38%，西向占24%，南向占21%，北向占17%。出于节省土地的考虑，河西走廊地区普通民居院落大多呈窄长方形，面宽小而进深大，入户门开在面宽方向且朝向村子的巷道。因此院落朝向东、西方向，将宅院中有更多的房间沿院落进深而依次布置在"坐北朝南"的最佳朝向，使住宅在冬季接受更多的日照而采暖。同时可以看到东、南向院落分别多于西、北向院落，其主要原因是防止冬季西北风的侵袭。封闭的围合院落具有热微气候的调节能力，并且院落承接阳光雨露、纳气通风，具有"藏风聚气、通天接地"的功能，同时院落有效地阻止了院外干扰因素，使民居保持清新宜人的室内空气质量和安静的生活环境（图7-4-1）。

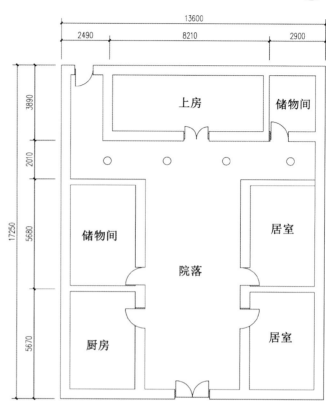

图7-4-1 天城村26号院平面图（来源：兰州理工大学传统聚落课题组）

河西走廊地区是我国古代文明重要的发源地和成长地，是汉、藏及蒙古三大文化的交汇区域。一直以来，该地区是多民族聚衍生居的杂居地区，存在着众多民族实体和其所负载的多元民族文化。李星星先生关于"民族走廊"特征的界定如是："众多少数民族聚居，少数民族传统文化色彩浓郁，积淀的历史文化丰厚，具有古老性、残存性、变异性和流动性等特点。"河西走廊地区作为一个历史上形成的民族走廊地区，其特征基本符合上述界定。

内向封闭式的空间形态使建筑能够抵御恶劣的风沙，也使建筑的造型特点变得古朴、浑厚。必不可少的是浑厚而又结实的墙体构造，墙体的下部一般是夯土或由土坯砖砌筑，并没有太多的装饰，十分的经济适用，完全不畏惧常出现的自然灾害，在飞沙走石中坚挺无比。大量的细部的处理主要在墙体的上部，来平衡造型艺术方面的欠缺。其中，寨堡建筑有高大的院墙和敌楼，塑造了坚不可摧的外观形象，其中的典型代表就是民勤瑞安堡（图7-4-2），其立面主要是由寨墙和坡顶的亭和平屋顶的瞭望防御台构成，寨墙是梯形的，上小下大，横向的几道腰线连系不同的几个面。南立面由门楼、文楼、武楼分割为五个部分，立面分割凹凸。

与寨堡建筑相比，河西走廊地区传统民居的外立面造型比较含蓄，通常大门位于倒座立面的右侧，倒座外立面窗户小且不多，反映了当地人内敛的性格特征。除在重点部分采用木结构，如门、外墙均以夯土材料为主，墙体厚重，这也是受到当地木材紧张的影响（图7-4-3、图7-4-4）。

（二）民居构成

据河西走廊地区悠久的历史，其乡土民居的营建、发展及演变过程经历了几千年历史文化的沉淀与当地人智慧的改良，出现了沙井文化住宅、楼院、合院式民居、庄窠式等建筑形式。

河西走廊本土建筑文化的沙井文化住宅，大约公元前900～前409年间出现，属于青铜时代的文化，经济形态以畜牧业为主。今天主要分布范围在河西走廊的民勤、金昌、永昌境内，其分布中心为民勤的沙井子至金昌三角城。沙井文化住宅均为地面建筑，平面呈圆形或椭圆形，其中第4号房址直径4.5米，门向东南，室内有一锅形灶炕、长方形火塘，居住面由三层红烧土叠压而成，平整坚硬，据此可复原为锥形顶蒙古包式房屋；柳湖墩遗址发现环形土墙居住地，直径40～50米；黄蒿井遗址也发现有用泥土垒筑围墙的圆形住址，直径38米。

汉代时期，修建楼阁之风也波及河西地区民居。向高处发展，能登高望远并以此来显示其地位。河西走廊已出土的明器、墓碑壁画、画像砖中有大量表现这种宅院楼阁的建筑形象。这些陶楼可分为三种：底层有仓的楼院，院落面积较小，没有附属的楼阁建筑；纯居住用的楼院，底层没有仓，楼阁、院落的形式和第一种相同；大型的组合式楼院，有多个楼阁，门口有阙、望楼。这些居住用的楼院前部分用墙体围合成院落，后

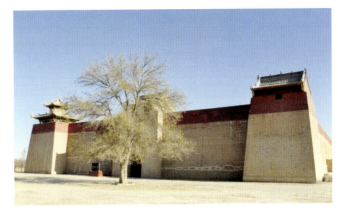

图7-4-2 瑞安堡寨外观（来源：李玉芳 摄）

图7-4-3 金昌永昌县团庄王家民宅（来源：兰州理工大学传统聚落课题组）

图7-4-4 武威大靖镇民居（来源：解晓羽 摄）

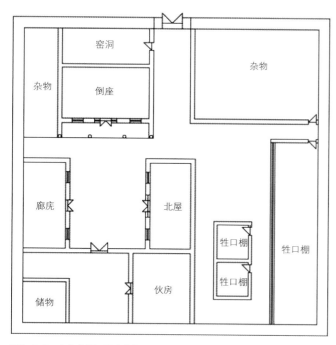

图7-4-5 高文宅平面图（来源：兰州理工大学传统聚落课题组）

图7-4-6 庄窠院（来源：戴海雁 摄）

半部分为楼舍，不具备储藏粮食的功能。还有带后院的二层楼院，楼设在院落的前面，入口大门开设在楼的前部，楼后用墙体围合成院落。河西走廊的武威南滩魏晋墓曾出土过土陶楼一件，其通高35厘米，平面为正方形，四周有院墙，正面开门，上建门楼。院中起三层楼，每层四面出檐，第一层正面辟门，第二层开方形窗两扇，第三层开方件窗一扇。同时还出土了陶仓7件，分为两种，一种是仓身呈椭圆形，正面有门两扇，仓顶起脊，四面出檐，高20厘米；另一种上小下大，呈圆台形，都有门两扇，仓顶四面坡式，四周出檐。

河西走廊现存古代民居多数属合院式民居。合院式民居是汉唐以后，汉族最主要的民居建筑形式，是自然条件和社会条件共同作用的衍生物。合院式民居结构多为四架梁前廊硬山式。院落平面布局以中轴线展开，包括堂屋、倒座、垂花门，两边对称为厢房、书房等。院落主要由南北院组成，北院主要为养牲口，南院主要为居住用地要居住用房，牲口棚，杂物院组成。3间居住用房，一间朝东，两间朝南和西北面，一间伙房朝西。牲口棚位于建筑的东北部。杂物用地和窑洞位于西南部和西北部（图7-4-5）。

（三）庄窠院

庄窠院是甘肃境内特有的生土住宅建筑，河西走廊地区是其主要的分布地区之一。该地区的包括汉、藏、回族等多民族群众为适应甘肃特有的环境特征皆修建庄窠院。庄窠院有坐北朝南、坐西朝东两种朝向。平面布局包括四合院、三合院和两面房三种形式。四合院的平面近似正方形，院中以庭院为核心，四周房屋环绕，大门沿中轴线或偏心布置。三合院则是院内三面建房，一面为院墙，平面呈"凹"形。两面房式则根据朝向在院内的东、西面或南、北面对称建房。庄窠院均仅在南院墙开一门，有的或在后院再开一侧门，为适应当地冬冷夏热的气候。堂屋是该院落的主体建筑，最为讲究，一般均位于北面，面阔三间或四间，进深两间。庄窠院在外形上近似于堡寨式建筑，两者有类似的地方（图7-4-6）。

图7-4-7 土筑堡子（来源：兰州理工大学传统聚落课题组）

（四）土筑堡子

根据甘肃省第三次文物普查，河西走廊"武威、金昌、张掖、酒泉"四市共有土筑堡子72座。土筑堡子是河西走廊地区历史上曾时兴的一种传统民居。堡子沿用了坞墙等建筑构件，并在此基础上增加了遮阳等设施。由于原始防御功能最终退化，土筑堡子今天已不再使用。但是，其空间布局、生土建筑材料及部分建筑构件等，因为以充分适应当地地理条件而仍被保留了下来（图7-4-7）。

二、材料与结构

（一）建筑材料

河西走廊地区传统民居由于降雨量较少，加之就地取材的便利性，多使用夯土墙或土坯砖砌筑。但门窗、梁、柱、檐部等构件的制造多采用木材。建筑的屋面多使用秸秆、芦苇、高粱等与泥土的混合材质。一些地区的民居中也出现砖、木雕刻，体现了河西走廊地区的民俗文化与建筑的结合。

土壤是最为经济的、容易得到的地域性建筑材料。因为它就地取材，加工简单，并且具有良好的热工性能，它的应用也极其广泛，从建筑的屋顶到墙体，再从墙体到基础，土壤都能够与其他的材料共同利用，来营建适用的地域性建筑，这是经过千年的尝试和实践证明的结果，是历经千年考验的本土材料。土坯是世界各地沿用了上千年的建筑材料，它具有良好的储热能力和传热性能，非常适合用于被动式太阳能建筑设计。并且有利于夏季的隔热和冬季的保温。并且，在建筑成为能耗的大户时，居住建筑的耗能构成分析，便成了人们目光聚焦的热点，人们因此提出了全寿命周期的能耗构成，其中包括建造当中材料的能耗、施工的能耗、运输的能耗，以及建筑物建成后使用、维护的能耗和建筑物废弃时的能耗。而土坯优良的热稳定性，就可以十分显著地降低能耗和由燃料消耗引起的污染。

中国传统民居多木构架，在河西走廊地区亦是如此。木材作为建筑材料有其独特的优势。尤其在寒冷的地区，木材有很好的保温作用，而且又不至于很快散热。同时，木材还有调湿的特性。当周围环境湿度发生变化的时候，木材自身为获得平衡含水率，能吸收或者放出一定的水分，直接能缓和室内空间湿度的变化。中国传统建筑多木构形式，在很长的历史里都在延续和发展。还有建筑内的构件也多处用到木材，例如通透的窗栅、门栅、栏杆、花窗等。

石材是传统民居中常用的材料，种类非常多。石材的基本特点是坚硬和厚重，能与粗犷、自然的环境取得呼应。选用石材作为基本材料，一方面是因为石头的物理和化学特性满足了人们对于坚固性的要求，人们用这种最普遍最易开采的材料来建造遮风避雨的庇护所。石材可以应用在建筑的墙基、墙身、天井、柱础、台阶及水利设施等部位，总的来说是需要具有防水防潮的功能要求。

（二）结构形式

河西走廊地区降水稀少，风沙大，屋面形式随着地域的变化有多重形态，民居建筑屋顶以单坡为主。单坡式建筑是适应当地气候条件而产生的，主要用于倾泄屋面雨水。部分民居屋面坡度随之逐渐减缓，基本趋于平屋顶建筑，这是适应干旱少雨的气候和环境而形成的。

在结构形式方面，河西走廊传统聚落民居以木框架承重、墙体承重和两者混合承重为主，夯土墙作为其围护结构。木框架承重体系可分为抬梁式、穿斗式、穿梁式和组合式。河西走廊地区木构架体系结合了北方、南方结构特征，呈现出自身独特的地域性表现。河西走廊传统民居建筑以抬梁式木结构为主，屋面材料因地而异，通常自上而下依次为椽子、望板、房土。举架较小，坡度很缓。屋架有立柱、梁和檩条，立柱间距一般为1.8～3.6米，面阔3～4米，檩条横向布置，宽深比保持在1：1.5左右。墙体承重体系可分为夯土或土坯墙承重以及砖石墙承重，多用于乡村农舍或寨堡建筑上。混合承重体系即"夯土墙木框架"承重体系与"砖石墙木框架"承重体系。山墙和中间木框架共同承重，形成"山墙搁檩"或"山墙插檩"的结构特征。檩木被山墙完全包住，无出际，山墙高出屋面或与屋面齐平。

三、构造与装饰

（一）细部构造

细部是建筑艺术处理的内容之一，也是丰富建筑外观的一个重要组成部分，它包括门楼、墙体、立面门窗等内容。河西走廊聚落民居在建筑细部与装饰艺术营建时融合了中原汉族文化、西方伊斯兰文化，以及维吾尔族等少数民族文化等，在继承当地传统民居形制的基础上，突出了浓烈的地域特点。

图7-4-8　河西走廊民居门楼（来源：刘奔腾 摄）

民居入口作为从外部开放空间向内部私密空间的过渡重要空间，在整个住宅设计中起着非常重要的作用。对内而言，它是整个住宅的前导和序曲，对外而言，它是外部进入民居的切入点。民居的大门设计又是入口设计的核心，从建筑形制、空间营造和体量感等不同方面设计，可以展现民居的等级高低和规模大小。此外，入口大门上的建筑装饰还是主人身份与财富的象征。因此，自古以来民居入口处的建筑设计一直处于十分重要的地位。河西地区入口空间受中原传统民居的影响，在入口处设有门楼。门楼通常位于东南角或西南角，通常与厅堂位置相错开，这既体现了当地村民对于居住空间安全性与私密性的需求，又反映了中国传统民居营建时对于风水的需求（图7-4-8）。

河西地区传统民居以生土作为墙体材料，建筑色彩为生土原生的土黄色，色彩朴素，本土的色彩在视觉上与西北地区环境色彩相协调。

河西走廊传统民居由于受儒家文化影响所形成的内向型布局以及风沙、光照的影响，使得墙体开窗量极少。大部分地区民居只朝向内院开窗，对外不开窗或窗狭小。通常朝南一侧窗为获得充足的光照，窗户面积较大；而为抵御冬季风沙的侵袭，朝北一侧不开窗或仅开小型高窗。河西走廊传统民居窗户材质多为单层木框玻璃窗，尺寸为900毫米×1200毫米、900毫米×1500毫米、1200毫米×1500毫米等；房间门为单扇内开木门，上部有亮子辅助通风、采光，冬季为提高室内保温效果常在门上设门帘，木门常见尺寸为900毫米×1800毫米、900毫米×1900毫米、900毫米×2100毫米等，门上的亮子尺寸为300毫米×900毫米、400毫米×900毫米等。

由于河西地区木材资源匮乏，在门窗的处理上十分考究，其艺术处理主要体现在窗棂纹样的变化上。窗棂纹样种类繁多，以横竖棂子最常见，这种窗棂纹样用直棂条拼成各种花样，如一码三箭（直棂窗）、斜方格、井口字、回字等。整体构图既古朴典雅，又纤巧别致。

图7-4-9 河西木雕（来源：戴海雁 摄）

（二）装饰艺术

装饰艺术是建筑从物质层次进入文化层次的一个手段或媒介，作为古老的通商线路，河西走廊乡土民居的装饰艺术受边塞文化以及中原文化的影响，是多种文化碰撞交织的典型地区。一方面，传统民居的装饰风格受中原汉民族文化的影响，在门楼木雕、细部砖雕等部位体现了强烈的中原风格；另一方面，在装饰细节上显现出边塞地区特有的文化特征，例如，受军事、气候条件等方面的影响河西走廊传统民居外墙几乎没有装饰，其装饰主要集中在门楼和内院中。在本节中，笔者拟从建筑色彩与立面雕饰两方面分析河西走廊传统乡土民居装饰艺术。

在民居建筑色彩方面，河西走廊传统民居主体颜色为土黄色，建筑色彩构成朴实无华，色彩语言理性实际，与周边环境相契合，体现了建筑与自然环境融为一体、和谐共生的营建智慧。在细部装饰上，可大致再划分为四种色彩类型：土黄色、砖红色、棕黄色、棕红色。

河西走廊传统民居的木雕艺术受多个区域文化的影响，再经过自身发展、演化，形成了独具特色的木雕装饰纹样。在具体营建中，木雕艺术主要体现在门楼以及敞廊等细部装饰上。笔者在调研中发现，在装饰图案上，河西地区普遍使用的木雕装饰与伊斯兰建筑中的挂落装饰十分相似，装饰图案多为植物。伊斯兰建筑装饰题材以植物形象居多，最常见的有蔷薇花、石榴、藤蔓等。花束象征着吉祥，果实象征着丰收，明确传达了伊斯兰民众对美满生活的向往。此外，河西传统民居木雕装饰图案还受到了新疆维吾尔族民居的影响，在民居中出现了弧形装饰图样和云头如意纹，弧形装饰中间高起，两边对称，在伊斯兰文化中有神圣而庄重的意思，云头如意纹表示吉祥如意（图7-4-9）。

砖雕主要施于门楼、门罩和照壁之上，可分立雕、浮雕、线刻和字匾等多种做法。立体雕塑多用于照壁、牌坊和坊式门楼上，题材以人物造型和瑞兽祥禽为主，有的数十块砖拼成一图，表现出高度精湛的工艺浮雕题材更为丰富，花草、人物、禽兽，无所不有。前文中曾提到，河西走廊传统民居融合了中原汉族文化、西方伊斯兰文化以及西域维吾尔族等少数民族文化等，这在其砖雕艺术上也充分体现。例如在武威贾坛故居中，入户大门两侧的墙壁上采用了镂空砖雕弧窗，而这种墙上挖窗的做法与江南地区民居的做法相似。

建筑的彩画多用于坊上，刚施工完毕时色彩艳丽，但因气候环境所限，容易褪色和脱落；河西走廊的传统建筑中，一般家庭是没有足够的资金和文化修养来制作高质量装饰的，只有在一些官宦人家、地主绅士家中，才可能见到，其奢华程度不亚于江南民居。

第五节　甘南高山草原聚落民居

从民族与人文地理的视角来看，甘南地区是我国历史上一个以藏族为主体的多民族汇集、融合、分布的地区，同时也是我国西北地区多种宗教文化传播带的重要交汇地和焦点区，被历代王朝视为"内华夏外夷狄"缓冲地带的甘南地区，在西北边防中地理位置十分重要。历史上生活在甘南地区的少数民族部落过着逐水草而居的游牧生活。后受农耕文化的影响，人们开始在山间平缓区域修建房屋定居，并进行农业生产，而在草原山地则仍保持帐篷居住方式，继续开展游牧生产，时至今日，甘南地区仍属于半农半牧地区，保留着丰富传统聚落形态。

一、造型与构成

甘南民居按不同的建筑材料、结构可分为土碉房、木踏板房、石碉房、帐篷、临时性居所等。民居建筑类型主要以甘南普遍而具代表性的土碉房为主。在林区，如迭部白龙江沿岸地区，盛产木材，榻板房是这一地区藏民居的主要形式。房屋顶部架设"人"字形屋面，以板带瓦，依次叠压踏板，上置石块。檐下横加一道木槽，将雨水排出围墙外。民居一般底层高、上层低，室内以木板装修。楼上住人，楼下圈养牲畜。在牧区，为适应四季游牧的生活，民居的主要类型为帐篷。帐篷多为黑帐，以牦牛毛编制而成，便于拆搭、迁徙，十分方便。另外，在七八月份，甘南民间盛行的香浪节上，各户帐篷为花布帐篷，是游玩、赶会、听经的临时性建筑。

在冬季，牧民建有临时性的居所——冬窝子，冬窝子多为保暖性好的半地穴式的建筑，多建在草场好、近水源、避风向阳的山间坡地。一面依靠山墙，其他三面用黄土掺树枝、草夯筑而成，保温效果很好。房间二或三间不等，布局简单、紧凑。冬窝子的简单发展就形成了"马康"的半地穴式民居形式。此种形式主要建于山坡上，建筑后墙为挖进山坡的断崖。典型的"马康"土木平顶结构，面阔四间，进深两间。室内空间以主室为主，分为两部分，左侧为宽一间、进深一间的大"连锅炕"，右侧为锅灶、厨房。室内四壁、天棚、地面皆为木板相拼。为了通烟、透气和采光，局部开有直通屋脊的天窗，在前墙上亦开有进出的门。"马康"户户毗连，房顶相连，错落有致。房上房下、左邻右舍、前排和后排往来无阻，贯通如一。

随着农业生产的发展，"马康"逐渐演变为二层平顶土碉房。土碉房是今天甘南普遍而大量的类型，多分布于海拔相对较低、青藏高原与黄土高原接壤处，地形地貌具有明显过渡性的农区、半农半牧区。民居多就地取材，木框架承重，土墙围护。通常的做法是将马康和楼房结合、相连，前面为楼房，一层沿山崖挖进为马康。楼房一层修建天井、院落、牲畜圈。楼上有堂屋、厢房、佛堂等组成。春夏，人们居于楼上，秋冬居于楼底的马康。今天，一些藏居已完全舍弃了马康，住宅为院落式布局，主要功能空间围绕二层展开，形成以二层为主要居住空间的形式。从帐篷—马康—土碉房—院落式藏居，体现了不同经济形态的各个阶段。

土碉房按院落式布局，与汉四合院形式相似，院落可以一进，也可以几进，视各家经济情况而定。院落式多分布于甘南接近汉族的地区，这些地区历史上曾经是汉藏茶马互市、汉族屯兵制地区，形成了民居汉藏风格的交融。如今天的夏河、临潭、卓尼等地区。1949年以前的封建土司、头人、贵族、军政要员等人的住宅多为多重院落，各院落功能均不尽相同，如将牲畜、奴隶、杂役、居住、佛殿等分院布置，既满足不同的功能要求，又起标示等级地位的作用。

院落布局上，依地形、劳作、生活的不同而灵活布局。在半农半牧区，多数农户为上下院。楼下为下院，为储藏、圈养牲畜等功能空间。上院通过下院天井中的独木梯联系，是日常居住饮食起居之处。下院牲畜房的屋顶作为上院的晒坝，可晾晒谷物，举行家庭宗教仪式。上下院的布局形式，因合理的将牲畜、杂物与居住生活分开而成为普遍采用的形式。

高低院多为宗教寺院周围和尚、喇嘛所住的院落形式。藏传佛教认为高处背山向阳、隈曲墁坡为风水吉地，因而寺院多依山而建。占2/3寺院面积的喇嘛住宅均充分利用山势，将两大功能建于不同的高差上，形成了高低错落的院落空间。通常将储藏、杂物（燃料）、厕所置于低阶，高阶为僧人日常起居生活住房，中间形成绿化小庭院。僧人不允许生产，多独居一院，因而房间少而功能简单，院落也较开敞。

在农区，院落多为内外院，实际上就是两重院落。内院为生活院，外院为牲畜、种菜、储蓄、晒谷等生产性院落。此种布局形式多受汉族四合院建筑形式的影响。甘南民居呈簇团布局状在甘南地区，广大藏族为了抵御高原恶劣的气候和风沙的侵袭，获得充足的日照，为了便于日常生产生活，房屋建筑多依坡而建，并呈簇团布局状，户户毗邻，共用一堵山墙者屡见不鲜。甘南藏族传统庄廓院民居建筑主要有以下三种。一是多进式院落，这种院落与汉族四合院相似，可以是一进，也可以是几进，但其不像汉族院落那样严格讲究对称、错落有致的布局形态，其平面布局很随意，有矩形、"一"字形、"口"字形、"日"字形等。二是天井式院落，天井式是藏式民居建筑在农牧结合的生产方式下产生的一种特殊布局形式，这种院落建筑比较紧凑，用材较少，有利于保温、防寒，经济适用。三是单体院落，主体建筑面阔一般多为三至五开间，以夯土、石材或木板围合成院落空间。

二、材料与结构

在建筑材料的选择上，甘南藏族民居主要体现出了与当地地质状况和植被分类相适应的生态特征。建筑材料的选用不但受到区域内自然地理特征，环境气候条件以及当地居民生活习惯的影响，在更多方面受到建筑的结构形式及建造方式的局限。甘南地区多以栗钙土为主，土质坚硬易黏合，土壤含水量少，同时产量丰富，可以大量提供建筑使用。此外甘南境内基本没有煤矿，无法烧制砖瓦。但是甘南州有着丰富的原始森林资源，高原盛产各类杉树，这类杉木多为树干密实紧致，便于处理且防腐耐寒的优良建材。通过不断的尝试实践，藏族人民找到了适用于地质状况和植被分布相适宜的乡土材料，如生土、石块、树木、麦秸、草、牛羊皮和牛羊粪便等材料。藏族人民对乡土材料的运用体现了简单朴素的生态适应性思想。

乡土材料的生态适应性、经济性以及就地取材的方便性和因地制宜的合理性对藏族民居的发展起到了重要的作用，而乡土材料作为生态建筑材料的魅力也在藏族民居中充分发挥了出来。而以石材为主料的碉房建筑除经济实用外，更多地体现了军事的防御作用。因当地建筑材料多石、砂，缺少黏土，全用片状块石砌成围墙，使成片山寨显出一幅独特的石城风貌。

玛曲和碌曲是甘南的主要牧区，常年多阴雨，少晴天。为适应畜牧业的生产方式，当地藏民主要以帐篷为居所。帐篷是牧民生产生活时最普遍的居所，而建制帐篷的材质多为牧民生活中最为常见易得的牦牛毛，心灵手巧的藏族妇女在日常生活中将牦牛毛编织成块，俗称粗褐子，再将其拼缝在一起，形成整块的建筑材料。帐篷的建筑空间以平面方形及长方形最为常见，篷顶呈坡面分披式。帐篷内部通常会用一道矮墙围合，材质多为石头和泥巴砌筑，其目的在于可以有效地防止冷风侵入，且比毛毡、木料更为防水，雨雪难侵。帐篷的主要支撑构件为木料，框架净高约为2米，外部披覆牛毛毡，固定则利用牛毛绳，数目可达几十条以上，通过向四周牵引拉张，固定在地上，可以撑张、收卷。由于经常迁移，帐房内部陈设相对简单，仅仅达到生活要求即可。采光的设计通过在帐篷正脊留一条长方形缝隙，既保证了室内基本采光，也完成了通风的要求。

碉房楼上住人，房内最好的一间是佛堂，旁边是卧室和厨房。个别小的碉房，其厨房和卧室共用一间，门窗小，排列不整齐，室内采光差。碉房屋顶为平顶，草泥面用石磙压光，可供打麦、晾晒及做户外活动之用。按其形式可分为碉楼式碉房、碉塔式碉房、独立式和院式碉房。独立式碉房无院落，多建在荒山隐蔽的山洼地段，平面随地形而异，分散于山峦河谷之中。在居住集中的村落，这种独立式碉房高低错落、层叠而上，小径石阶通达各碉房之间。而院式碉房除了以碉房为主体之外，前面或三面砌筑院墙，形成封闭式院落，沿院墙布置牲畜圈、杂用房及佣人住房等。这种院式碉房多为贵族头人所住。在形成村落的地方，有的碉房彼此相连，依山就势，因地成形，突出塔式碉房或院式碉房，在自由多变中形成了一个地区的中心，联系各处的小径巷道，有宽有窄，曲曲折折，这是碉房群体布局的重要特点。

此外，甘南还有一种特色民居叫榻板房。其实是"土墙板屋"，房顶用"榻板"覆盖。最原始的榻板房，一般是用原木互相垂直咬接，叠垒架成"井"字形的建筑墙体，屋顶上用板代瓦，用石块压住木板，以防被风吹移位而屋子漏水。榻板的选材很讲究，通常在林中选择树身挺直、无结无伤的上等油松，顺树身纹理劈成长2米左右，宽约20厘米，厚1.5厘米的小薄板，待晒干后背运出林，建房时屋顶上盖搭板，上排压下排，交接处用石块压牢。这种"榻板"材质坚硬，内含松油，故不易朽腐，一般三至五年才更换一次。板屋以木结构为主，修建时就地取材，具有通风防震的功能。至今在迭部上迭、卓尼县北部、碌曲县白龙江源头等高山阴湿的森林地带等地仍有分布。

三、构造与装饰

碉楼是藏族民居中较负盛名的建筑形式，多为层数不高的土木结构小楼，与周围环境结合巧妙，依山而建，既符合藏民日常生产生活的需要，且美观经济，有着较高的艺术价值。碉楼的建筑格式多为矩形体块，错落搭接，建筑平面多为质朴实用的方室。条翼以厚实的矩形筑建为基调，通过简单的界面处理，空间错落有致，功能分区明确，建筑单体多为独门独院，各自相连且互不影响，显示出劳动人民在建筑思路上的高度智慧。碉楼多为两层，楼上住人，楼下牲畜。建筑大多是建在向阳坡上，因坡起高，高坡仰止，其造型如同一个个小城堡，因此得名"碉楼"。较厚的砂土外墙，由下向上稍有收分，使得甘肃藏居的土碉楼独具特征：坚实、浑厚、雄壮。碉楼民居几乎都独门独院，其院落有单院、双院，还有上下院、三进院等。其院落形式，多为矩形、方形，很少有不规则形状院落。通常上院为生活院，下院为辅助院，多用独木梯作为垂直联系。墙体厚实，整体无多余装饰。

实际上，藏族是善于表现美的民族，对于居所的装饰十分讲究。在半农半牧区甘南民居建筑中，藏民居室内墙壁上方多绘以吉祥图案，客厅的内壁则绘蓝、绿、红三色，寓意蓝天、土地和大海。室外装饰的重点是大门，大门由门框、门楣组成，多为原木清水构件，风格清新、自然。居住者多以木料充实、木雕装饰精美为荣。

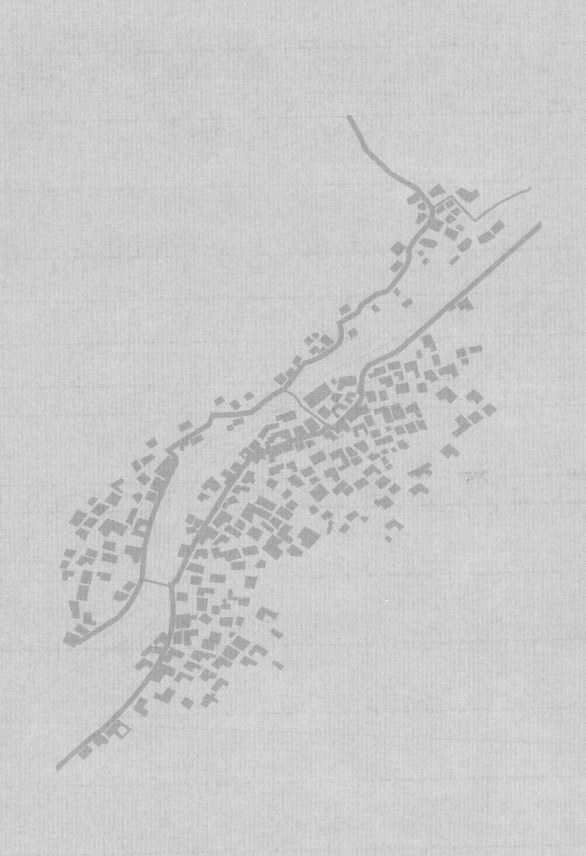

第一节　甘肃传统聚落保护现状与问题

一、社会经济层面

（一）生活、生产方式改变

回溯历史，自给自足的自然经济是传统聚落存在与发展的基础，人们遵循着传统方式生活与劳作，逐渐建立起与自然和谐共生的聚落。然而，时代与社会的变革，打破了传统聚落原有的平衡，迫使传统生产生活方式快速改变，改变的速度远远超过了传统聚落历史演进的速度。这种改变不仅体现在家庭结构的改变上，还体现在生产方式的改变上，更体现在居民生活需求的改变上。

家庭结构的转变。传统封建社会是以宗族为主要的家庭结构，祠堂、祖屋是常见的建筑形式，与宗族式家庭结构相对应的往往是大规模的建筑院落。随着小家庭逐渐取代大家族，传统封闭、规整、等级森严的建筑形制逐渐向小巧、灵活、开放的建筑形制转变。

生产方式的转变。传统农耕社会以一个家庭为基本生产单位，村落中建筑的功能与形态则是由这样的生产模式催生而来，如"前店后宅"的"家庭作坊式"建筑格局。随着三大产业的分化，传统聚落中家庭生活与社会生产逐渐分离，新生产方式如二、三产业导致了工厂、市场等各类新建筑的出现，同时伴随着电视与网络接入民居，外来思想逐渐传入，新的建筑材料和房屋样式被广泛建造，传统建筑曾经的生命与活力逐渐丧失（图8-1-1）。

生活需求的转变。居民无时无刻不在按照自己的生活需求改变着生活的环境，传统聚落中生活着的人们接受现代社会的速度远快于他们的建筑。人们渴望舒适的居住环境、优美的景观环境以及丰富的社会生活。因此，历史建筑与传统格局的物质空间，需要承载更多现代的生活需求。

（二）城镇化进程迅速

近年来城镇化、工业化、现代化快速发展过程中，非农产业不断向城镇集聚，农村人口大规模向城镇流动，村中留守妇女、儿童居多，空巢化、老龄化乡村聚落十分普遍，人口减少造成传统聚落日益衰落。居住在交通、经济、环境条件较差地区的百姓搬迁欲望尤为强烈，或举家搬迁到就近的大型村落，或进城务工改变家庭生计，农村房屋土地遗弃撂荒严重。一些发展落后的传统聚落随着国家"精准扶贫政策""转移安置"逐渐衰落，甚至自然消亡。城镇化难以避免地改变了传统聚落的人口结构、土地利用和建筑风貌，并且还将改变传统聚落的生产生活方式、风俗习惯和文化传承。传统农耕文化在城镇化的影响下逐渐流失。

此外，"美丽乡村建设"是我国现代化建设中一项艰巨的使命，政策的推广，为村镇基础设施建设、村容整治、经济文化的改善与发展提供巨大支持，但也对传统聚落的保护带来了巨大的冲击。虽然政府明确提出反对大拆大建的规定，但是村落历史文化、文物建筑、文物原生环境被破坏时有出现。一部分具有地方传统风貌的古民居拆除后被钢筋、混凝土建造的楼房取代，整个村落新房与旧屋、平房与楼房混杂，乡村景观不伦不类，造成民族特色和地域特色的丧失。那些保持古老而富有生机的村落越来越少。还有一部分传统民居由于长期无人使用和管理，变得破败不堪，有的已经倒塌成为一片废墟（图8-1-2）。农村在拓宽和整修村庄街道、巷道时，不仅将原有街面铺成水泥路面，而且还拆除了部分古城墙，改变了原有的村落整体布局。如何避免村落在发展建设中被破坏是个必须直面的问题。

(a)"下店上宅"式家庭经济

(b)电视与网络接入民居

图8-1-1 生产方式及生活需求的转变（来源：刘奔腾 摄）

图8-1-2 荒废的宅院（来源：刘奔腾 摄）

（三）旅游发展滞后

传统聚落拥有较为丰富的旅游资源，具有一定的历史、文化、艺术、科学、社会、经济价值。随着城镇化的发展，传统聚落消亡速度加快，保护与发展工作刻不容缓。旅游业在我国已经成为第三产业一大支柱，在传统聚落的保护与发展过程中，旅游业是非常重要的选项。2019年，甘肃省乡村旅游游客接待量达1.27亿人次，乡村旅游收入约为340亿元，其中接待省内游客约1.12人次占比88%。相较其他省份，甘肃省乡村旅游业仍存在吸引力不足、基础设施不够完善、旅游服务质量有待提升的问题，乡村旅游业发展水平整体滞后。除此之外，现有已进行旅游开发的传统聚落由于开发理念的滞后，并未吸取前车之鉴，因旅游过度、不当开发导致历史遗存、传统风貌受破坏的不在少数。以青城老街为例，青城镇原有老街两侧均为传统民居，尺度适宜，风貌协调，生活气息浓郁，但因旅游开发将老街进行拓宽并将两侧民居进行商业化改造，导致聚落传统风貌遭到一定破坏（图8-1-3）。

（四）保护资金不足

传统村落保护不力还包括资金不足的问题。传统聚落的保护需要专项资金支持，部分村民家中具有保护价值的老宅，由于远离传统村落核心保护区，古民居年久失修，成为危房早已无法居住，但是村民不忍心拆除，老宅却又无法享受相关政策，缺乏资金，无力维修，只能倒塌变成废墟。地方政府重视传统村落的文化传承，用于补贴古民居修缮，但是传统村落中古建筑数量多，维修规模大，所需费用较高，这就使一些有价值且亟待修缮的民居由于村民缺乏经济能力，又不能获得国家的资金补助而无法得到及时的保护。对文物保护单位来说，国家对于县、市级文物的修缮几乎不投入资金，即使有关部门尽力争取，其申报程序繁琐，申报时间极其缓慢，所得结果事倍功半，而县上的财力投入也只是杯水车薪，所以出现文物遭受损毁时无能为力的尴尬局面。

二、文化意识层面

（一）非物质文化传承

传统聚落承载的非物质文化所具备的潜力没有得到充分挖掘，虽然甘肃省政府制定了有关非物质文化遗产保护与传承办法，但是非物质文化遗产依旧出现无人继承与创新的无奈境遇。现代文化的涌入与传统文化的没落，使得礼仪民俗、口传历史、地方语言、传统技

图8-1-3 青城民居（来源：刘奔腾 摄）

（a）水烟制作工艺　　　　　　　　　　　　（b）七月官神表演

图8-1-4　非物质文化传承（来源：刘奔腾 摄）

艺、民间歌舞等也仅在老一辈人群中流传，有些其至已经失传。非物质文化无法以书面形式呈现，往往通过口传心授得以世世代代传承、延续和发展，传承的方式通常包括家族、宗族传授。乡村"空心化"现象普遍，村中年轻人越来越少，很少有年轻人愿意从事与非物质文化相关的行业，因此很难寻找到传承人，出现没有非物质文化遗产继承人的危急情形。另外，随着人们交流越来越频繁，各民族群众混居现象越来越多，使中华传统文化流失和文化萎缩，非物质传统文化面临被湮灭的危险。例如，青城水烟制作技艺、甘谷脊兽制作工艺、"花儿"[①]、夜光杯雕、各类民间曲艺等（图8-1-4）。

（二）群众保护意识不足

在实际调研中，通过与居民的访谈交流发现绝大多数居民并不了解自己所居住的地方的历史与文化，更认识不到其价值，处于一种无保护意识的状态。村民的关注重点多体现于居住环境的改善和经济收入的增加，这也符合马斯洛需求层次理论的规律，人只有在满足生理和安全的需求之后才会寻求归属感的需求，因此当下部分传统聚落尤其是乡村聚落，应当以政府为主导通过宣传教育让居民认识到传统聚落的价值和保护的意义，引导居民自发保护传统聚落。同时政府在制定传统聚落保护措施时要充分考虑居民的诉求和社会经济发展的背景，引导居民参与其中，在发展传统聚落经济、改善居住环境的同时兼顾传统聚落的保护。

老百姓对文物古迹的价值没有全面的了解，没有进行正确的行为指导，保护意识十分淡薄，很少有村民主动采取措施进行保护，导致古建筑、壁画、雕刻等文物遗迹损毁严重。许多地方村子中的古建筑特别是古民居由于长时间疏于清扫和管理，出现了破损、开裂、剥落等不同程度的毁坏现象，另外一些土坯修建的城墙、城楼已经坍塌，局部地方残垣断壁，一派凄凉景象。村落中有些老屋被废弃闲置，甚至变成"仓库"，堆放柴

[①] "花儿"是汉、回、东乡、保安、撒拉、藏等民族共创共享的民歌形式，主要流传于甘肃、青海、宁夏三省，2006年经国务院批准，被列入中国国家第一批非物质文化遗产名录。

草、闲置杂物等，安全隐患极为严重。黄土高原的传统窑洞面临严峻的挑战，许多老百姓生活水平提高后开始弃窑建房，甚至把弃窑建房看成是脱贫致富的象征。加之由于老百姓对村落保护缺乏责任心和大局意识，过于看重眼前利益，部分古建产权不清被私人侵占。

三、保护技术层面

（一）保护观念局限

传统聚落的保护观念深受文物保护及历史建筑保护观念的影响，容易局限于建筑学层面，只关注传统聚落的物质形态。然而传统聚落不等同于聚落范围内建筑的集合，传统聚落的保护不应仅仅是对聚落内建筑的保护，社会环境、生产生活方式、民俗文化是传统聚落的生命力，不应被忽视。基于此，一些依据保护区域范围线对核心保护区域进行"博物馆式"保护的方式，将保护对象从聚落整体中割裂出来，无形中切断了其与整个聚落的内在联系，进而导致了被保护区域逐渐丧失使用价值，逐渐衰败，最终沦为摆设。

保护观念的局限还体现在传统聚落的提升与修缮中。有别于上述纯粹而严格的保护，提升与修缮是从可持续发展的角度保护传统聚落。但从全国传统村镇旅游开发的实践来看，保护开发模式的简单抄袭现象普遍，套用他人成功模式也许能够换来短暂的繁荣，但实质上则忽视了本地特征价值，造成"千村一面"，使乡村旅游失去了应有的独特体验。

（二）保护内容空泛

编制相关保护规划虽然给传统聚落提供了保护依据，但同时也暴露出保护规划内容空泛的问题。首先，保护规划调研工作量大、编制周期过短易导致保护规划仅成为有关部门的申报材料，保护内容看似合理但脱离实际可实施性不强。其次，保护规划编制者与实施管理者往往站在旁观者的角度审视传统聚落，而非站在使用者的角度考虑问题，所编制的保护规划常着重强调保护内容的文物价值、历史价值，而忽视聚落的生活常态。最后，每个传统聚落的发展水平并不相同，保护规划制定的保护内容对一些贫困村落来说往往变成了空谈，例如，在基础设施尚不满足需求的条件下，保护措施是难以有效实施的。

（三）缺少专业保护人员

传统聚落中的古建筑、古民居看护与修葺中缺乏管理方面、旅游开发、园林景观、古建筑修缮等方面的专业人才，人才匮乏制约了文物、文化遗产的保护。同时因传统聚落保护法规和技术标准缺失，保护工作机制尚不完善，甘肃省尚未形成一支稳定的专业保护工作队伍。在古建筑、古民居修缮中，各地专家学者具备专业知识，但是当地土专家经验丰富，对村中自然环境、建筑历史了解更加深入，然而土专家没有发挥应有的作用，传统聚落保护过程中独具地方特色、民族特色的东西没有得到妥善的保护与保留。

（四）基础研究滞后

相比于文物古迹、历史文化名城名镇的保护，传统聚落的保护研究工作起步相对较晚，基础积累薄弱。关于传统聚落保护与实施的基础理论研究存在滞后性。

研究偏重于单一学科。传统聚落研究尚未形成独立学科，但史学、地理学、建筑学等学科已有大量涉及传统聚落的研究成果。然而不同学界对传统聚落的研究往往偏重于自身学科，例如建筑学界以微观视角研究传统聚落中的乡土建筑，史学界基于文献研究村落发展历程。这些相对独立的研究难以系统完整地体现传统聚落的特征与价值，所提出的保护措施也往往具有局限性。

研究偏重于历史考证。传统聚落保护与历史村镇的保护有一定的相似性，在历史村镇的保护中，文物、历史建筑以及整体风貌是保护工作的重点，对于传统聚落来说，在此之外还应强调的是传统聚落是活着的仍在不断演进着的系统，其中的文化、聚落演变的过程与机制具有同样重要的研究价值。

研究偏重于物质空间。现有传统聚落研究深受其他学科研究成果的影响，多偏重对物质空间环境的保护与发展，对聚落的自然环境和人文环境挖掘不够深入，较缺乏对非物质文化的研究，忽视了聚落演进的时空特性。这导致了传统聚落研究被误认为是缩小了空间范围的历史村镇研究，这样编制的保护规划往往偏离了传统聚落的生活实际，难以达成文化认同。

第二节 甘肃传统聚落保护实践

甘肃省传统聚落分布广泛，地域跨度大，环境差异明显，不同地域环境下的传统聚落保护实践面临着不同的实际问题，应当采取有针对性的保护方法。

一、陇东地区传统聚落保护实践

（一）背景与概况

陇东地区范围涵盖天水、平凉、庆阳三市，地处黄土高原，地貌以丘陵沟壑、高原沟壑为主，农业发展条件良好，传统聚落特色明显，窑洞、合院等多种民居形式并存。平凉市华亭县安口镇高镇村于2016年被住建部列入第四批中国传统村落名录。自古，安口镇陶土资源丰富，累朝累代开设窑口，有"安口窑"之称（图8-2-1）。

（二）保护特征与价值

高镇村位于安口镇北侧，面朝南川河，河水潺潺，背靠山体，起伏多变。建筑形态依山就势错落有致，村落中街巷蜿蜒曲折，宽窄变化随意无序，连接各户的院落，最终形成"街—巷—庭院"的基本结构。

传统民居平面无固定形制，基本为"正房+耳房+围墙"形成院落，依山就势，朝向以南北为主，按照山势略微调整变化。建筑群体布局较为松散，自然形成了疏密不一的聚落形态。目前建筑单体分为土坯房屋和砖、砖土混合房屋。

历史环境要素主要有：

南川河——高镇村村前流过的一条潺潺小河，跨过小河上被水草和绿树掩映的木便桥，就进入了山路蜿蜒的高镇村。

窑神庙——窑神庙是汉族民间供奉窑神的庙宇。中国古代各行各业都有自己崇拜的神，烧制陶瓷和开采煤矿的窑工，希望窑神福佑穰灾，便建窑神庙奉祀。

古城门、谷场、古树。

陶瓷是高镇村珍贵的非物质文化遗产。经过学者们的考证与梳理，它始自周代，兴于唐宋，闻名于明代。北宋时，华亭县的瓷器生产重点产区是在如今的砚峡乡。据说北宋天禧、天圣年间，砚峡的青瓷被当时的秦凤路经略安抚使献给了皇帝，成为供奉朝廷的贡品。

（三）保护方法

根据对高镇村的传统要素梳理，规划将传统村落保护对象分为四类：村落格局、传统建筑、环境要素和非物质文化。依据传统要素的分布划定保护区划，并分类提出保护控制要求（表8-2-1、图8-2-2）。

图8-2-1 高镇村(来源:温万元 摄)

高镇村传统村落价值评价表　　　　表8-2-1

评价对象		评价内容	评价结果
空间格局	村落选址	村落选址特征	优
	村落布局	聚落形态、街巷布局、公共空间	优
	周面环境	村落周边自然环境	优
建筑风貌	原始土坯房屋	建筑艺术价值、功能使用价值、建筑风貌完好性	良
	砖、砖土混合房屋		良
历史环境要素	南川河	特色景观价值、历史文化价值、完好性	优
	窑神庙		优
	古城门		良
	谷场		优
	树木		优
非物质文化遗产	陶瓷文化	技艺与传承、艺术价值	良

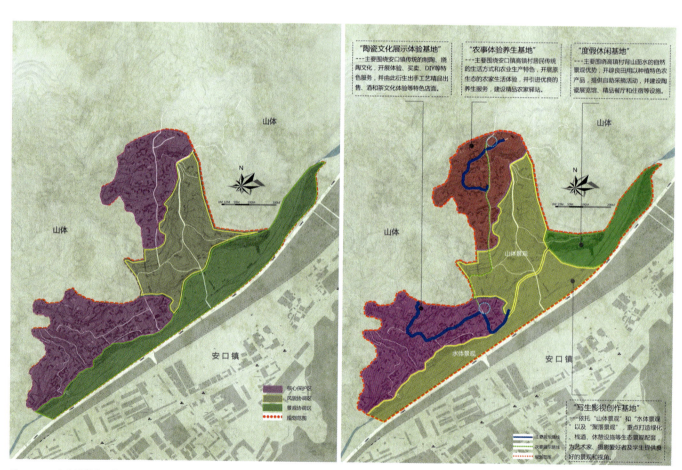

图8-2-2　高镇村传统聚落保护区划（来源：高镇村传统村落保护规划）

核心保护区内，严禁拆除和破坏区内的历史建筑，不允许新建、扩建活动，除必要的基础设施和公共服务设施外，对于必须进行新建、扩建的建设活动以及保护、修缮及整饬活动，必须上报征求相关主管安口镇高镇村传统村落保护项目部门意见，并应保持与传统建筑在高度、体量、外观形象、色彩、材质等方面的协调，不得破坏传统街巷空间，不得毁坏古树名木。

风貌协调区内，新建、扩建及改建的活动，应在可实现与传统建筑、历史环境相协调的前提下进行，任何新、改、扩建建筑和构筑物应在功能、高度、体量、材料及色彩上与环境和历史建筑相协调，并应控制建筑密度，以保护自然山体景观为主。

景观协调区以保护水体和植被为主，统一规划广场及公共服务建筑，建筑风貌要求与自然相协调，符合地域特色。

二、陇中地区传统聚落保护实践

（一）背景与概况

陇中地区地处甘肃中心，主要包括兰州、白银、定西三市。陇中片区传统聚落多分布于河谷、丘壑地带，具有独特的地理环境特征。因属于寒冷地区，陇中地区的传统聚落格局与建筑形制更加注重采光、保温需求。兰州市榆中县金崖镇永丰村于2016年入选第四批中国传统村落名录。永丰村是陇中地区典型的河川地区传统村落，距今已有几百年的历史（图8-2-3）。

（二）保护特征与价值

永丰村历史文化积淀深厚，民俗风情特色浓郁。在数百年的历史中，永丰村形成并保存了自身颇具特色的传统文化，在这里传统村落文化、丝路文化、历史文化交织荟萃，集中体现了河川地区传统村落多样的物质文化与非物质文化。

永丰村村落整体空间形态保持完整，永丰堡街巷格局，院落肌理基本保持城堡修建初期的格局。村子内保存有宗祠、民居、传统水烟作坊等大量的传统建筑，建筑就地取材，以黄土、木材、块石砌筑。村落外观与自然环境浑然天成，凸显出西北河川地区淳朴的山地特色和浑然天成的艺术美感，在全省乃至全国都具有较高的艺术审美价值（图8-2-4）。

永丰村的选址建设充分体现了中国传统风水学说，村子背山面水，四周山体平缓、水源充足又可避免洪涝灾害，生态环境优越，且地质结构良好。永丰村的传统建筑风格同兰州地区传统村落建筑风格一致，对研究西北地区建筑的演变具有较高的科学价值。

村内建筑群保存完好，各类民俗节庆、传统手工艺等非物质文化遗产得以传承，是榆中县古村落重要的文化旅游资源，对当地社会和村落经济发展具有非常深远的意义。

（三）保护方法

将村落价值要素进行分类，可分为村域环境资源、村落形态及整体格局、街巷格局、传统建筑、历史环境要素、非物质文化遗产。如永丰村传统村落保护发展规划中，就将村落价值要素进行了分类，划分为包括文物保护、核心保护范围、建设控制区、自然景观环境保护范围四个级别，划定了各级保护范围，并对各类保护对象制定针对性保护措施。例如传统风貌保护要求建筑布局应结合地形，高低错落，避免开挖山体，延续原有村落肌理，塑造自然优美的村落环境；高度控制要求核心保护区内的建筑高度应保持建筑原高度不变，现有超高建筑应降层改造或者拆除处理。改造建筑层数控制在2层以下，檐口高度控制在6米以下，屋脊高度控制在8米以下（图8-2-5）。

图8-2-3 永丰村航拍图（来源：刘奔腾 摄）

图8-2-4 永丰村传统聚落鸟瞰效果图

三、陇南地区传统聚落保护实践

（一）背景与概况

陇南地区位于甘肃南部，地处秦巴山区、黄土高原、青藏高原过渡地带，具有高山峻岭与峡谷盆地相间的复杂地形。陇南地区是甘肃境内唯一拥有亚热带气候的区域，被誉为"陇上江南"。由于陇南地区地处三省交界处，同时受到陇原文化、巴蜀文化与关中文化共同影响，是多元文化交融的过渡地带。徽县嘉陵镇稻坪村入选第四批中国传统村落名录，是陇南地区典型的山地传统村落（图8-2-6、图8-2-7）。

（二）保护特征与价值

稻坪村位于嘉陵镇北部，坐落于大殿山脚下，村庄四面环山，地势狭长，村落整体布局沿山谷自由分布，民居以稻坪古街道为中心线分布于两侧，桃源河穿村而过，整个村落依山傍水，错落有致，这种科学宜居环境的营造，提供了传统村落空间结构自发建设新模式，对于当今村镇发展具有推动作用。

村中尹家大院已被列为县级文物保护单位，保存完好的尹家祠堂、稻坪古墓等具有悠久历史的建筑物、构筑物是陇南地区传统村落历史发展的缩影。村中建筑群主要建于清代，传统建筑为土木结构，民居和其他传统

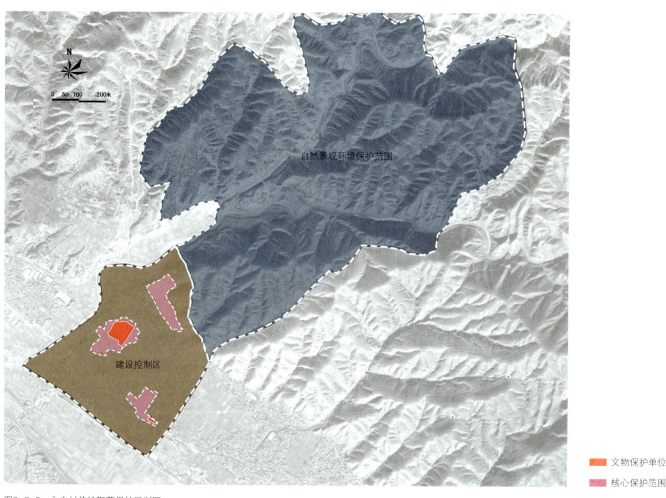

图8-2-5　永丰村传统聚落保护区划图

图8-2-6 稻坪村街巷风貌（来源：叶莉莎 摄）

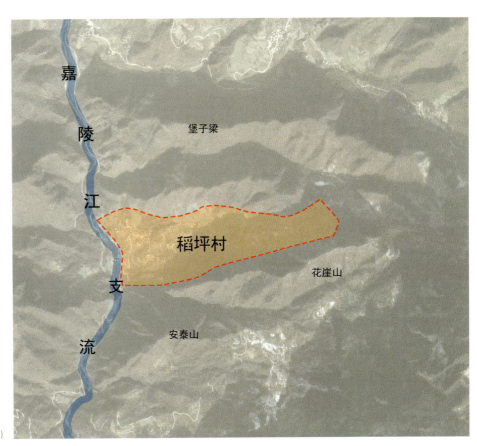

图8-2-7 稻坪村聚落选址（来源：刘奔腾 绘）

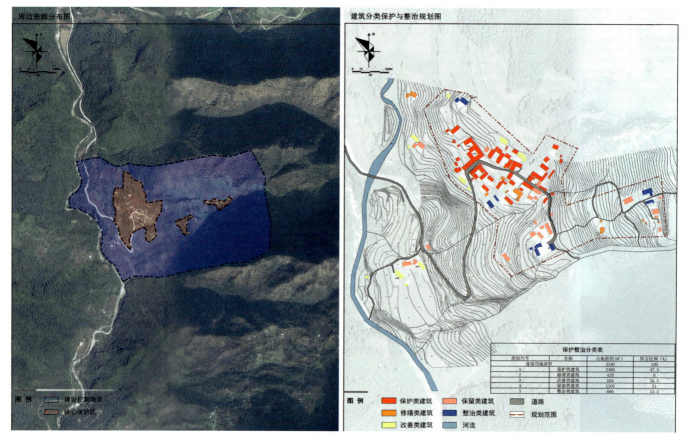

图8-2-8 稻坪村传统聚落保护区划与建筑保护整治

古建筑集中成片，是陇南地区乡土建筑的典型代表。

稻坪村文化昌盛，尤其是中医文化底蕴深厚，代代相传，现在村内依然延续着针灸等中医疗法，并留存着传承中医的重要著作《针灸大成》。

（三）保护方法

划定核心保护范围、建设控制地带以及高度控制范围。将村落空间环境要素进行分类并提出针对性的保护措施：选址与自然景观环境保护、传统格局与整体风貌保护、院落及建筑分级保护、街巷保护、历史环境要素保护、传统文化保护。例如，街巷保护规划重点保护稻坪村核心保护区内的传统街巷，包括稻坪古道、尹家大院、尹家祠堂周边传统街巷，保护以尹家大院为中心的传统院落的街道脉络。保护这些街巷原有尺度和空间形态、街巷的走向和视线通道，以及保护街巷的肌理和材质（图8-2-8）。

四、河西走廊地区传统聚落保护实践

（一）背景与概况

河西走廊地区位于甘肃西北部，地形狭长，形似走廊，由武威、张掖、酒泉、金昌、嘉峪关5市和白银市的景泰县组成。河西走廊大部分地区属温带大陆性干旱气候，具有光照丰富、热量较好、温差大、干燥少雨、多风沙的特征。南部祁连山区则属于青藏高原高寒气候。河西气候在水平分布上具有明显的东西和南北差异。河西走廊地区的传统聚落多呈组团式布局，民居形制以四合院为主，建筑形式具有明显的防风沙、防晒功

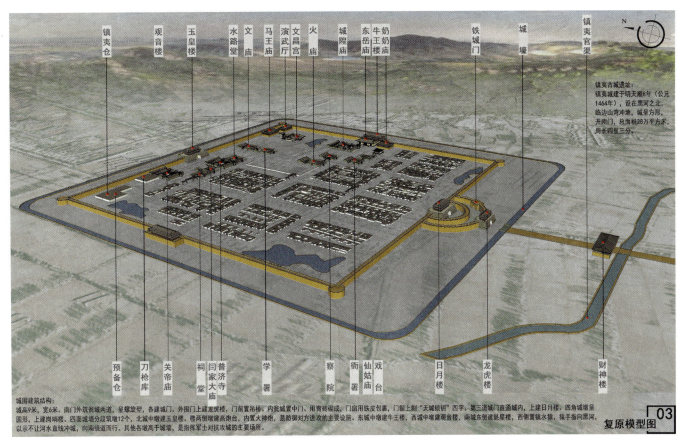

图8-2-9 天城村传统聚落复原模型（来源：高台县人民政府）

能特点。张掖市高台县罗城镇天城村传统聚落位于黑河一级流域镇夷峡口，地形复杂多样，高山、河流、冲积扇、峡谷多种地形并存，地貌奇特壮美。从天城村的复原模型可以看出，整体格局是我国古代典型的方形城池，至今村落仍然保持着规整的传统格局（图8-2-9）。

（二）保护特征与价值

天城堡遗址平面呈方形，黄土夯筑，坐北向南，周长约2400米，占地面积约36万平方米。遗址四角原设圆形角楼各1座，现仅存东北角墩，较完整。

天城村（明代的"镇夷守御千户所"）作为一种面对特定历史政治时代和文化现象的建筑聚落类型，处在长城学、历史学、考古学之间的交叉地带，分布广泛，类型各异，其内部建筑遗迹及其故事传说携带着丰富的历史文化信息，其传统生产工艺、生活风俗信仰等非物质文化遗产，为文化遗产保护开发的实际操作提供重要线索。

天城村历史文化积淀深厚，民俗风情特色浓郁。在数百年的历史中，天城村形成并保存了自身颇具特色的传统文化。在这里，丝路文化、长城文化、军事寨堡文化、地域历史文化、传统村落文化交织荟萃，集中体现了河西走廊地区传统村落多样的物质文化与非物质文化。

天城村村落整体空间形态保持完整，东北两侧城墙完整，东北部角墩完好。天城村街巷格局、院落肌理基本保持明代"镇夷守御千户所"修建初期的格局。天城村的传统建筑风格同河西走廊地区传统村落建筑风格一致，既有北方民居的风格，又有河西地区建筑的特点，整体保存较为完整，对研究西北地区河西走廊居住建筑的演变具有较高的科学价值。

图8-2-10 天城村重点地段设计（来源：天城村传统村落保护规划）

（三）保护方法

通过编制传统村落保护规划，划定文物保护范围以及核心保护区范围、建设控制地带、景观环境保护范围，并提出保护要求。传统村落保护对象主要为村域山水格局、环境资源、村落形态及整体格局、街巷空间、传统建筑、历史环境要素、非物质文化遗产等。例如，天城村围绕传统村落重点保护对象，提出针对性保护整治措施，以期保护和恢复传统的村落风貌（图8-2-10、图8-2-11）。

五、甘南地区传统聚落保护实践

（一）背景与概况

甘南地区位于甘肃西南部，地处青藏高原与黄土高原的过渡地带，境内草原广阔，是藏族、回族等少数民族聚居区。传统聚落具有典型的民族特色和高原特色。尼巴村位于甘南州卓尼县尼巴乡，属高原型大陆气候，光照不足，有车巴河穿村而过，入选第二批中国传统村落名录（图8-2-12）。

（二）保护特征与价值

尼巴村坐落于山谷之间，车巴河贯穿全村，传统民居依山而建，从低到高层层叠加，由栈道连接，栈道一边依山固定，另一边依靠圆木支撑，村寨的房屋整体建筑形式类同，形成了错落有致、鳞次栉比、古色古香的聚落氛围。尼巴村的藏寨充分体现了村落居民的建造智慧，首先，民居依山势组合成一个严密壮观的防御体系，在古代不仅可以抵御外来侵

图8-2-11　天城村节点设计（来源：天城村传统村落保护规划）

扰，也可以有效避免洪涝灾害；其次，将村落建在山上可以有效扩大藏寨的生活面积，用于种植或放牧（图8-2-13）。

尼巴村的藏式房屋由厚厚的泥土打成，只在中间有2～3眼天窗，从外面看呈土黄色，颜色单调。其实土墙不过是个外墙，起到保温和牢固的作用。房子里面则高大宽敞，全是木头，仓库、厕所、猪圈也全是由大块大片的木头连成，房间装饰尽显藏族风格。这种外不见木、内不见土的房屋既保暖又透气，在其他藏区也并不多见（图8-2-14、图8-2-15）。

一年一度的赛马是尼巴村重要的非物质文化遗产，赛事规模一般较大，吸引周边村落居民参加与参观，同时吸引外来游客参观。通常参赛马匹在50匹以上，观众人数在1000人以上。

（三）保护方法

在主要历史建筑、传统院落的出入口，尽量选择当地材料，悬挂保护标识，实行挂牌保护。按照保护类建筑、保留类建筑、重建类建筑三种类型对历史建筑和传统院落进行室内改造和外立面修缮。

对于消防设施建设，配置消防栓、灭火器，建设消防水池，提高村庄的消防应急能力，保障历史建筑的安全。对构成村落历史风貌的围墙、石阶、树木、山体、水系等要素进行修复。

对于可移动文物，主要是民居民俗展示用房，并配备必要安防、技防及环境控制设备。针对民间美术、传统手工技艺、传统皮影、传统剪纸等适合开展生产性保护的项目，根据项目具体需求，建设生产制作展示、传习培训等公益性场所。

图8-2-12 尼巴村聚落（来源：刘奔腾 摄）

图8-2-13 尼巴村传统聚落鸟瞰图（来源：尼巴村传统村落保护规划）

图8-2-14 尼巴村传统聚落透视图（来源：尼巴村传统村落保护规划）

图8-2-15 尼巴村传统聚落透视图（来源：尼巴村传统村落保护规划）

第三节 甘肃传统聚落保护路径探索

一、政策解读

（一）法律保障阶段

2008年4月，国务院颁布《历史文化名城名镇名村保护条例》（国务院令〔2008〕524号），使历史文化名镇名村的保护更加体系化、法制化，并正式从国家层面肯定了中国历史文化名镇名村的命名。

2009年1月，住房和城乡建设部、国家旅游局下发《关于开展全国特色景观旅游名镇（村）示范工作的通知》（建村〔2009〕3号），制订了《全国特色景观旅游名镇（村）示范导则》和《全国特色景观旅游名镇（村）示范考核办法》，旅游部门开始参与历史文化村镇的保护和开发，体现了对传统村落利用的旅游发展导向。

2012年11月，住房和城乡建设部和国家文物局联合发布《历史文化名城名镇名村保护规划编制要求》（建规〔2012〕195号），对提高保护规划编制的科学性、规范性和可操作性起到一定的指导作用。

自此，历史村镇、旅游村镇等传统聚落的保护开发以及相关规划编制工作有法可依。

（二）传统村落保护双轨制度阶段

2012年4月，由住房和城乡建设部、文化部、国家文物局、财政部联合下发《关于开展传统村落调查的通知》（建村〔2012〕58号），首次联合启动了中国传统村落的调查。财政部也第一次作为传统村落单位参与出台保护文件。

2012年8月，四部门联合出台了《传统村落评价认定指标体系（试行）》（建村〔2012〕125号），成立由建筑学、民俗学、规划学、艺术学、遗产学、人类学等专家组成的专家委员会，评审《中国传统村落名录》传统村落具体保护工作于2013年起步），2014、2015年逐步铺开，中央财政专项资金拨付实施。

2013年9月，住房和城乡建设部公布了《传统村落保护发展规划编制基本要求（试行）》。

2014年9月，住房和城乡建设部、文化部、国家文物局下发《关于做好中国传统村落保护项目实施工作的意见》，为防止传统村落出现盲目建设、过度开发、改造失当等修建性破坏现象，特提出此意见文件。

2014年4月，住房和城乡建设部、财政部、国家文物局、文化部发布《关于切实加强中国传统村落保护的指导意见》（建村〔2014〕61号）指出需要高度重视传统村落保护发展工作；开展市县级传统村落认定工作；推进保护发展规划编制；积极争取中央补助资金；加强监督检查五项重要内容。

中共中央、国务院2015年2月1日印发的《关于加大改革创新力度加快农业现代化建设的若干意见》（中央一号文件）明确提出完善传统村落名录和开展传统民居调查、落实传统村落和民居保护规划等要求。

2015年6月住房和城乡建设部下发《住房和城乡建设部等部门关于做好2015年中国传统村落保护工作的通知》（建村〔2015〕91号），响应国家一号文件提出的要求，提出开展五个方面工作，包括中央财政支持申请、传统村落补充调查、建立地方传统村落名录、抓好日常管理、开展项目实施情况督查等。

随着法律法规的进一步明确，传统村落保护已逐步纳入法制轨道。

二、聚落保护所面临的挑战

（一）社会转型带来的挑战

城镇化和现代化是任何一个国家迈向现代化的必由之路，是一个不可逆转的历史发展过程，在这个过程中，中国仅用短短20年就达到国际先进水平的速度是十分惊人的。在这样一个时期，社会转型的速度、广度、深度前所未有。

改革开放以来，村镇也面临从计划机制向市场机制转轨的过程。实质上，这种村镇资源的重新配置，就是传统农村向城镇化的转化过程。这一转化过程给村镇带来的冲击是巨大的，乡村人口大量流失、缺少劳动力、缺少人气，大量建筑年久失修、破败不堪已然常见，大量村落自然消失。数据显示，2000年至今，我国少了90多万个自然村，其中不少实际上是传统村落。而根据第三次文物普查，我国文物的消失率大概是2%~10%之间。

(二)现代化的生活需求带来的挑战

老旧的传统村落和现代生活之间的差异比较大,包括旱厕在户外,包括洗澡,包括房间的私密性、舒适性,包括房间的采光、避暑等问题,几乎所有的民宅都需要经常性的维修。

从使用感受的角度上看,传统村落很难为居民提供舒适现代的使用体验,迫于保护要求,使用者又不得擅自重新拆建,传统村落的保护和利用有着天然的矛盾,要保护一个古村落或者一个房子,和重建一个新房子,农民通常会选择后者,这也导致了许多历史建筑被遗弃。留不住生活的保护并不能真正使村落和建筑活起来。

(三)旅游开发带来的挑战

随着城市化的发展,新农村的建设,大量的传统村落正在或已经成为社会发展的"牺牲品",从2012年中国传统村落调查的启动开始,社会上关于保护传统村落的呼声一路走高,传统村落的历史,人文价值也开始不断得到大家的认可。传统村落从农耕社会走来,在时代的变迁中,它保留的是对历史的缅怀,是我们独一无二的历史瑰宝,也是我们历史变迁活的见证。今天,传统村落已经不能适应现代社会的发展,亟需寻求新的出路,发展旅游成了现在普遍采用的方式,而旅游开发对传统村落来说具有两面性,一方面能带动村落发展,减少城市与乡村的差异,另一方面没有规划无序的开发以及过度开发对传统村落来说都是一种彻底的破坏。时至今日,对传统村落开发和保护的关系仍然没有一套可行的标准来衡量,传统村落既要保护也要发展,如何让二者相互协调,达到和谐统一就成为传统村落未来发展的关键,良性的旅游发展是促进文化保护和传承的重要途径,但对旅游发展引起的文化破坏也应高度重视。

三、路径探索

(一)以农耕文化为纽带的保护路径

我国自古为农业大国,长期以来农业一直是人民生产生活的基础,农耕文化更是中华文化的本底,孕育了制度文化、礼俗文化、教育文化等多重文化,拥有深厚而丰富的内涵。在中国传统社会,人们从事农业活动为主,集聚、交汇、演进、劳动生息,进而形成聚落。在现代社会,村镇聚落依然构成了社会最庞大的基础结构形态,延续着传统社会的农耕文化特征。传统农耕文化赋予传统聚落以精神内涵,传统聚落则是演绎传统农耕文化最集中、最真实、最完整的场所。

众所周知,甘肃是华夏文明重要的发祥地之一,甘肃传统农耕文化的形成与演绎有着明显的地域性、民族性和多文化融合性特征。甘肃省地处黄土高原、青藏高原和内蒙古高原三大高原的交汇地带,境内地形复杂,山脉纵横,从西北到东南横跨干旱区、高寒区到亚热带湿润区等多种气候类型。在这样的地理条件下形成的农耕文化更加注重人与自然的和谐共处,强调合理利用自然资源,维护脆弱敏感的生态环境,讲求"精耕细作、因地制宜"。甘肃农耕文化既有西北地区朴实、粗犷、豪放、彪悍的共性特征,又有多民族多元共融的文化特征。甘肃自古就是中原通往西域和青藏的要道,农耕文化与生产生活方式深受少数民族影响。在漫长的发展与演变中,传统农耕文化已经与黄土高原文化、草原文化、伊斯兰文化、巴蜀文化、西域文化、藏文化等深度融合,形成了瑰丽多彩的甘肃特色农耕文化。在城镇化与工业化快速发展的社会背景下,农耕文化是传统聚落历经千年不变的内涵底色,是传统聚落应当继承的宝贵遗产。

(二)以小流域空间特征为纽带的保护路径

传统聚落在长期历史发展过程中,自然环境是聚落选址的首要因素，自然环境与人文环境相互融合，形成了一种复杂的社会、经济、文化集合。小流域为聚落提供了可能的地形与水源，在小流域这个特定的地理环境中，自然和人文资源与聚落空间形态不断融合、选择、进化，形成相互依存、共荣共生的生态体。小流域的聚落有着较为独特的系统和生态运行机制，体现着特定的文化特质和场所精神。这些小流域范围内的传统村落可以被看作是"自然—人—生态"相关联的系统，即一个居住生态体。正如陇南片区传统村落依山傍水的空间形态关系，村落在小流域空间中相互联系、交融，形成土地、产业、居民点相互交织的整体。

甘肃黄河上游小流域半封闭的空间环境使系统内部各个因素有着互相关联性，形成了稳定的聚落间的文化延续。这里的地山丘陵小流域空间就如同一个有机生命体，其内部形成了如新陈代谢一样的有机平衡，散落其中的聚落在生长也在更迭，这个生命体如纽带将传统聚落维系起来，形成具有凝聚力的聚落群体。小流域区域也能孕育出不同观念和独特的建筑形式、空间布局形式以及相应的人文背景，正如同是黄河流域，陇东地区与甘南地区有着截然不同的聚落空间、形式、文化特征。因此，从小流域整体出发有助于保护传统聚落的空间脉络与地理人文环境，形成"产业—空间"的传统聚落群体联动保护机制。

（三）以地缘文化为纽带的保护路径

营造传统聚落的地缘文化体系，唤起当地居民的家乡认同感。从历史和文化的关系来看，文化是历史的积淀，是历史过程中的产物。一般的历史聚落都有着上千年的文化传承，蕴涵着丰富的地缘文化。各个时期不同的文化各具特色，但通过历史文化体系有机紧密结合在一起，形成了今天我们看到的多样的地缘文化。不可否认，随着大量的外来文化涌入，山区人们的生活水平有了很大的提高，生活观念和生活方式也发生了变化。尤其在当前，中国城市的发展进入了一个史无前例的阶段，快速而大规模的城市建设及其所采用的大拆大建的方式也在很大程度上影响了农村的发展模式。人们易于将城市的方式认同为"现代"和"先进"的方式，而将传统方式认同为落后的方式。但是，在丰衣足食之后，村民的关注会从物质转向非物质，地域文化必然会得到重新挖掘。对传统开始新的思考，会让村民意识到模仿城市并非传统聚落可持续发展的模式，从而激发村民认识自我的价值，唤起文化的自豪感，进而珍惜自己家乡的传统风貌。

甘肃具有深厚的历史文化，利用其中的地缘文化，是推动传统聚落自下而上保护的有效途径。地缘观念是中国传统文化的组成部分，是与中国人的人性血肉相连的，是村民的精神支柱和心理基础。尤其在甘肃山区村落，居民生存的小环境较为封闭，长期的共同生活容易形成具有内聚性和控制性的团体。在漫长的农耕文化中，山区聚落社会中存在源远流长的地缘个性。加上地域的自然地理、人义地理环境的独特性，两者共同作用必然渗透、投射在传统聚落的空间形态之中。因此，地缘文化既是与居民取得共鸣并持续推动传统价值取向的深刻力量，也是传统风貌中各个空间要素的协同和联系的枢纽。而且，长期形成的历史地缘个性潜存于每一个聚落的本土文化之中。它一旦被当代的主流社会所认同，则能顺势而动，形成社会行动的精神催化剂。所以，利用好地缘文化，可以推动历史聚落的自下而上保护运动。

索引

聚落名称	保护等级	聚落属性	形成年代	民族构成	非物质文化	文保单位	页码
兰州	省级历史文化名城	城市聚落	汉代	汉族、回族	刻葫芦、兰州太平鼓、兰州水车、牛肉面、香包	全国重点文物保护单位9处，省级文物保护单位51处	128
天水	第三批国家历史文化名城	城市聚落	秦代	汉族	天水呱呱、天水黑社火、天水润龙木雕、天水八卦养生掌	全国重点文物保护单位13处，省级文物保护单位32处	141
临夏	省级历史文化名城	城市聚落	唐代	回族、东乡族	河州平弦、贤孝、临夏砖雕、八坊十三巷、临夏民居等	全国重点文物保护单位7处，省级文物保护单位21处	133
武威	第二批国家历史文化名城	城市聚落	汉代	汉族	凉州贤孝、凉州攻鼓子	全国重点文物保护单位11处，省级文物保护单位30处	148
张掖	第二批国家历史文化名城	城市聚落	汉代	汉族	河州宝卷、甘州小调、杖头木偶戏、黄河灯阵、狮子上缆绳、上板凳等	全国重点文物保护单位11处，省级文物保护单位30处	151
酒泉	省级历史文化名城	城市聚落	汉代	汉族	酒泉宝卷、肃州民间故事等	全国重点文物保护单位3处，省级文物保护单位14处	155
嘉峪关关城	世界文化遗产	古城遗址	明代	汉族	嘉峪关故事传说、嘉峪关民间小调、嘉峪关地蹦子、大轱辘车制作技艺、嘉峪关烤肉串烤制技艺、嘉峪石砚制作工艺等	国家级文物保护单位	158
敦煌	第一批国家历史文化名城	城市聚落	汉代	汉族	敦煌舞蹈、敦煌民歌、敦煌绘画	世界级文化遗产3处，省级文物保护单位10处	156
灵台	省级历史文化名城	城市聚落	—	汉族	皇甫谧针灸术、灵台灯盏头戏、灵台木偶戏、灵台唢呐	省级文物保护单位17处	140
庆城	省级历史文化名城	城市聚落	明代	汉族	香包刺绣、马岭黄酒	各类文物点100余处	136
夏河	省级历史文化名城	城市聚落	—	藏族、汉族、回族	香浪节、拉卜楞寺佛殿音乐	全国重点文物保护单位1处（夏河拉卜楞寺），省级文物保护单位2处	160
陇西	省级历史文化名城	城市聚落	唐代	汉族	陇西扇鼓舞、陇西道情、陇西民间传说、陇西皮影戏、陇西手工瓦制作、陇西造型瓦工艺制作、陇西丧事礼仪	全国重点文物保护单位1处（威远楼），省级文物保护单位9处	228
会宁	省级历史文化名城	城市聚落	汉代	汉族	会宁皮影戏、剪纸、社火小曲、庙会、高跷、舞狮、刺绣	全国重点文物保护单位2处，省级文物保护单位3处	134

续表

聚落名称	保护等级	聚落属性	形成年代	民族构成	非物质文化	文保单位	页码
武威市古浪县大靖镇	国家历史文化名镇	乡镇聚落	明代	汉族	古浪民歌	省级文物保护单位2处	114
陇南市宕昌县哈达铺镇	国家历史文化名镇	乡镇聚落	明代	回族、汉族	清真美食"十三花"	全国重点保护单位1处，为哈达铺会议旧址	105
甘南临潭县新城镇	国家历史文化名镇	乡镇聚落	明代	汉族、藏族	洮州龙神赛会	省级文物保护单位洮州卫城	161
天水市秦安县陇城镇	国家历史文化名镇	乡镇聚落	汉代	汉族	陇城社火	女娲祠、三国街亭古战场遗址、汉略阳古城（八卦城）、街泉古城遗址	146
兰州市永登县连城镇	国家历史文化名镇	乡镇聚落	元代	汉族	四月初八浴佛节、妙音寺跳禅、永登舞狮	全国重点文物保护单位鲁土司衙门	168
兰州市永登县青城镇	国家历史文化名镇	乡镇聚落	元代	汉族	青城小调、道台狮子、水烟制作工艺	县级文物保护单位4处	172
兰州市榆中县金崖镇	国家历史文化名镇	乡镇聚落	明代	汉族	七月官神、水烟制作工艺	县级文物保护单位3处	071
兰州市永登县红城镇	省级历史文化名镇	乡镇聚落	唐代	汉族	永登鼓子	全国重点文物保护单位红城感恩寺	090
甘南州碌曲县郎木寺镇	省级历史文化名镇	乡镇聚落	明代	藏族	晒佛节	省级文物保护单位郎木寺	123
定西市通渭县榜罗镇	省级历史文化名镇	乡镇聚落	明代	汉族	通渭小曲、通渭影子腔、剪纸	全国重点文物保护单位榜罗镇会议旧址	096
平凉市灵台县朝那镇	省级历史文化名镇	乡镇聚落	汉代	汉族	《针灸甲乙经》	—	100
庆阳市华池县南梁镇	省级历史文化名镇	乡镇聚落	明代	汉族	南梁说唱	省级文物保护单位荔园堡大门	101
天水市武山县滩歌镇	省级历史文化名镇	乡镇聚落	唐代	汉族、藏族	书画、剪纸、刺绣、武术、高脚子	—	105
陇南市文县碧口镇	省级历史文化名镇	乡镇聚落	明代	汉族	花灯戏	—	105
庆阳市正宁县永和镇罗川村	第四批传统村落、历史文化名村	乡村聚落	北魏	汉族	社火、秦山庙会、正宁小戏、正宁唢呐、正宁香包、正宁剪纸、三清文化等	赵氏石牌坊、文庙大殿、赵氏祠堂、清代铁旗杆、古城墙、民居	183
平凉市华亭县安口镇高镇村	第四批传统村落	乡村聚落	宋代	汉族	制陶	—	256
平凉市静宁县界石铺镇继红村	第五批传统村落、历史文化名村	乡村聚落	清代	汉族	打花鞭、传统剪纸艺术	—	103

续表

聚落名称	保护等级	聚落属性	形成年代	民族构成	非物质文化	文保单位	页码
天水市麦积区麦积镇街亭村	第一批传统村落、历史文化名村	乡村聚落	汉代	汉族	木偶戏、皮影戏、剪纸、明清版画、脸谱等14项市级非物质文化遗产	崇福寺、子美阁、传统民居、山陕会馆	198
天水市麦积区新阳镇胡家大庄村	第一批传统村落、历史文化名村	乡村聚落	明洪武年间	汉族	戏曲戏剧、曲谱曲牌	清池观、传统民居	194
天水市清水县贾川乡梅江村	第二批传统村落	乡村聚落	元代以前	汉族	马社火、皮影	朱进士民居	189
天水市麦积区党川乡马坪村	第五批传统村落	乡村聚落	清道光	汉族	挂面制作技艺、饴糖制作技艺	—	111
陇南市文县石鸡坝乡哈南村	第一批传统村落	乡村聚落	唐代	汉族	土琵琶弹唱	—	043
陇南市文县铁楼民族乡入贡山村	第二批传统村落	乡村聚落	—	白马藏族	池哥昼、刺绣	—	111
陇南市文县铁楼民族乡案板地社	第二批传统村落	乡村聚落	—	白马藏族	池哥昼	—	072
陇南市文县铁楼民族乡草河坝村	第二批传统村落	乡村聚落	元代	白马藏族、汉族	池哥昼	水磨坊群	106
陇南市文县碧口镇白果村郑家社	第四批传统村落	乡村聚落	明代	汉族	舞狮、划旱船	张家大院	111
陇南市文县铁楼乡强曲村	第四批传统村落	乡村聚落	元代以前	汉族、白马藏族	池哥昼、麻昼、月调	—	111
陇南市宕昌县狮子乡东裕村	第四批传统村落	乡村聚落	—	汉族	旋活木雕	—	106
陇南市康县岸门口镇朱家沟村	第四批传统村落	乡村聚落	—	汉族	古法造纸、土琵琶弹唱	—	199
陇南市西和县兴隆乡下庙村	第四批传统村落	乡村聚落	—	汉族	乞巧节	—	106
陇南市西和县大桥镇仇池村	第四批传统村落	乡村聚落	—	汉族	乞巧节	—	111
陇南市礼县宽川乡火烧寨村	第四批传统村落	乡村聚落	—	汉族	社火调、剪纸	—	106
陇南市礼县崖城乡父坪村	第四批传统村落	乡村聚落	—	汉族	—	—	106
陇南市徽县嘉陵镇稻坪村	第四批传统村落	乡村聚落	—	汉族	—	—	262
陇南市徽县嘉陵镇田河村	第四批传统村落	乡村聚落	—	汉族	—	—	—

续表

聚落名称	保护等级	聚落属性	形成年代	民族构成	非物质文化	文保单位	页码
陇南市徽县麻沿乡柴家社	第四批传统村落	乡村聚落	—	汉族	—		—
陇南市徽县大河乡青泥村	第四批传统村落	乡村聚落	—	汉族	—		—
陇南市文县铁楼藏族乡新寨村	第五批传统村落	乡村聚落	—	白马藏族	—		—
陇南市徽县栗川乡郇家庄村	第五批传统村落	乡村聚落	—	汉族	—		—
白银市景泰县寺滩乡永泰村	第一批传统村落	乡村聚落	—	汉族	—		175
白银市景泰县中泉乡三合村	第三批传统村落	乡村聚落	—	汉族	—		—
白银市景泰县寺滩乡宽沟村	第三批传统村落	乡村聚落	—	汉族	—		—
白银市景泰县中泉乡龙湾村	第四批传统村落	乡村聚落	—	汉族	—		—
白银市景泰县中泉乡尾泉村	第四批传统村落	乡村聚落	—	汉族	—		—
白银市靖远县平堡乡平堡村	第五批传统村落	乡村聚落	—	汉族	—		178
定西市通渭县榜罗镇文丰村	第五批传统村落	乡村聚落	—	汉族	—		—
甘南藏族自治州卓尼县尼巴乡尼巴村	第二批传统村落	乡村聚落	—	藏族	—		266
甘南州迭部县益哇乡扎尕那村	第四批传统村落	乡村聚落	—	藏族	—		220
甘南州临潭县流顺乡红堡子村	第四批传统村落	乡村聚落	明代	汉族	—		221
甘南州临潭县王旗乡磨沟村	第四批传统村落	乡村聚落	—	汉族	—		—
甘南州合作市勒秀乡罗哇上村	第五批传统村落	乡村聚落	—	藏族	—		—
甘南州临潭县新城镇西街村	第五批传统村落	乡村聚落	—	汉、藏、回族	—		—
甘南州卓尼县木耳镇博峪村	第五批传统村落	乡村聚落	—	藏族	—		—

续表

聚落名称	保护等级	聚落属性	形成年代	民族构成	非物质文化	文保单位	页码
甘南州舟曲县坪定乡坪定村	第五批传统村落	乡村聚落	—	汉族	—	—	—
甘南州迭部县达拉乡高吉村	第五批传统村落	乡村聚落	—	藏族	—	—	—
甘南州迭部县旺藏乡茨日那村	第五批传统村落	乡村聚落	—	藏族	—	—	223
甘南州迭部县多儿乡洋布村	第五批传统村落	乡村聚落	—	藏族	—	—	120
甘南州玛曲县阿万仓乡沃特村	第五批传统村落	乡村聚落	—	藏族	—	—	123
甘南州玛曲县木西合乡木拉村	第五批传统村落	乡村聚落	—	藏族	—	—	123
甘南州夏河县甘加乡八角城村	第五批传统村落	乡村聚落	—	藏族	—	—	065
兰州市西固区河口乡河口村	第一批传统村落、历史文化名村	乡村聚落	—	汉族	—	—	074
兰州市永登县连城镇连城村	第一批传统村落	乡村聚落	—	汉族	—	—	168
兰州市榆中县青城镇城河村	第一批传统村落	乡村聚落	—	汉族	—	—	067
兰州市榆中县金崖镇永丰村	第四批传统村落	乡村聚落	明代	汉族	—	金造家祠	071
临夏回族自治州临夏市城郊镇木场村	第二批传统村落	乡村聚落	唐代	回族	—	—	055
临夏州东乡族自治县达板镇舀水村	第五批传统村落	乡村聚落	明代	东乡族	—	—	090
张掖市高台县罗城乡天城村	第四批传统村落	乡村聚落	明代	汉族	—	—	114
张掖市山丹县老军乡硤口村	第五批传统村落	乡村聚落	汉代	汉族	—	—	114
白银市靖远县双龙乡仁和村	省级历史文化名村	乡村聚落	唐代	汉族	—	—	067
庆阳市宁县政平乡政坪村	省级历史文化名村	乡村聚落	唐代	汉族	—	—	102

参考文献

[1] 钱今昔，宁越敏，张务栋. 中国城市发展史第一版[M]. 合肥：安徽科学技术出版社，1994.
[2] 关连吉. 甘肃民族文化——陇文化丛书[M]. 兰州：甘肃教育出版社，1999.
[3] 董知珍，冯小琴. 史前到先秦时期甘肃地区的古人类与民族活动[J]. 陇东学院学报，2016，27（06）：47-51.
[4] 冯绳武. 论甘肃历史地理的特色[J]. 兰州大学学报，1987（02）：110-116.
[5] 高小强. 甘青传统民居地理研究[D]. 西安：陕西师范大学，2017.
[6] 陈华，张萍，黄新叶. 甘肃省历史文化名城名镇名村保护与利用探究[J]. 建筑设计管理，2013，30（12）：67-69.
[7] 鲜肖威. 兰州城市聚落的形成与发展[J]. 经济地理，1982（02）：131-139.
[8] 卢继旻. 明朝兰州城研究[D]. 西安：西北师范大学，2010.
[9] 陈谦. 兰州历史城区演变研究[D]. 兰州：兰州理工大学，2017.
[10] 于光建. 清代河西走廊城镇体系及规模空间结构演化[D]. 兰州：西北师范大学，2008.
[11] 何昊. 甘青宁地区汉代城址研究[D]. 长春：吉林大学，2016.
[12] 李沁鞠. 甘肃武威古城空间形态解析与研究[D]. 兰州：兰州理工大学，2018.
[13] 郭乾. 天水古城人居环境营建方法研究[D]. 西安：西安建筑科技大学，2013.
[14] 侯秋凤. 甘肃天水明清民居研究[D]. 西安：西安建筑科技大学，2006.
[15] 陈睿. 临夏州城镇体系空间组织结构研究[D]. 兰州：兰州大学，2014.
[16] 马皎. 甘肃省临夏市八坊民居建筑装饰研究[D]. 西安：西北民族大学，2017.
[17] 林燕. 甘肃省传统村落空间格局及成因分析[D]. 兰州：兰州大学，2018.
[18] 董智斌. 甘肃传统民居建筑装饰艺术研究[D]. 西安：西北师范大学，2009.
[19] 冯琳. 甘肃丝绸之路沿线传统民居建筑装饰比较研究[D]. 西安：西安美术学院，2013.
[21] 李晓亭. 甘肃临夏回族传统建筑装饰艺术研究[D]. 西安：西安美术学院，2013.
[22] 伽红凯. 中国传统村落保护的矛盾与模式探析[J]. 中国农史，2016，35（06）：136-144.
[23] 张松. 作为人居形式的传统村落及其整体性保护[J]. 城市规划学刊，2017（02）：44-49.
[24] 蔡磊. 中国传统村落共同体研究[J]. 学术界，2016（07）：168-175+327.
[25] 业祖润. 传统聚落环境空间结构探析[J]. 建筑学报，2001（12）：21-24.
[26] 刘晓星. 中国传统聚落形态的有机演进途径及其启示[J]. 城市规划学刊，2007（03）：55-60.
[27] 武少峰. 清代陇东地区城镇发展水平初探[J]. 湖北函授大学报，2014.
[28] 王昀. 传统聚落结构中的空间概念[M]. 北京：中国建筑工业出版社，2009.
[29] 陈国阶等. 中国山区发展报告——中国山区聚落研究[M]. 北京：商务印书馆，2007.

后记

传统聚落根植于地域环境中，与周围环境保持高度的融合。聚落整体形态的产生取决于周边环境的状况，无论是地处平原地区，还是山地、丘陵、黄土塬，在与环境不断互动之后产生了聚落的传统形态。深入到聚落的内部，居民对村落空间的改造和塑造，又进一步对村落的空间形态进行修正和扬弃。甘肃各个地域分区中有着不同的文化背景和生活习惯，在漫长的村落空间营造过程中也就形成了不同的空间模式。对不同地域分区的传统聚落进行横向比较和纵向的分析，能更加清晰地勾勒出不同地域之间聚落形态和空间的差异性，也能更加清楚地剖析不同地域分区中聚落的地域特征。

在"一带一路"伟大倡议引领下，甘肃城镇化进程加快，对传统聚落来说是机遇与挑战并存。甘肃地区快速发展的社会经济给传统聚落的保护提供了足够的资金和动力支持，但也导致了传统聚落环境的破坏、空间形态特色的转型以及文化内涵的丧失。因此，传统聚落保护的顺利进行还依赖社会各方面的协调和努力。政府及相关职能部门应带头对传统聚落的保护、管理和监督工作统一部署；科研工作者应及时探索甘肃传统聚落的价值特征、形成机制和发展路径；社会各界应形成共识开展宣传教育，调动居民一起参与保护工作。

书稿终告段落，书稿的完成离不开课题组师生的共同努力，更离不开中国建筑工业出版社李东禧、孙硕、吴人杰等诸位编辑的一次次校核与反馈。本书调研撰写得到兰州理工大学的安玉源、张新红、张涵、马珂、周琪、温万元、解晓羽、朱永雪、汪誉辉、张杰、刘力维等师生的大力支持，以及兰州理工大学建筑勘察设计院的毕晓莉、曹静、陈宇、彭双、马丽、杨振亮、李志文等同仁的全面协助。本书的出版也只是我国西北地区传统聚落研究浩瀚海洋中的一片浪花，希望能引起更多大众、学者对甘肃传统聚落的关注与研究。

图书在版编目（CIP）数据

中国传统聚落保护研究丛书. 甘肃聚落 / 刘奔腾，叶莉莎，段嘉元著. — 北京：中国建筑工业出版社，2021.12

ISBN 978-7-112-26066-9

Ⅰ.①中… Ⅱ.①刘… ②叶… ③段… Ⅲ.①乡村地理—聚落地理—研究—甘肃 Ⅳ.①K928.5

中国版本图书馆CIP数据核字（2021）第066110号

本书基于研究团队常年的实践积累，以地域文化视角对甘肃传统聚落进行了梳理、归纳和总结。从地理环境、历史文化及民族风俗入手探索了河西走廊、陇东、陇南、陇中、甘南五个地区传统聚落的风貌特征、生成因素和构成规律。依照市、镇和村三种聚落类型的差异，分别遴选五个地区的典型聚落展开案例研究。挖掘了甘肃不同地域传统聚落营建技艺的典型性与差异性，揭示了传统聚落物质空间与非物质文化的关联性。基于传统聚落的保存状况和发展情景，提出了甘肃传统聚落保护与传承的建议策略。本书建立在较为充分的一手调研资料上开展研究，涵盖了传统聚落的类型规整、价值甄别、机理构建和保护传承等内容。本书可供建筑、城乡规划、风景园林、人文地理、文物保护等相关专业的读者及文化旅游爱好者参考阅读。

扫一扫
观看本卷聚落视频资源

责任编辑：唐　旭　胡永旭　吴　绫　贺　伟　张　华
文字编辑：孙　硕　李东禧
书籍设计：付金红　李永晶
责任校对：李美娜

中国传统聚落保护研究丛书

甘肃聚落

刘奔腾　叶莉莎　段嘉元　著

*

中国建筑工业出版社出版、发行（北京海淀三里河路9号）
各地新华书店、建筑书店经销
北京锋尚制版有限公司制版
天津图文方嘉印刷有限公司印刷

*

开本：889毫米×1194毫米　1/16　印张：19½　插页：9　字数：509千字
2022年12月第一版　　2022年12月第一次印刷
定价：**218.00元**（含视频资源）
ISBN 978-7-112-26066-9
　　（36757）

版权所有　翻印必究
如有印装质量问题，可寄本社图书出版中心退换
（邮政编码100037）